Marliese &Vera Hanßen

Aleph

Göttliche Werkzeuge

Smaragd Verlag

Bitte fordern Sie unser kostenloses Verlagsverzeichnis an:

Smaragd Verlag e.K.
Neuwieder Straße 2
D-56269 Dierdorf
Tel.: 02689-92259-10
Fax: 02689-92259-20
E-Mail: info@smaragd-verlag.de
www.smaragd-verlag.de

Oder besuchen Sie uns im Internet unter der obigen Adresse und melden Sie sich für unseren Newsletter an.

Erste Auflage: Juni 2017

Umschlaggestaltung: preData
Satz: preData
Printed in Czech Republic
ISBN 978-3-95531-157-5

Inhalt

Vorwort

Dieses Buch entstand in enger Zusammenarbeit mit der Geistigen Welt und vor allem mit Aleph, Engel der Großen Weißen Bruder- und Schwesternschaft.

Alles, was ihr lest oder hört, auch von einem anderen Menschen, prüft immer wieder aus eurem großen Herzen heraus.

Manches, was zu euch gesprochen wird oder was ihr lest, ist nicht immer das, was für euch so stimmig zu sein hat.

Prüft immer wieder:

„Was bin ich bereit, an Informationen anzunehmen?"

Einleitung: Aleph

Aleph ist ein Engel der Großen Weißen Bruderschaft, eine geistige Engelenergie, eine bestimmte Energiestufe verkörpernde Schwingung. Er ist reiner Geist ohne Form und Gestalt, der sich diesen Namen gegeben hat.

Er wirkt aus der Geistigen Welt, aus dem Nicht-Manifestierten heraus, und war nie auf diesem Planeten inkarniert.

Aleph hat sich in all seiner Liebe bereit erklärt, den Menschen zu dienen, ihnen im Rahmen seiner Möglichkeiten zu helfen und sie zu unterstützen.

Namen helfen den Menschen dabei, leichter Kontakt mit Engeln und geistigen Energien aufzubauen. Engel tragen stets einen Namen, der ihrer Energie entspricht und diese damit zum Ausdruck bringt.

Aleph gehört der Großen Weißen Bruderschaft an. Eigentlich ist selbige eine Bruder- und Schwesternschaft, eine Gemeinschaft von Geistwesen, die eine bestimmte Aufgabe leben: Ausschließlich im Sinne des Lichts und der Liebe zu wirken. Jedes Mitglied folgt seiner eigenen Aufgabe und damit seinem Schwerpunkt.

Diese Gemeinschaft besteht aus sehr vielen geistigen Wesen: Erleuchteten, Meistern, Engeln, teilweise auch aus Tierwesen, die eine besonders hohe Schwingung repräsentieren. Und natürlich steht an oberster Stelle Gott, der Große Vater.

Aleph wurde eine bestimmte Aufgabe, ein fest umrissenes Tätigkeitsfeld übertragen: Die Übermittlung von Informationen, Wissen, Empfehlungen und Lösungsansätzen, über die Energie des gesprochenen Wortes, um mit Gottes Worten zu helfen und die Menschen auf den richtigen Weg zu führen, damit sie ihren Lebensweg in vorgesehener Weise beschreiten, den Lebensplan erkennen und diesem folgen können, um sich zu entwickeln, zu reifen und zu wachsen.

Diese Aufgabe ist sein Ausdruck, was als seine Individualität bezeichnet werden kann.

Manchmal, sehr selten und nur in äußerst dringenden Fällen, kann er auch unaufgefordert Warnungen aussprechen, wenn es für den Menschen wichtig ist, den Seelenplan und damit den Lebensplan einzuhalten. Im Grunde genommen geschieht das jedoch sehr selten, denn der Mensch ist äußerst bestrebt, seinen Lebensplan einzuhalten.

☆☆☆

Teil 1

Der Bewusstseinssprung

Ein großartiger Weg

Der Bewusstseinssprung, ein großartiger Weg steht nun der Menschheit, aber auch allen Lebewesen des gesamten Universums bevor – all jenen, die sich dazu entschlossen haben, diesen Weg im Sinne des Lichts und der Liebe und auch für dieses Licht und diese Liebe weiterzugehen.

Das Christusbewusstsein soll auf diesem Planeten wieder gelebt und verankert werden. Das Zeitalter des Friedens und der Brüderlichkeit wird vorbereitet und eingeläutet.

Ein großer Umwandlungs- und Veränderungsprozess wird in den nächsten, den weiteren und künftigen Zeiten stattfinden, und zwar noch mehr, als es bisher bereits der Fall war.

Viele alten Energien werden herausgelöst, um Platz zu schaffen für Neues. Und überall dort, wo Altes herausgeschüttelt und herausgerüttelt wurde, werden das Licht und die Liebe Gottes Einzug halten.

Dunkelheit wird auf dieser Welt nicht mehr vorherrschen! Sie wird euch jedoch in den nächsten Zeiten noch einmal auf die eine oder andere Art und Weise aufgezeigt werden und begegnen, beispielsweise anhand von politischen Machtspielen oder Ausnutzung, Ausbeutung und Missbrauch anderer Menschen.

Überall dort, wo ihr dieses erlebt, schickt unaufhörlich Licht und Liebe hinein. Sendet diese entweder in die Denkstrukturen dieser Menschen oder hüllt sie einfach in einen Mantel oder eine Kugel aus Licht und Liebe.

Ihr geliebten Kinder, schickt gerade dann einem Menschen liebevolle Gedanken und all eure Liebe, wenn euch an ihm etwas missfällt. Danach wird sich für ihn im Großen wie im Kleinen etwas verändern dürfen.

Aber egal, was ihr vollführt, ihr geliebten Kinder, vergesst niemals: Gott ist mit euch! ER ist euch dankbar für jede kleine, liebevolle Geste, für jeden noch so winzigen, lichtvollen Gedanken und für jede Lichtkugel, gleichgültig, in welcher Intensität sie strahlt. Unzähliges könnt ihr auf diesem Weg bewirken.

☆☆☆

Der Anpassungsprozess

Die gesamte Menschheit befindet sich derzeit in einer Art Anpassungsprozess, der sie auf die Zeit der Leichtigkeit und der Freude vorbereitet.

Diese Vorbereitungszeit wird genutzt, um sozusagen bei allen eine Art „Großreinemachen" durchzuführen. Das geschieht, weil in den Menschen vieles an nicht mehr benötigten Themen, Altlasten, veralteten Strukturen und Mustern gelöst werden darf. Es dient ebenso, damit Platz geschaffen werden kann für eine neue, große Leichtigkeit, für neues Wissen, neue Zellstrukturen, neues Licht und für alles, was ihnen zuträglich ist und ihnen auf ihren weiteren Wegen zur Vorbereitung dient.

Das ist der gerade stattfindende Prozess, in dem sich alle befinden – eben auch ein Prozess der Energieanhebung.

Das bedeutet: Die Menschheit wird auf weitere Lichtprozesse vorbereitet. Mancher kann es spüren, einige verschließen hiervor die Augen und wollen es nicht wahrnehmen. Aber das ist nicht schlimm.

Durch diese Veränderungen, Umwandlungen und Umwälzungen wird die Menschheit zunehmend auf den großen, alles verändernden Bewusstseinssprung und die damit verbundenen Prozesse vorbereitet, damit dieser in einem großen Schritt vollzogen werden kann.

Dieser fundamentale Schritt wird vieles bewirken und umwandeln. Er wird letztendlich einhergehen mit einem gewaltigen Umbruch und großen Veränderungsprozessen.

Alles, was sich jetzt bereits auf diesem Planeten in Vorbereitung befindet, all die Umwälzungsprozesse, die auseinanderbrechenden Machtstrukturen, die teilweise noch einmal entflammen und zum Vorschein kommen, sozusagen noch einmal den „Krieg“ herbeiführen oder eben Unfrieden stiften, sind Vorbereitungen, um auf das Große Ganze, das Ziel der allumfassenden Liebe, zuzusteuern – auch für die Umwandlungsprozesse, die mit dem großen Bewusstseinssprung einhergehen.

Und dieser Bewusstseinssprung wird über Jahre und Jahrzehnte hinweg andauern, um dann in einem großen Frieden auf diesem Planeten zu enden. Dieser Frieden wird dann tatsächlich auf der Erde manifestiert werden.

Es ist wichtig für euch, dass ihr euch unentwegt daran erinnert, weshalb ihr all die scheinbar harten Prozesse zu durchlaufen habt und weshalb es sich lohnt, nicht aufzugeben, sondern immer weiter voranzuschreiten, jeden Tag mutig neu zu beginnen und auch einmal zu sagen:

„Ich weiß, dass ich mich jetzt nicht so gut fühle, aber ich weiß auch, dass all das einen höheren Sinn hat: Wir alle werden nämlich auf eine wundervolle neue Zeit vorbereitet. Und das wird eine sehr schöne Zeit der Liebe und der Brüderlichkeit, die auch ich noch erleben werde.“

Begreift, dass alles miteinander zusammenhängt und verbunden ist. Und der Planet, der jetzt am meisten Zuspruch benötigt, ist der eure, die grüne Erde, eure Mutter Natur, die euch trägt. Denn alles hängt quasi von ihr ab.

Wenn ihr euch euren Herausforderungen stellt und bereit seid, mutig zu sein, die Ängste hinter euch zu lassen und ausschließlich im Sinne des Lichts und der Liebe zu leben, so weit euch dies möglich ist, dann bewirkt ihr viel Positives für euren Planeten. Und wenn ihr durch eure Unternehmungen, durch euer Wirken und Handeln dazu beitragt, dessen Bewusstsein zu erhöhen, ist das wie ein Dominostein, der fällt und alle weiteren zu Fall bringt. An und für sich wäre es sinngerechter, statt des Wortes „fallen“ hierfür „emporheben, emporsteigen“ zu verwenden, denn ihr lasst durch euer Wirken und Bemühen die Qualität, die Energie der Erde anwachsen. Sobald das geschieht, hebt ihr damit gleichzeitig alle anderen Energien im Kosmos an. Und je schneller dieser Prozess voranschreitet, desto freier werden letztendlich auch alle anderen Sternengeschwister und Planetenbewohner sein.

Grundsätzlich ist es immer wieder eine sehr schöne, ehrenwerte und liebevolle Geste, wenn ihr euren Sternengeschwistern eure Grüße entrichtet sowie eure Dankbarkeit dafür, dass sie euch unterstützen, so gut es ihnen möglich ist. Lasst ihnen daher regelmäßig eure Liebe zukommen, denn damit bewirkt ihr Großartiges.

Ihr geliebten Kinder, schöpft aus dieser Botschaft und diesen Informationen immer wieder neue Hoffnung, neuen Mut und neue Kraft, damit sich diese auch tatsächlich und endgültig in eurem und in den Herzen aller Menschen festsetzen und dort verbleiben können.

Göttliches Licht darf in den nächsten Zeiten in noch üppigerem Ausmaß auf diesen Planeten einfließen, damit zunehmend Erleichterung und Liebe integriert werden dürfen, noch mehr Altes und euch nicht mehr Zuträgliches aufgelöst werden darf und sich die Erde immer weiter, immer ausgiebiger dem Positiven, dem Licht und der Liebe Gottes öffnen kann und selbst zu Licht und Liebe wird.

Dieser grüne Planet soll zusehends ein Planet des Lichts und der Liebe werden. Er wird das Licht und die Freiheit leben sowie die Freiheit sein. Damit wird er auch die Freiheit des Lichts und der Liebe sein. Das ist das Ziel, auf das ihr verstärkt und unumstößlich zustrebt.

Gottes wiederkehrende Frage

Gott hat jeden Menschen vor seiner Geburt in die heutige Inkarnation darum ersucht, den Bewusstseinssprung zu durchlaufen, weil es der Welt und dem ganzen Universum zum Wohl gereichen würde und damit der gesamte Kosmos in seiner Vielfalt wachsen und in seiner Schwingungs- und Bewusstseinsebene angehoben wird.

Dann hat ER jeden Menschen die freie Entscheidung treffen lassen und jeden Einzelnen aus SEINER Liebe heraus gesegnet, gleichgültig, wie auch immer dieser sich entschieden hat.

Und alle sich hier auf Erden befindenden Menschen haben sich aus der Tiefe ihres Herzens und aus ihrer Liebe heraus dazu entschlossen, den Bewusstseinssprung und damit diesen Prozess zu durchlaufen. Gott und die Geistige Welt sind froh zu wissen, dass alle dazu bereit sind.

Die Menschheit erreichen nun unzählig viel feinstofflichere Wesenheiten, aber ebenso feinstofflichere Energien, die euch, euer Energiekleid und euer Bewusstsein verändern können.

Das bedeutet: Jede Seele auf diesem Planeten Erde ist gefragt und wird wiederholt gefragt werden, ob sie bereit ist, sich diesen hohen Energien zu öffnen, sie in sich und in ihrem Energiekleid aufzunehmen und zu integrieren, oder ob sie sich dagegen entschließt.

Auf den ersten Blick mag das keinen großen Unterschied darstellen, denn alle Energien, die der Mensch in jenem Augenblick nicht willens ist zu empfangen, werden ihm zu einem anderen Zeitpunkt erneut dargeboten mit der Wahl, diese sodann in sich zu integrieren oder nicht. Dabei handelt es sich um einen unbewusst ablaufenden Prozess, sodass der Mensch aus seinem Verstand heraus nicht darum weiß.

Das bedeutet, dass jede Seele, auch wenn sie erneut gefragt wird, die Entscheidung zu treffen hat, welchen Weg sie wählen möchte: Den der Veränderung, der Umwandlung, der immer mehr zum Göttlichen hinführt, oder den alten, gewohnten, bisher beschrittenen.

Verweigert sie sich jedoch diesen Energien, muss sie sich nicht zwangsläufig dem lichtvollen Weg zuwenden, denn es gilt immer der freie Wille, den Gott, der Große Vater, euch allen geschenkt hat.

Aber die Seele, die gewillt ist, sich den hohen, göttlichen Energien zu öffnen, wird noch mehr in die Göttlichkeit hineingeführt werden. Damit sind Veränderungen und Umwandlungsprozesse, die eurem Seelenwachstum dienen, unweigerlich verbunden.

Letztere bedingen, dass der Mensch körperlich, seelisch und geistig gerüttelt und geschüttelt wird. Viel Altes wird aus ihm herausgelöst und manches reintegriert. Das mag dazu führen, dass die Menschen, die sich den hohen göttlichen Energien öffnen, in weitere Prozesse hineingeführt werden und somit viel Ruhe benötigen und sich von der Außenwelt zurückziehen und für sich sein wollen.

Menschen, die nicht bereit sind, die Energien aufzunehmen, werden zu einem späteren Zeitpunkt erneut gefragt werden. Es liegt dann bei ihnen, ob sie dieses Mal zustimmen, diese Energien aufzunehmen oder eben nicht. Lehnen sie es ab, ist auch das in Ordnung, sodass sie wie bisher ihres Weges ziehen und eben nicht in diese hoheitsvollen Energien hineingestellt werden.

Es folgt ein Zeitpunkt, an dem Gott, der Große Vater, noch einmal auf jede Seele zugeht und zum letzten Mal die Frage stellt, ob sie jetzt aus ihrem freien Willen heraus entschieden hat und die Bereitschaft lebt, an sich Veränderungen vornehmen zu lassen und ob sie sich verändern möchte oder nicht.

Das ist für die Seele wie ein Scheideweg, weil sie hier noch einmal von IHM gefragt wird, welchem Weg sie sich zuwenden möchte: Dem für sie scheinbar bequemen und leichten Weg, der aber nicht unbedingt zielgerichtet auf die Göttlichkeit hinführen wird, oder dem, der mit Veränderungen und Konsequenzen verbunden ist, der vielleicht auch nicht ausnahmslos der scheinbar leichte ist, aber letzten Endes der Weg zurück zu Gott sein wird, der ein lohnenswerter ist und alles erfüllt, was sich jedes Herz ersehnt.

Und die Menschen, die sich für den göttlichen Weg, den des Lichts und der Liebe entscheiden, werden in die Veränderungsprozesse hineingeführt, während jene, die sich bewusst dagegen entscheiden, schwer erkranken könnten.

Das muss jedoch nicht sein. Denn Gott hat aus SEINER unendlichen Liebe heraus jeder Seele – ohne Ausnahme – die Möglichkeit gegeben, dass sie sich stets neu entscheiden kann. Aber dann wird sie das von sich aus bewusst in Angriff nehmen müssen und nicht aufgrund der Tatsache, dass sie von Gott, dem Großen Vater, gefragt wird.

Es liegt bei einer solchen Entscheidung an ihr, aus ganzem Herzen und eigenem Wünschen heraus kundzutun:

„Ich bin nicht mehr bereit, meinen alten, gewohnten Weg fortzuführen. Ab sofort möchte ich mich aus meinem freien Willen und meiner klaren Entscheidung heraus dem lichten Weg zuwenden und sowohl für mich, als auch für das Licht und die Liebe etwas bewirken. Ich bin bereit, Veränderungen vorzunehmen, gerade und insbesondere in meinem Denken, Handeln und Wirken."

Und der Seele, die die Bereitschaft lebt, bewusst und in aller Konsequenz so zu handeln, wird stets die Option offenstehen, auf den Lichtweg geführt zu werden und jede notwendige Hilfe an die Seite gestellt zu bekommen, um diesen Weg beschreiten zu können. Das wird manchmal kein einfacher Weg, aber er wird begehbar sein.

Ihr geliebten Kinder, Gottes Liebe ist so unendlich groß, dass jede Seele auf diesem Planeten immer wieder die Möglichkeit haben wird, sich neu zu entscheiden. Das ist der freie Wille, den Gott aus SEINER unermesslich großen Liebe heraus jedem Menschen geschenkt hat.

☆☆☆

Die Frage Gottes

Die Lichtwellen, die beständig auf die Erde treffen, sind von immer höherer Qualität und nehmen ständig gewaltigere Ausmaße an. Damit verbunden geht die Bewusstseinsanhebung einher.

Aber ihr werdet diesen Lichteinflussprozess nicht permanent als solchen empfinden. Das bedeutet, in dem Moment, in dem euch eine solche Lichtwelle erreicht, spürt ihr nicht nur die hohen Energien und Umwälzungsprozesse, sondern ihr übt gleichzeitig, damit zurechtzukommen. Mit jeder Welle, die ihr erfahrt, seid ihr bei der nächsten, vielleicht etwas gewaltigeren, bereits kräftiger geworden.

Das hat für euch folgende Konsequenz: Euch wird es mit der Zeit zunehmend leichterfallen, diesen gewachsen zu sein. Vor allem werdet ihr feststellen:

„Ach, jetzt ist wieder einmal ein hoher Lichtwellengang zugegen. Aber ich lasse mich davon nicht überwältigen, denn ich weiß, jetzt gerade werden aus mir alte, überholte Themen gelöst, das Licht wird auf dem gesamten Planeten Erde angehoben, meine Kraft abermals ausgelotet und meine Grenzen ausgetestet. Und beim nächsten Mal bin ich in der Lage, Lichtschwingungen, die noch höher potenziert sind, und einen noch intensiveren Wellengang zu durchschreiten."

Bleibt also ruhig und gelassen. Es ist ja nicht so, dass ihr bei eurem jetzigen Energielevel stehen bleibt, sondern ihr wachst jeden Tag in eurem Sein.

Und was hindert euch daran, Gott, den Großen Vater, darum zu bitten, euch möglichst ruhig und gelassen durch diese Lichtwellengänge hindurchzuführen und euch die Kraft und das Vertrauen zur Verfügung zu stellen, die ihr benötigt, um äußerst leicht, locker und gelassen damit zurechtzukommen?

Diese Lichtströme werden zwar durchaus in den nächsten Jahrzehnten an Stärke und Intensität zunehmen, aber ihr, insbesondere die Lichtträger, werdet an Kraft und Stabilität gewinnen und lockerer damit umgehen.

Das ist notwendig, um eine große Läuterung in der Menschheit herbeiführen zu können. Denn nur wenn das Licht in seiner Schwingungsfrequenz angehoben wird und den Menschen die Lernthemen noch häufiger aufgezeigt werden, wird der Großteil wirklich erkennen:

„Jetzt ist die Zeit, um zu verändern. Nun ist es mir nicht mehr möglich, mich zu weigern, zu meinen Lernthemen hinzusehen und davor zu flüchten."

Das ist das große Ziel, auf das ihr alle zusteuert, nämlich dass ihr lernt zu verändern und erneut den Weg des Lichts und der Liebe zu beschreiten.

Eine Bewusstseinsanhebung kann sich dergestalt anfühlen, dass ihr traurig seid, Trennung und Einsamkeit empfindet oder euch unwohl, nicht auf der Erde zu Hause oder verloren und verlassen fühlt und euch deswegen ängstigt. Habt niemals mehr Angst, allein gelassen zu werden.

Was geschieht in diesem Augenblick?

Erkennt: Wenn ihr euch trostlos, einsam und nicht mehr hierher gehörend fühlt, passen wir euer Bewusstsein an. Das bedeutet, dieses wird kurzzeitig nach Hause, zurück in die Geistige Welt transferiert. Und ihr als Mensch könnt das als Trennungsschmerz empfinden.

Wisst darum, an euch wird gearbeitet! Ihr seid wundervolle Lichtträger! Und so bittet in jenen Augenblicken darum, in den ihr euch beispielsweise unwohl, einsam, verlassen und verloren fühlt, dass wir eure Seele halten und euch wiegen mögen, dass

Gott, der Große Vater, euch und eure Seele an SEIN Herz drücken möchte und ER euch in SEINE Arme schließt.

So manches Mal wird euch diese Vorstellung bei der Bewusstseinsanhebung helfen, ihr geliebten Gotteskinder. Aber macht euch bitte keinerlei Sorgen. Es handelt sich lediglich um kurze Prozesse, die ihr zu durchschreiten habt, damit es euch dann wieder leichterfällt, euch eurem Leben und eurer Arbeit zu widmen.

Wisst, es geht vorüber! Bleibt mutig und im Vertrauen, ihr geliebten Kinder.

So viele andere Menschen haben dies schon durchlaufen. Und auch ihr tragt die Kraft in euch, um es zu durchschreiten.

Ihr geliebten Kinder, werdet euch der Wichtigkeit der nun folgenden Informationen gewahr, dass derzeit zigtausende von Engeln und geistigen Wesenheiten auf diese Erde gekommen sind, um jeden Menschen im Auftrag Gottes, des Großen Vaters, zu fragen, ob er bereit ist, die Prozesse der Bewusstseinsanhebung zu durchlaufen, was bedeutet, in seinem Leben mutig zu verändern und dem Weg des Lichts und der Liebe zu folgen. Sie alle unterstützen und begleiten euch dabei. Und welch große Freude ist es, welch großes Geschenk, dass sich manche bisher unentschlossene Seele für den Lichtweg entschieden hat. Damit ist wieder ein weiterer Stein ins Rollen gebracht worden, der dazu führt, den Frieden auf Erden schneller zu manifestieren. Das ist etwas außerordentlich Wundervolles und sollte nicht nur jeden von euch ermutigen, sondern ihm zudem neue Hoffnung und Zuversicht geben.

Eine Vielzahl von Engelwesen haben derweil diesen Planeten erreicht, um alle diese Bewusstseinsanhebungen, die derzeit stattfinden dürfen, zu unterstützen, zu begleiten und zu leiten. Es obliegt ihrer Aufgabe, diese anzupassen und die

Menschen zu fragen, ob sie bereit sind, diese Prozesse nun zu durchlaufen und am großen Strang mitzuziehen, der da heißt, sich für den Weg des Lichts und der Liebe zu entscheiden.

Daher befinden sich gegenwärtig zigtausende von geistigen Wesenheiten auf diesem Planeten, um all diese Vorgänge zu unterstützen und anzukurbeln, denn es ist SEIN Wunsch, dass dieser Bewusstseinswerdungsprozess immer schneller vonstattengeht. Und je nachdem, wie sich die Menschen, ein jeder Einzelne von ihnen entscheiden mögen, hängt davon das weitere Geschehen dieses Planeten ab.

Das bedeutet, wir können euch noch nicht berichten, wie sich beispielsweise in der nächsten Zeit eure Wirtschaft entwickeln wird, denn jeder Mensch wird gefragt werden. Und so manche Seele ist bisweilen noch etwas unentschlossen ob all der Geschehnisse, die momentan auf sie zuströmen. Doch in der groben Richtung können wir ein sehr positives Bild verzeichnen: Manche Seele wird sich trotz anderweitiger Entscheidungen für den Lichtweg und dafür aussprechen, dass sich dieser Planet zu etwas Wundervollem entwickeln darf.

Wisst ferner darum, dass der Bewusstseinssprung aktuell beschleunigt wird, aus dem einzigen Grund, weil die Zeit hierzu reif ist. Es wird in eurer Zeitrechnung weitere Zeiträume geben, da dieser ein wenig vorangetrieben wird. Das bedeutet, die Prozesse werden intensiviert und deutlicher, zudem werden die Welt und die Menschen noch verschärfter und heftiger auf diese reagieren. Es wird sein wie eine weitere Stufe, die ihr dann erreicht habt und in der sich noch mehr wird ereignen dürfen. Mehrere dieser Etappen werdet ihr erreichen, bei denen sich jener Bewusstseinssprung beschleunigt hat. Vergleichbar ist das mit verschiedenen Geschwindigkeitsstufen. Momentan befindet ihr euch auf der Geschwindigkeitsstufe 3 oder 4, und insgesamt gibt es 7 bis 8 zu verzeichnen.

Damit verbunden sind Läuterungsprozesse, die sich fortwährend verstärken und die Menschen selbst betreffen. Es wird nun immer ausgiebiger gerüttelt und geschüttelt, und ihnen werden Begebenheiten gespiegelt, sodass sie aufgefordert sind, sich ihre Thematiken zu betrachten, hinzublicken, nicht mehr zu verdrängen oder sich abzuwenden. Die Menschen werden teilweise gar nicht begreifen, wie ihnen geschieht oder gar diese Vorkommnisse mit sich selbst in Verbindung bringen. Aber im Grunde genommen stehen sie fast ohne Ausnahme mit ihnen in Zusammenhang. Und je mehr sich scheinbar negative, schwierige oder stressige Situationen in ihrem Umfeld ereignen, desto mehr sollten sie gefragt sein, sich all das genauer zu betrachten und dann den Bezug zu sich und ihren eigenen Lernthemen zu erkennen. Das meinen wir mit diesen Läuterungsprozessen.

Damit geht ebenso einher, dass gerade die Lichtarbeiter viel konsequenter geschult werden, auf solche Begebenheiten zu achten, nicht nur bei sich selbst, sondern gleichfalls bei anderen Menschenkindern; dass sie noch umfangreicher dahingehend trainiert werden, wo es weiter anzusetzen gilt. Das ist nicht allein auf diesen Themenbereich anzuwenden, sondern auch darauf, wie sie auf spiritueller oder weltlicher Ebene noch müheloser für die anderen etwas bewerkstelligen können. Damit wird gewissermaßen eine Art Feinschliff betrieben.

Im Augenblick dürfen nicht nur zahlreiche Altlasten aus euch Menschenkindern herausgelöst werden, sondern die Schwingungsanhebung, die euch derzeit alle betrifft, sorgt des Weiteren dafür, dass ihr euch in unruhigen und scheinbar unerfreulichen Zeiten befindet. Folglich wird immens gerüttelt und geschüttelt und zahlreiche Prozesse nochmals angeregt, damit ihr euch alle auf eine neue, höhere Bewusstseinsstufe werdet anheben können.

Jeder von euch Menschenkindern ist gefragt, wie ihr mit diesen Situationen nun verfahrt. Das hat zur Folge, dass jene, die nicht bereit sind, jetzt, in diesem Augenblick, zu ihren Prozessen und Themen hinzublicken, nicht in ihrem Bewusstsein werden wachsen können oder gar dürfen, denn sie werden auf ihren momentanen Schwingungs- und Energieebenen verbleiben, weil sie nicht willens gewesen sind, diese Schritte und Herausforderungen zu meistern und mutig zu verändern.

Aber die Menschen, die die Bereitschaft leben, ihre Themen zu erkennen und daran zu arbeiten – unabhängig davon, ob sie dabei die gewünschten Erfolge erzielen oder nicht –, werden durchaus in ihrer Schwingungsebene angehoben. Das schließt ein, dass einige ihrer in dieses Leben mitgebrachten Altlasten von ihnen gelöst und erlassen werden. Das sind Geschenke Gottes, die euch momentan angetragen werden.

Diese Informationen, diese Gottesgaben, sollten euch beflügeln, couragiert zu sein und Veränderungen vorzunehmen. Sie sollten euch zudem dazu ermuntern, bei all den scheinbar schwierigen Prozessen weder die Hoffnung noch den Mut zu verlieren.

Und das, ihr geliebten Kinder, sollte für euch alle in jeglichen Lebenslagen, in denen ihr euch derzeit befindet, eine große Vereinfachung bedeuten.

Erkennt, diese Informationen sind euch übermittelt worden, um euch zu beflügeln, um zum einen den Mut und die Hoffnung, und zum anderen auch wieder das Positive, die Freude in euch zu aktivieren.

Ihr alle habt die Möglichkeit zu wachsen, und vieles von dem, was ihr in dieses Leben mitgebracht habt, augenblicklich zu erlösen, damit euch euer Weg und euer Leben leichterfallen werden. Daher ist lediglich eure Bereitschaft gefragt, Beherztheit zu leben und für euch selbst die Verantwortung zu übernehmen.

Ihr geliebten Gotteskinder, geht weiterhin in eurem großen Gottvertrauen an Gott, den Großen Vater, eurer Wege. Lebt euren Mut, euren Glauben und eure Hoffnung. Setzt alles um, was euer Herz beflügelt. Lebt im Sinne des Lichts und der Liebe. Damit bewirkt ihr bereits überaus Wundervolles, denn ihr seid Vorbilder für andere Menschen, die ihre Wege noch suchen möchten oder noch suchen müssen, wie auch für jene, die diese göttlichen Wege bereits beschritten haben, aber noch zweifelnd und unentschlossen sind, ob sie bereit oder mächtig genug sind, diesen weiterhin folgen zu können.

Seid göttlich. Seid, wer ihr seid. Drückt eure Wahrhaftigkeit aus und wisst: Gott, der Große Vater, ist allseits an eurer Seite. Ihr alle seid geschützt und behütet. Gott wandelt immer an eurer Seite. ER unterstützt euch, wo auch immer ihr es benötigt. Und es wird eine wundervolle Zeit sein, auf die ihr hinarbeitet: das Ziel, den Frieden zu leben.

☆☆☆

Die Beschleunigung des Zeitenwandels

Das Zeitgeschehen, in dem ihr euch momentan befindet, wird zunehmend beschleunigt. Zum einen ist das notwendig, zum anderen setzt es bestimmte Prozesse in Gang: Es zeichnen sich auf diesem Planeten Veränderungen ab, wie auch in Bezug auf die verschiedenen Bewusstseinsformen.

Dieser Wandel ist notwendig, um das Ganze, das all-einheitliche Göttliche zu erhalten und wieder zurückzuführen ins Licht, in die Liebe und ins Gleichgewicht.

Daher ist es notwendig und unabänderlich, dass dieser Zeitenwandel nun beschleunigt wird. Gleichzeitig werden damit jene Läuterungs- und Umwandlungsprozesse noch mehr in Gang gesetzt.

Das wiederum hat zur Konsequenz, ihr geliebten Kinder des Lichts und der Liebe, dass ihr noch öfter durchgerüttelt und durchgeschüttelt werdet.

Es bedeutet niemals, dass ihr allein, hilflos oder ohne Unterstützung seid. Es ist immer Hilfe an eurer Seite.

Gerade dann, wenn ihr das Gefühl in euch tragt, allein, haltlos oder schutzlos zu sein, geht Gott an eurer Seite. Gerade dann, wenn ihr das Gefühl habt, ER ist nicht da, ist ER da!

Es ist notwendig, dass ihr vertrauensvoll durch diese vermeintlich „dunklen“ Prozesse hindurchschreitet, denn das, ihr geliebten Kinder des Lichts und der Liebe, führt euch nicht nur in eure Kraft und Stärke, nein, sondern außerdem in euer Urvertrauen, in eure Göttlichkeit und letzten Endes zurück zu Gott, dem Großen Vater.

Dieser göttliche Zustand soll auf Erden noch umfassender gelebt werden. Nichts soll euch mehr erschüttern können, auch nicht vermeintlich schwierige, dunkle Zeiten oder derartige Momente. Wahrlich, nichts mehr soll euch aus eurer Mitte werfen können.

In großer Stärke und unumstößlichen Urvertrauen sollt ihr stehen können, wenn es notwendig ist. Ihr sollt nicht mehr daran zweifeln, dass ihr etwas bewirken könnt oder dass es IHN, Gott, den Großen Vater, gibt. Ihr sollt Sicherheit und Vertrauen leben und einfach präsent sein, ohne über irgendetwas nachdenken zu müssen. Handeln sollt ihr! Sein sollt ihr! Mehr nicht. Einfach nur sein.

Es ist derzeit unabänderlich, euch wiederholt in solche Situationen hineinzuführen, damit ihr es lernt. Und ihr sollt und werdet mit einer großer Sicherheit daraus hervorgehen. Daran haltet euch noch stärker fest.

Wir werden euch zur Seite stehen und unterstützen, wann immer es uns möglich ist. Das ist unser Versprechen an euch.

Wenn ihr das Gefühl habt, die Last ist euch zu schwer, scheut euch nicht davor zu bitten, dass diese Prozesse leichter, abgemildert und verschoben oder vielleicht in etwas kürzere Zeiträume aufgeteilt werden, damit ihr nicht einen intensiven, längeren durchlauft, in dem ihr Schwere und Schwerlastigkeit verspürt, sondern eben zum Beispiel zwei kürzere. Auch das ist möglich und obliegt eurer Entscheidung.

Aber wisst und vergesst niemals mehr, dass all dies nicht nur eurem Wachstum, eurer inneren Sicherheit, eurer Klarheit, Stärke, Kraft und Göttlichkeit dient, sondern gleichfalls und vor allem diesem Planeten.

Seid ihr bereit, mutig voranzuschreiten, zunehmend euer Vertrauen zu leben und eure Ängste hinter euch zu lassen, führt das dazu, dass hier kontinuierlich im Sinne des Lichts und der Liebe verändert werden kann und die Menschen mehr und mehr aufgerüttelt werden.

Umso mehr ihr willens seid, diese alten Strukturen hinter euch zu lassen, desto mehr bröckelt das gesamte Gefüge.

Folgt ihr euren Impulsen und lebt die Bereitschaft, im Sinne des Lichts und der Liebe zu handeln, eure Sorgen beiseiteschiebend, in das Vertrauen und in den Glauben gehend, durch Ängste hindurchschreitend und mutig springend, dann tragt ihr dazu bei, dass ein weiteres Stück der alten Strukturen zerbröckeln wird und in jenen Momenten die Welt, sogar das gesamte Bewusstsein dieses Planeten und all der anderen Planeten- und Sternensysteme, im Sinne des Lichts und der Liebe verändert wird.

Ihr helft mit, den Bewusstseinssprung herbeizuführen. Ist das nicht etwas Wunderschönes? Ihr tragt nicht nur zum Bewusstseinssprung bei, sondern auch dazu, auf Erden das Paradies zu manifestieren.

Stets aufs Neue sollt ihr springen und mutig sein. Aber hadert nicht, wenn ihr nicht bereit wart, euch euren Ängste zu stellen, sondern schreitet weiterhin beherzt voran. Seid stolz darauf, dass ihr die Möglichkeit habt, dieses zu erkennen. Viele Menschen sind aus Bequemlichkeit heraus nicht bereit, hinter ihre Lernthemen zu blicken, sie zu betrachten und zu hinterfragen. Sie wollen weder die Verantwortung für sich und, damit verbunden, für andere übernehmen, noch ihre Ängste überwinden, um nicht verändern zu müssen.

Wenn ihr diese Thematiken erkennt, aber nicht bereit wart zu verändern, seid auch darauf stolz. Lobt euch dafür, dass ihr willens seid, diese zu betrachten, und dann sprecht:

„Beim nächsten Mal handle ich anders. Und das werde ich mit Gottes Hilfe vornehmen."

Dann werdet ihr es so angehen. Dafür wird die Geistige Welt Sorge tragen. Auch das ist ein Versprechen, das wir euch mit auf den Weg geben.

Das aktuelle Zeitgeschehen

Was geschieht derzeit auf eurem Planeten namens Erde?

Ihr alle werdet in euren Bewusstseinsstrukturen und Energieschwingungen angehoben, denn das Zeitalter der Göttlichkeit, des Friedens und der Brüderlichkeit hält nun immer mehr Einzug, und zwar unaufhörlich.

Das bedeutet, euer Planet wird gerüttelt und durchgeschüttelt, damit das Alte, was diesen hohen Energieschwingungen nicht mehr entspricht, herausgelöst wird. Es passt nicht mehr und darf gelöst werden. Dazu zählen viele karmische Energien, aber auch massenweise Emotionen, genauso wie überholte Muster und Strukturen, die nicht mehr für das Neue Zeitalter notwendig sind.

Ein solches Glaubensmuster könnte sein:

„Ich muss auf meinen eigenen Vorteil bedacht sein, denn nur wenn ich auf mich selbst aufpasse und mir alle anderen gleichgültig sind, erlange ich meinen persönlichen Nutzen.“

Solche Muster werden gelöst, genauso wie beispielsweise:

„Ich darf nur für andere tätig sein. Ich muss mich selbst zurücknehmen, bevor nicht alle anderen befriedigt sind. Ich muss funktionieren. Ich muss meiner Arbeit, meinen Verpflichtungen nachkommen.“

Auch dieses darf nun mehr und mehr gelöst werden.

Solche alten Glaubenssätze und Strukturen gibt es zahlreiche, die nicht nur aus dem Planeten und dem Kosmos herausgelöst werden dürfen, sondern ebenfalls aus euch Menschenkindern. Unterschätzt niemals mehr, wie oft ihr hier auf Erden inkarniert gewesen seid und solche starren, ungeprüften Leitbilder bereits gelebt und aufgenommen habt. Das ist als

Zellinformation in euch enthalten und darf fortan aus euch herausgelöst werden.

Freut euch darüber, ihr geliebten Gotteskinder, denn das wird euch in die Befreiung, in die Leichtigkeit und den Herzensfrieden führen, kündigt aber außerdem an, dass auch ihr durchgerüttelt und durchgeschüttelt werden könntet.

Was bedeutet das im Einzelnen?

Es könnte der Fall eintreten, dass ihr euch plötzlich depressiv fühlt oder in euch eine Schwere und das Gefühl verspürt:

„Es ist vollkommen sinnlos, meine Aufgaben zu erfüllen. Was kann ich denn schon Nennenswertes bewirken? Das nutzt doch alles nichts. Gott-Vater, Gott-Mutter, hole DU mich nach Hause. Mir mangelt es an jeglicher Lebenslust und Lebenskraft."

Schreitet durch diese Prozesse hindurch und wisst, hierbei handelt es sich lediglich um solche der Transformation und Loslösung, weil alles Alte und Schwere, das den neuen Schwingungen nicht mehr entspricht, gelöst werden darf.

Es könnte genauso dazu führen, dass ihr euch vermehrt Ängsten ausgesetzt fühlt oder das Gefühl verspürt:

„Ich bin dermaßen emotional, dass ich nicht weiß, wie ich diese Gefühlswallung abreagieren soll."

Dann nutzt diese Gelegenheit, segnet diesen Prozess und tragt dafür Sorge, dass ihr euch von eurer Furcht befreit, indem ihr euch ablenkt, in das Gebet oder die Meditation tretet, eben etwas ausübt, das euch wieder in den Frieden und in die Herzensleichtigkeit führt. Es kann sich ebenfalls um etwas handeln, das euch vollkommen verausgabt, euch wohltut, etwa das Schwimmen, das Laufen, das Musizieren oder derlei mehr.

Spürt ihr Emotionen, dann geht hinaus in die Natur, lauft diese unguten Energien ab und treibt beispielsweise Sport.

Führt euch stets vor Augen: All das wird wieder vorüberziehen.

Das ist der eine Aspekt.

Der zweite ist, dass bei allen Menschenkindern beständig die Frage durch Gott, den Großen Vater, gestellt wird:

„Welchen Weg bist du bereit einzuschlagen? Kommst du mit in die Neue Zeit des Goldenen Zeitalters? Oder verbleibst du in deinen derzeitigen, veralteten Strukturen und Mustern, weil du nicht verändern möchtest?“

Beides wird in Ordnung sein. Aber gerade die Seelen, die sich noch verweigern, die sich auch insbesondere aus der Bequemlichkeit oder der Angst heraus widersetzen, eine Antwort zu geben, werden noch intensiver gerüttelt und geschüttelt. Das bedeutet, ihnen werden ihre Lebensthemen noch ein wenig öfter präsentiert werden, einfach damit sie bereit werden, diese Frage Gottes, des Großen Vaters, zu beantworten.

Aber bei allem, was ihr in die Handlung führt, ihr geliebten Kinder des Lichts und der Liebe, habt ihr jederzeit Hilfe und Unterstützung an eurer Seite. Niemals werdet ihr überfordert werden bei dem, was euch begegnet.

Ein großes Rütteln und Schütteln werdet ihr noch vernehmen, auch und insbesondere im politischen und wirtschaftlichen Bereich. Ihr werdet zunehmend Zeichen erkennen, dass sich kleinere oder größere Krisen und Probleme ereignen. Aber habt keine Angst, denn für alles wird Sorge getragen. Über alles hält Gott, der Große Vater, stets SEINE richtende, SEINE helfende Hand.

Seid euch sicher: Für euch alle wird allseits gesorgt sein. Dieses Rütteln und Schütteln im wirtschaftlichen und politischen System nehmt von nun an als eine wundervolle Möglichkeit wahr, damit jetzt alle Menschenkinder zu ihren Wurzeln der

Brüderlichkeit und des Wachstums, ja, zur Göttlichkeit zurückfinden können. Und dort, wo euch die Furcht übermannt, tretet in den Segensprozess ein, denn wisst, alles, aber auch wirklich alles, ist nun darauf ausgerichtet, auf Erden den Weg des Lichts und der Liebe zu manifestieren. Und so wird es sein.

☆☆☆

Verlauf

Die Menschen werden schrittweise ihr Verhalten, ihre Denkweisen und Muster verändern und begreifen, wie sie ein sinnerfülltes Leben führen können. Sie werden Erkenntnis leben und die Verbundenheit mit allen Menschen, Lebewesen sowie der Erde fühlen, feinstoffliche Wesen und vieles andere wahrnehmen, wozu sie zuvor nicht bereit waren. Sie werden erkennen und sich wie nie zuvor verhalten und ihre Ansichten und neue ethische und moralische Werte leben. All das wird im Zeichen der Liebe geschehen dürfen.

Oft wird das nach sich ziehen, dass manch Altes und Negatives aus den Menschen gelöst werden darf. Diese könnten deshalb etwas unberechenbar reagieren, weil sie sich dieser Prozesse nicht bewusst sind, aber ahnen, was gerade mit ihnen geschieht und was sich noch anbahnen wird. Sie können sich wie ein eingesperrtes Tier fühlen, das nicht begreift, was mit ihm passiert.

Die Menschen versuchen sich dann derart zu helfen, dass sie andere beschuldigen und auf diese die Verantwortung für ihre eigenen Emotionen abwälzen.

Das sind einige Beispiele, wie die Menschen reagieren können.

Manche werden gar nichts wahrnehmen und sozusagen intuitiv, nichts bemerkend, still und ohne weiteres Aufhebens in die nächsthöhere Dimension aufsteigen. Auch das kann und wird durchaus so geschehen, weil die Menschen unterschiedlich reagieren.

Die Erde wird sich von allem überflüssigen Alten, zum Beispiel durch Überflutungen, Stürme, Vulkanausbrüche und Feuer reinigen, die ausgedienten, negativen Energien abstreifen und ausschließlich die hohen, positiven Energien absorbieren. Umstrukturierungen werden stattfinden. Die Menschen werden ihre Standpunkte und Sichtweisen verändern und zunehmend auf die Umwelt, die Umweltverschmutzung und das Klima achten und ökologischer denken. Das geht einher mit dem Aufstieg in die nächsthöhere Dimension, ist Teil des Bewusstseinssprungs der Erde, hängt unmittelbar miteinander zusammen und kann nicht voneinander getrennt werden.

Dieser Planet wird in diesem Zeitgeschehen dringend auf die Hilfe und Unterstützung der Menschen angewiesen sein. Erst wenn ein Großteil der Menschheit sich ändert und umdenkt, ist der Erde die Möglichkeit gegeben, diesen Sprung zu vollenden, wodurch sie und mit ihr die Menschheit in eine höhere Dimension aufsteigen werden.

Wisst ferner, dass sich dieser Wandel ohne bewusste Wahrnehmung vollziehen wird.

Der Prozess des Bewusstseinssprungs wird bei dem einen Jahre und sogar Jahrzehnte dauern, beim anderen nur Wochen oder Monate. Aber allzu schnell wird es nicht vonstattengehen, bei keinem von euch. Er wird nicht innerhalb von Sekunden durchlaufen sein.

Die meisten Menschen werden nicht das Gefühl haben, dass sich etwas verändert hat. Sie werden sich fühlen, als hätten sie geschlafen und wären plötzlich mit einer bisher ungewohnten Frische aufgewacht, an die sie sich jedoch schnell gewöhnen.

Die Erde wird sich verwandeln, sich gereinigt haben und wohler fühlen, über neue Informationen verfügen und, damit einhergehend, neue Lebensstrukturen herbeiführen können. Dann dürfen sich neue Lebensformen auf diesem Planeten entwickeln, und eine Zeit voller Wunder beginnt.

Jeder, der bereit ist, diesen Bewusstseinssprung zu durchlaufen, wird künftig noch mehr im Sinne der allumfassenden Liebe handeln und wirken dürfen, noch mehr Licht und Liebe verbreiten.

Dieses liebende Denken, Fühlen und Handeln wird im Laufe der bereits anstehenden und zunehmenden Erdveränderungen eine immer größere Bedeutung einnehmen, um deren Auswirkungen abzumildern und die Erde zu unterstützen.

Nach dem Bewusstseinssprung wird die Erde wieder ein grüner Planet sein und zu vollem Licht und in grenzenloser Liebe erblühen.

☆☆☆

Die Kinder der Neuen Zeit

Bei den Kindern der Neuen Zeit handelt es sich um sehr weit entwickelte, alte, weise, reife Seelen, die schon zahlreiche Inkarnationen auf diesem Planeten durchlaufen haben, um zu lernen, zu wachsen und Erfahrungen zu sammeln, aufgrund der sie in ihrem Bewusstsein sehr weit vorangeschritten sind.

Alle Menschen verändern sich künftig fortschreitend, um in das Christusbewusstsein zu finden, und arbeiten darauf hin. Damit sind zunehmend „neue", bisher selten genutzte Fähigkeiten verbunden.

Einst habt ihr euch bereit erklärt, euch Fähigkeiten wie Hellhören, Hellsehen, Hellfühlen, Gedankenlesen, geistiges Reisen und vieles andere wieder anzueignen und in euch zu integrieren. Das gehört ebenfalls zu dieser Neuen Zeit.

Es werden inzwischen vermehrt Kinder geboren, die diese Fähigkeiten bereits in sich tragen. Sie warten nur darauf, der Welt zu berichten, wozu sie fähig sind.

Aber noch ist die Welt nicht gewillt, dieses zu hören oder zu akzeptieren. Doch es wird nicht mehr lange dauern, und sie wird dazu bereit sein.

Dann beginnt für die Menschheit eine ganz „neue" und wunderbare Zeit voller Wunder, wie ihr es momentan vielleicht bezeichnen würdet.

Die Menschheit wird glauben, dass bisher nie Dagewesenes geschieht, etwas, das eigentlich nicht sein kann. Aber im Grunde genommen gab es das schon immer. Ihr konntet es nur nicht wahrnehmen.

Erdveränderungen

Es werden nun vermehrt Gelegenheiten und Situationen auftreten, die euch im Weltlichen erschüttern, weil euch wichtige Nachrichten und Informationen erreichen. Diese könnt und werdet ihr über eure Fernseher und Radios empfangen, sodass ihr Berichte über Stürme, Vulkanausbrüche und derlei mehr erhaltet.

Das stellt eine Reinigung der Erde dar. Damit darf viel Altes aufgelöst werden, das abgeschüttelt werden muss.

Nehmt zur Kenntnis, dass die Menschen, die in solchen Gebieten leben, sich einst dazu bereiterklärt haben, diese Energien der Reinigung wahrzunehmen. Sie wollten sich dort niederlassen, leben und wohnen, um diese Naturereignisse einmal selbst zu erfahren und auch, um die Menschheit aufzurütteln sowie zum Ausdruck zu bringen:

„Seht her. Wir leben in diesem Gebiet und sind ein Teil davon. Die Erde lebt in der Einheit mit uns, möchte aber diese noch verstärkter leben und sich in Liebe umwandeln. Daher ist es wichtig, dass wir lernen, diese Liebe zur Erde und zu Mutter Natur wertzuschätzen und nicht mit dem Schicksal zu hadern, das uns vermeintlich von Gott auferlegt wurde."

Oh nein! Es gilt, in diesen Gebieten die Hoffnung, den Glauben und die Liebe an IHN zu leben.

Denkt einmal an die verschiedenen Schicksale dieser Menschen, die in solchen Gebieten bei Seebeben, Erdbeben, Vulkanausbrüchen, Schlammlawinen oder anderen Naturkatastrophen zu Tode kommen.

Gedenkt all dieser Seelen, die bereit waren, ihr Leben zu opfern, damit die Menschheit noch umfassender aufgerüttelt wird und zu verstehen lernt:

„So geht es nicht mehr weiter! Es muss etwas geschehen! Wir müssen uns verändern und dafür Sorge tragen, dass wir lernen, verstärkter mit der Natur in Einklang zu leben, sie nicht mehr verseuchen, verpesten, benutzen und uns nicht mehr an ihr gütlich tun – so, wie wir das gerne möchten –, sondern auf sie Rücksicht nehmen!"

All dies gilt es, unentwegt und tief in den Herzen der Menschen zu verankern und diese Nachricht hinauszutragen und an jeden Einzelnen zu verbreiten.

Jeder Mensch wird aufgerüttelt, um darüber nachzudenken, worin der höhere Sinn hinter all den Geschehnissen liegt.

Zwar mag es in der menschlichen Natur üblich sein, dass nicht jeder diesen versteht und begreift und die Menschen denken: *„Gott möchte uns bestrafen."*

Doch wisst, so ist es nicht!

Es ist weder eine Sünde noch eine Strafe und auch keine Bestrafung Gottes. Eher ist es ein Aufrütteln, um darüber nachzudenken, worin der Sinn und Zweck all der Veränderungen wirklich liegt.

Die Menschen erhalten durchaus die Kraft und die Hilfe Gottes. Und gerade diejenigen, die in jenen Gebieten leben, haben dazu einst ihre Erlaubnis erteilt, dass es genauso mit ihnen geschehen darf.

Mit diesen Informationen kann sehr viel an den Menschen verändert werden, denn sie werden zum Nachdenken angeregt. Dann können wir noch eingehender an jedem Einzelnen arbeiten und wirken, sein Herz noch weiter öffnen und zunehmend in ihm den Weg des Lichts und der Liebe, den Weg zu Gott, dem Großen Vater, den Weg zurück nach Hause integrieren.

Der Zeitenwandel

Ihr geliebten Kinder, erneut ist die Zeit eines Wandels gekommen, der unmittelbar ansteht und von jedem von euch anders wahrgenommen wird.

Um welche Art von Wandel handelt es sich?

Es wird zu einer Veränderung und einem Umbruch in der Menschheit kommen, der diese dazu führen soll, wieder zunehmend in das Herz zu finden und das Ego auf einen Platz zu verweisen, der ihm zusteht: auf die Rückbank sozusagen, den letzten Platz.

Dieser anstehende Wandel wird bewirken, dass die Menschen außer sich geraten, kopflos reagieren, ihre Eigenkontrolle und Selbstbeherrschung verlieren und Handlungen vornehmen, die hinterher mit dem menschlichen Verstand nicht zu begreifen oder zu erklären sein werden.

Das ist der Wandel von der dunklen zur liebevollen Seite, zu der Seite des Lichts und der Liebe. Es ist die Verwandlung vom Ego zum Herzen, hinein in die Liebe und in die Göttlichkeit.

Jede Seele kann in diesen Umwälzungsprozessen noch einmal aufbegehren. Das ist dann aber nicht der Wille dieses einzelnen Menschen, oh nein, sondern vielmehr die niedere, dunkle und aufbegehrende Seite, die nicht im Sinne der Liebe ist. Diese wählt sich schwache und kraftlose Seelen beziehungsweise Menschen aus, versucht durch sie noch einmal die von Gott abgewandte Seite auszuleben und verleitet sie zu einer unbedachten, unüberlegten Handlung, die der Mensch, wäre er in seiner Mitte und in seinem Herzen, nicht vollführen würde.

Wenn ihr merken solltet:

„Ich nehme gerade eine Handlung vor, die ich eigentlich gar nicht ausüben möchte",

ruft uns, die Geistige Welt, zu Hilfe und bittet uns darum, euch wieder in euer Herz und eure Mitte zu führen.

Erst dann darf es so geschehen, und wir dürfen zu eurem Wohl eingreifen, denn jede Seele hat ihren freien Willen. Nicht oft genug können wir das betonen.

Wir Engel dürfen erst einschreiten, wenn die Seele und damit der Mensch den Wunsch gebildet und die Bitte an uns gerichtet hat, dass wir ihm helfen sollen und auch dürfen.

Dieses Wissen tragt hinaus, ihr geliebten Kinder, zu jedem, der bereit ist, das zu begreifen und weiterzugeben. Jeder, der dieses vernimmt und mit einer solchen Thematik in Berührung kommt, möge alles, was wir euch mitgeteilt haben, an die Menschen weiterleiten, sofern es notwendig und sinnvoll erscheint und er es so handhaben möchte. Prüft auch hier ausschließlich mit eurem Herzen, ob es sich für euch stimmig anfühlt.

Diese Informationen sollen euch keine Angst bereiten. Oh nein. Es gilt lediglich, sich vorzubereiten.

Die Zeiten werden unruhig. Stürme werden aufkommen, Tornados manche Landstriche verwüsten, Flüsse bis ins Unermessliche ansteigen und Städte unter Wasser setzen, und dunkle Regenwolken werden den Himmel verdunkeln. Die Erde wird beben, auch in Gebieten, in denen das bisher nicht vorkam, und die Menschen werden in Panik ausbrechen ob der vielen Energien, die sich dort lösen werden, da sie nicht verstehen, was sich gerade ereignet und ihnen widerfährt. Sie werden damit nicht umgehen können und überreagieren. Aber habt keine Angst. Gott ist bei euch. Euch wird nichts, aber auch gar nichts geschehen.

Ihr geliebten Kinder, bittet Gott, den Großen Vater, um Schutz. Für euch, für eure Familie und euer Häuschen, wenn ihr mögt, auch für euren Arbeitsplatz, worum auch immer.

Aber bittet! Denn nur dann kann und darf euch gegeben werden.

Bittet auch darum, dass der Erde und Mutter Natur geholfen wird. Hier seid IHR gefragt! Ihr habt zu helfen!

Bittet in diesen kommenden Zeiten weiterhin um Heilenergien für euren Planeten, denn begreift, es ist euer Planet, der tobt und wütet. Und ihr wollt und dürft auf ihm leben.

Es ist an der Zeit, ihm all die Liebe zurückzugeben, mit der er euch über die Jahrtausende, ja, sogar über Jahrmillionen getragen hat.

Darum schickt ihm eure Liebe und sprecht äußerst liebevoll mit der Erde, wie mit einem Kind. Und keinerlei Mühe wird hier vergebens sein, ihr geliebten Kinder.

Gott, der Große Vater, und auch wir, die Geistige Welt, sind jedem Einzelnen von euch so dankbar für eure Hilfe und eure Bereitschaft, hier zu handeln und mit anzupacken.

Denn letztendlich handelt es sich doch um eine globale Situation und Problematik, die jeden von euch betrifft.

Daher, helft mit! Und die Stürme und Naturereignisse werden nachlassen und abgemildert.

Es liegt in eurer Hand! Also handelt, denn es ist euer Planet!

☆☆☆

Ein außergewöhnlicher Lichtstrahl

Ein bedeutsamer, außergewöhnlicher Lichtstrahl wird auf diese Erde treffen, um auf diesem Planeten einiges zu verwandeln. Das ist gleichzeitig verbunden mit Veränderungen im gesamten Kosmos. Ein Veränderungsplan steht bevor, der die Menschheit wachrütteln wird.

Wir werden derzeit nicht genau berichten können, was dieser Lichtstrahl bewirken wird, weil es sehr von der Individualität und Einzigartigkeit eines jeden Menschen abhängt. Aber jeder Mensch auf diesem Planeten hat die Möglichkeit, diesen Strahl des Lichts zu nutzen und hierdurch etwas in seinem Leben konkret zu verändern.

Manch einer wird in seinem Bewusstsein aufgerüttelt und aus seinem Schlummerschlaf aufgeweckt werden.

Andere werden mehr und mehr wachgerüttelt und in Emotionen hineingeworfen, um noch mehr Altes loszulassen, das sich ihnen zeigt.

Ihr geliebten Kinder, es geht nicht darum, diese Emotionen zu verwünschen oder sich zu fragen:

„Wozu soll mir das nutzen? Was habe ich zu lernen?“

Nein! Es ist von Bedeutung, diese kritisch zu betrachten und zu akzeptieren:

„Es ist für mich in Ordnung. Ich nehme diese Emotionen jetzt an, weil ER es sich von mir wünscht. Es hat keinen tieferen Sinn als den, in die Demut zu gehen.“

Bleibt ruhig! Geht immer wieder in eure Mitte! Betet und meditiert!

Übt, damit ihr anderen Menschen helfend zur Seite stehen und zu ihnen sprechen könnt, wenn solche Veränderungsstrahlen auf diesen Planeten geschickt werden.

„Ich weiß, wie du dich fühlst. Ich habe diesen Prozess bereits durchlaufen und kann dich unterstützen, wenn du dir helfen lässt. Bleib ruhig und gelassen und schreite durch ihn hindurch. Ich helfe dir, soweit ich es vermag. Den Rest des Weges gehe an meiner Hand, doch gehen musst du selbst. Hab Vertrauen, dass du durch diese Geschehnisse hindurchgeleitet wirst, und glaube auch daran, dass Gott an deiner Seite steht. Und zwar jetzt. Hier und jetzt ist ER in dir und begleitet dich. ER weiß, was du fühlst. Darum bleib völlig ruhig und gelassen. Es ist SEIN Wunsch, dass du dieses nun so zu erleben hast.

Ist es nicht wunderbar zu wissen, dass dein Leben von Gott bereitet ist, du mit IHM in jeder einzelnen Sekunde deines Lebens gehst, ER schützend SEINE Hand über dich hält und dir nur das zumutet, was du verkraften kannst? Ist es nicht auch erleichternd zu wissen, dass du aus diesen Prozessen gestärkt hervorgehen wirst?“

So sprecht zu den Menschen. Es wird ihnen große Freude bereiten, weil ihr ihnen Mut und Kraft mit auf den Weg gebt.

Auch wenn sie das ein oder andere Mal eure Hilfe ablehnen, lasst sie ziehen. Dann ist das aus ihrem Ego heraus entsprungen und somit für sie ein anderer Lernplan vorgesehen, weil sie dieses noch zu bezähmen und sich damit auseinanderzusetzen haben. Sie werden dann einen anderen Weg des Wachstums beschreiten.

☆☆☆

Die Neue Heilweise – Geistige Heilung

Zu der Neuen Zeit gehört es, die Menschen immer mehr in Verbindung mit sich selbst zu führen, damit sie die Bereitschaft entwickeln, sich zunehmend mit sich selbst und allem, was sie sind, auseinanderzusetzen.

Die Zeit ist reif, dass sich die Menschen auch mit Themen befassen, die ihnen als nicht sehr wohlwollend erscheinen. Es werden teilweise sehr harte und heftige Situationen und Lebensthemen sein, die ihnen gespiegelt werden.

Aber sie haben zu begreifen, dass gerade diese betrachtet werden wollen, und zu akzeptieren, dass sie sich mit gerade harten Lebensthemen und auch mit alten, die in ihnen schlummern, zu beschäftigen haben. Sollten sie dazu nicht willens sein, wird die gesuchte Heilung niemals in Vollendung möglich sein.

Die Menschen sollten weiterhin erkennen und begreifen, dass eben nur die Bereitschaft, beides zu verinnerlichen und anzunehmen, in die wahre Heilung führen wird, nämlich das Zusammenspiel zwischen den hoheitsvollen Energien, die durch den geistigen Heiler strömen dürfen, aber ebenso durch die Akzeptanz und Erkenntnis, welche Ursachen dahinter liegen.

Hier wird es notwendig sein, die Menschen noch eingehender und intensiver auf ihre Lebensthemen anzusprechen.

Es würde für die Heilung in ihrer tiefsten Tiefe keinen Sinn darstellen, ihnen lediglich Energien zuzuführen, ohne mit ihnen über ihre Themen zu sprechen.

Das bedeutet, geistige Heilung setzt im Menschen an. Zunächst in dem Sinne, dass Wissen vermittelt wird: Worin liegen die Ursachen der verschiedenen Symptome, der Krankheiten? Wo liegt die Ursache dessen begraben, weshalb der Mensch an verschiedenen Stellen in seinem Körper erkrankt ist?

Und jeder sollte dazu aufgerufen sein, diese Symptome zu erkennen und sich selbst zu hinterfragen:

„Welches Thema steckt dahinter? Ist es etwas, das mit meinem jetzigen Leben in Verbindung steht, das ich gerne verändern möchte, mich aber nicht traue, dort hinzublicken? Nun, dann sollte ich das so umsetzen, mutig sein und mir dieses Thema genau betrachten.“

Darum geht es.

Jede Krankheit, die in dieses Leben gebracht wird oder entsteht, hat ein geistiges Thema als Ursache. Den Menschen teilt der geistige Heiler diese mit, damit sie selbst entscheiden können, ob sie etwas dazu beitragen und in ihrem Leben verändern möchten, um damit die Krankheit in die Heilung führen zu können.

Jeder soll fortan in seinem Leben selbst erkennen, was ihn vermeintlich verletzt und in die Krankheit führt. Denn letztendlich erschafft jeder Mensch selbst die Ursache für sein Leiden.

Sobald die Thematiken aufgezeigt wurden, die hinter jeder Krankheit stecken, kann der geistige Heiler mit dem Menschen daran arbeiten. Seine Arbeit besteht darin, Heilenergie, Heilströme in die betroffenen Stellen zu leiten, die Gott durch ihn als Kanal weiterleiten und durch ihn fließen lässt.

Das kann der Mensch spüren, sei es durch Wärme, durch ein Kribbeln oder ein Kältegefühl. Jeder empfindet es auf eine andere, seine persönliche Weise.

Hin und wieder werden die Menschen auch nichts spüren, dennoch wird an ihnen gearbeitet. Aber es ist wichtig, dass sie auch lernen, selbst etwas für ihre Gesundheit zu tun.

Es ist ebenso notwendig, dass die Menschen beginnen, die Thematik ihrer Krankheit zu erkennen, diese anzuerkennen und dann zu verändern. Nur wenn sie dazu bereit sind, ist die Möglichkeit gegeben, dass hier vollendete Heilung geschehen darf.

Hierzu ist die Mitwirkung eines jeden Patienten erforderlich.

Jeder ist gefragt, ob er willens ist, diesen Weg zu beschreiten, denn oft kann Heilung nur dann geschehen, wenn er die Bereitschaft lebt, sein Denken und Handeln zu verändern, mutig zu sein und das dann auch umzusetzen.

All das – ein Zusammenspiel aus der Bereitstellung geistiger Heilenergien und dem Menschen selbst, der willens ist, sich für die hohen Energien Gottes zu öffnen und sich und sein Leben zu verändern –, stellt die Quintessenz der geistigen Heilung dar.

Aber jeder muss für sich selbst und aus seinem Herzen heraus entscheiden, ob er sich diesem Weg zuwenden und ihm folgen möchte oder nicht.

☆☆☆

Die Schleier öffnen sich

Ihr geliebten Kinder, ihr befindet euch mitten in der Zeitenwende. Die Schleier zwischen dem Diesseits und dem Jenseits zerreißen und öffnen sich Stück für Stück, damit der Bewusstseinssprung nun zunehmend schneller herbeigeführt wird und die damit zusammenhängenden Prozesse beschleunigt werden können.

Niemand braucht davor Angst zu haben. Den Menschen wird eine wunderbare, scheinbar „neue" Welt vor Augen geführt, die ihnen einen weiteren Teil der Schöpfung Gottes offenbart, die sie zuvor nicht wahrnehmen konnten. Aber gerade durch die große Liebe Gottes und der Geistigen Welt dürft ihr all dies vermehrt erfahren und erleben.

Ihr werdet nun durch die noch häufiger auftretenden, verschiedensten außersinnlichen Wahrnehmungen erkennen:

„Ich bin nicht allein. Es gibt noch viel mehr in Gottes Schöpfung, was ich bisher nicht mit meinen Sinnen wahrgenommen habe und nicht wahrhaben wollte. Das Diesseits und das Jenseits sind nicht getrennt. Es gibt die Geistige Welt, die nicht weit entfernt von mir ist. Viel Hilfe kann ich von ihr und diesen Wesen erhalten."

All dies gilt es für euch zu erlernen und zuzulassen, sich damit auseinanderzusetzen und letztendlich zu akzeptieren.

Jeder von euch ist jetzt aufgefordert sich zu hinterfragen: „Woher komme ich? Wer bin ich?"

Je mehr künftig diese Schleier zwischen der grob- und der feinstofflichen Welt zerreißen, umso häufiger werdet ihr außersinnliche Wahrnehmungen und Begegnungen mit der Geistigen Welt haben, euch vielleicht anfangs davor fürchten und versuchen, es als Spukgeschichten abzutun und zu deklarieren oder zu verdrängen. Aber das wird nicht helfen.

Es ist wichtig, nicht die Augen vor diesen Begebenheiten zu verschließen, sondern mutig sein Herz zu öffnen, sich auf neue Erfahrungen einzulassen und zu akzeptieren:

„Die Geistige Welt existiert! Es gibt geistige Wesen jenseits dieses Schleiers."

Wenn die Menschen aufgrund der stetig zunehmenden Begegnungen nichts mehr verdrängen können und die Angst vor solchen Erlebnissen nicht mehr weicht, sich vielmehr verstärkt, werden sie immer mutiger und andere Menschen auf solche Erlebnisse ansprechen und befragen, um letztendlich ebenfalls von ihnen bestätigt zu bekommen:

„Auch ich habe solche Begegnungen erlebt und kann davon berichten."

Hierdurch setzt ein beschleunigter Bewusstseinswandel ein. Neue Prozesse werden eingeleitet, neue Denkrichtungen geöffnet und neue Impulse gegeben.

Die Menschen werden wissen und begreifen wollen:

„Was geschieht? Welch höherer Sinn und Zweck steckt dahinter? Wie gehe ich damit um? Welche neuen Möglichkeiten eröffnen sich für mich?"

Sie werden andere Menschen aufsuchen, die sich mit solchen Erfahrungen auskennen, die erklären und Hilfestellung geben, wie damit umzugehen ist. Das hat zur Folge: Ihr fühlt immer mehr mit eurem Herzen und erkennt die Geistige Welt an.

Vielleicht berichten sie von folgenden Begebenheiten:

- Das Wahrnehmen einer Bewegung aus dem Augenwinkel heraus, die beim genauen Hinsehen nicht mehr da ist.
-

- Nachts steht vor dem Bett ein Wesen, das verschwunden ist, sobald das Licht eingeschaltet wird.
- Ein leuchtendes, helles, strahlendes Licht ist um die Aura eines jeden Lebewesens zu erkennen und erstrahlt um Menschen, Tiere und Pflanzen.
- Dunkle, wolkenähnliche Flecken schweben durch das Zimmer nach oben. (Hierbei handelt es sich um negative Energien, herausgelöst aus Mutter Erde, die im Kosmos in solche des Lichts und der Liebe transformiert und neutralisiert werden.)
- Das Hören von Geräuschen und Stimmen, obwohl es völlig still und niemand anwesend ist.
- Die Begegnung mit Engeln, Zwergen, Elfen und anderen feinstofflichen Wesen.
- Das Sehen, Fühlen und Hören geliebter Verstorbener oder verstorbener Haustiere.

Jeder ist jetzt aufgefordert, sich mutig und mit großer Freude in seinem Herzen auf scheinbar „Neues“ einzulassen und neue Wege zu beschreiten, aber vor allem, den Schleier selbst anzuheben und sich nicht davor zu verschließen.

☆☆☆

Teil 2

Göttliche Werkzeuge

Den Tag beginnen

Ihr geliebten Kinder, mit welchen Gedanken seid ihr heute in den Tag gestartet? Könnt ihr euch noch daran erinnern?

Seid euch gegenüber einmal ganz und gar wahrhaftig. Welcher war an diesem Morgen euer erster Gedanke? Seid ihr mit Kummer und Sorgen, mit Emotionen oder mit einem Lächeln im Gesicht aufgewacht und habt den Tag, das Geschenk begrüßt, das euch Gott abermals zur Verfügung gestellt hat, ungewiss dessen, wie dieses aussehen mag?

Wie auch immer ihr reagiert habt, auf diese Art und Weise habt ihr euren Tag eingeleitet. Das ist somit der erste Gedanke, den ihr des Morgens hegt, der im Grunde genommen auch wegweisend und wegbahnend für den weiteren Verlauf ist, wie auch immer sich dieser gestalten mag.

Stellt euch Folgendes vor:

Ihr wacht auf einer grünen Wiese auf. Die Sonne scheint, und die Vögel zwitschern. Ihr nehmt das eine oder andere Tier wahr. Vielleicht handelt es sich dabei um ein Eichhörnchen oder um einen Schmetterling. Möglicherweise besucht euch aus dem nahe gelegenen Wald ein Reh. Alles ist vollkommen friedlich und überaus freudvoll.

Wie beginnt ihr diesen Tag?

Ihr steht auf, begrüßt die Natur und die Sonne. Eure Haut erwärmt sich durch ihre Strahlen, und in euch breitet sich eine wohlige Wärme aus.

Könnt ihr den wohltuenden Frieden und den belebenden Sonnenschein auf eurer Haut spüren sowie die Wärme und das Licht, die euch beglücken? Könnt ihr nicht ebenso die Liebe wahrnehmen? Fühlt ihr euch in all dem nicht pudelwohl? Anschließend stellt euch vor, wie ihr diesen Tag weiterhin begehen werdet.

Diese Freude nehmt mit in euren Tag hinein. Und wenn Probleme auftauchen und euch Menschen begegnen, die vielleicht einen Streit beginnen möchten, gerade dann holt in euch das Gefühl dieser Wärme, dieses Lichts und dieser Freude hervor, mit der ihr auf der grünen Wiese erwacht seid.

Der Streit, den die andere Person mit euch austragen möchte, mag euch dann klein und nichtig erscheinen, und ihr werdet lächeln.

Die Freude, die ihr in euch tragt, leitet ihr damit zu diesem Menschen weiter. Und der Streit, der vielleicht entbrannt wäre, wird erst gar nicht entstehen, denn die andere Person spürt nicht nur eure wundervolle, entspannte Energie, sondern darüber hinaus euer positives Wohlbefinden, selbst wenn sie das nicht bewusst wahrnimmt. Aber sie bemerkt, dass in euch etwas Besonderes wirkt.

Ihr seid guter Laune, lebt lebensbejahende Energien, und in euch sind wundervolle Gefühle. Das Licht, die Liebe und die Wärme sind in euch verankert, und ihr seid mit euch im Frieden und im Einklang.

So mag es geschehen, dass eine solche Begegnung, die möglicherweise in Streit ausarten und zu Differenzen, Konflikten und Komplikationen führen könnte, nicht mehr stattfindet, weil ihr mit aufbauenden Gedanken in den Tag gestartet seid.

Ist das nicht etwas Wunderschönes?

Ist es nicht euer Wunsch, jeden Tag so zu beginnen?

Das mag vielleicht nicht jederzeit funktionieren, da auch nachts an euch gearbeitet wird und ihr aus eurem Bewusstsein herausgeholt und geschult werdet. Gelegentlich werdet ihr in Übungen hineingeführt, die euch mit speziellen Emotionen in den Tag starten lassen.

Wenn ihr des Morgens mit unangenehmen, unerfreulichen und abbauenden Energien oder Gedanken aufwacht, liegt es in eurer Hand, das zu verändern. Dann stellt euch jenes Bildnis vor, dass wir euch gerade übermittelt haben.

Denn habt ihr nicht alle gerade das Gefühl der Wärme und des Friedens wahrgenommen: „Ich fühle mich wohl."?

Habt ihr das nicht alle verspüren können, als ihr diese Worte gelesen habt? Habt ihr nicht die wohlig warme Energie erleben können? Fühlt ihr sie nicht auch jetzt schon wieder, da wir davon berichten?

Tretet doch in diese wundervollen Schwingungen hinein. Ihr könnt euch auch jede andere beliebige, euch angenehme Situation vorstellen.

Nehmt euch hierzu Zeit, ihr geliebten Kinder des Lichts und der Liebe. Es ist wichtig, mit solch freudvollen und zuversichtlichen Gedanken in jeden Tag zu starten.

Ihr werdet noch oft auf Situationen oder Energiefelder treffen, die möglicherweise nicht unbedingt notwendig sind, damit ihr etwas lernt. Oh nein.

Manches Mal werdet ihr auf energetische Gewitterwolken stoßen, weil sie eben vorhanden sind und nicht gereinigt wurden, oder weil der Mensch, der diese sozusagen erschaffen hat, nicht darum weiß, dass er sich schützen kann und sich vielleicht reinigen sollte. Dann gilt es, für euch Verantwortung zu übernehmen.

Beginnt ihr jeden Tag mit positiven, wundervollen Energien, fällt es euch leichter, den die Lebensfreude raubenden Menschen zu begegnen und deutlich klarzustellen:

„Ach, das beeindruckt mich nicht. Das ist wieder eine wundervolle Übung, die mir aufgezeigt wird. Ich habe diese Gewit-

terwolke, diese Energiewolke wie eine Staubwolke erkannt. Daher nehme ich meinen Staubwedel, bitte Erzengel Michael an meine Seite und reinige diese Energie."

Ist das nicht viel leichter für euch, als wenn ihr schon mit trübseligen Gedanken in den Tag startet und euch unwohl, aufgewühlt und angespannt fühlt, wenn ihr die gegebenen Energien als unangenehm empfindet und Probleme damit habt, in den Tag zu starten, aufgrund von Kopfschmerzen, und die Tasse Kaffee, die ihr jeden Morgen trinkt, euch heute überhaupt nicht schmeckt?

Dann begebt ihr euch mit grummeligen Gedanken zur Arbeit und beginnt auf diese Weise euren Tag. Zusätzlich lädt euch euer Chef noch mehr Arbeit auf. Die euch begegnenden Kunden sind übel gelaunt und laden alles auf euch ab.

Schadet euch das nicht viel mehr?

Hier könnt ihr jeden Morgen ansetzen, sobald ihr die Augen öffnet.

Vielleicht mag sich das für den ein oder anderen von euch in der ersten Zeit etwas schwierig anfühlen. Aber es ist reine Übungssache. Geht dabei spielerisch vor, begebt euch beispielsweise die ersten fünf Minuten am Morgen an die frische Luft. Lasst eure Gedanken und euren Kopf so richtig durchblasen und durchpusten.

Dann startet in euren Tag und erschafft voller Absicht angenehme Gedankenbilder, beispielsweise eine wunderschöne Umgebung, oder zündet euch eventuell bereits morgens eine Kerze an.

Begebt euch absichtlich in solche morgendlichen Rituale. Widmet euch hingebungsvoll eurem Kaffee, eurem Tee und eurem Frühstück. Und fehlt euch dazu die Zeit, dann genießt dennoch und nehmt euch diese ganz bewusst und voller Achtsamkeit, um eure morgendliche Mahlzeit oder euer Mittagsmahl für die Mittagspause vorzubereiten.

Geht solche Alltäglichkeiten ganz bewusst an und schickt in sie all eure Liebe hinein. Beginnt jeden Morgen und jeden Schritt mit vielen liebevollen Energien.

Streichelt euch! Bedenkt, das muss nicht unbedingt körperlich sein.

Wenn ihr jeden Tag derart beginnt, sprecht zu euch:

„Ich bereite mir schon die nächsten Stunden vor, indem ich beschwingte Gedanken hege und mich mit aufbauenden, freudvollen und liebevollen Energien umgebe. Ich lade meine Engel dazu ein, mich heute zu begleiten, mich zum Lachen zu bringen und mir eine freudvolle Begegnung zu ermöglichen. Darüber hinaus lasse ich mich davon überraschen, was Gott, der Große Vater, heute für mein Leben geplant hat. Daher bitte ich bereits jetzt um all die kleinen Begebenheiten, denn das sind die Geschenke, die ich mir selbst jeden Tag bereiten kann."

Wenn ihr das umgesetzt habt, habt ihr erneut für euch Verantwortung übernommen, den Tag nicht einfach Tag sein lassen und nicht leichtfertig ausgesprochen:

„Komme, was da wolle. Ich will einmal betrachten, wie es mir nachher so ergehen und was noch auf mich zukommen wird. Oh, wie wird sich das heute noch gestalten?"

Nein, ihr geliebten Kinder. Ihr habt selbst für diese Zeitspanne vorgesorgt und detailliert definiert, wie ihr euch fühlen, was euch währenddessen begegnen und was ihr erleben möchtet, was euch gefallen würde.

Nicht immer wird das funktionieren, da auch wir dafür Sorge tragen müssen, dass ihr die Möglichkeiten erhaltet, zu wachsen.

Das bedeutet nun einmal auch, dass sich hin und wieder Gewitterfronten auf euch zubewegen, damit ihr beispielsweise lernt, in eure Stärke, eure Kraft oder auch in die Gelassenheit hineinzuwachsen, um eben klar auszusprechen:

„Nun begegnet mir dieser Mensch mit Streit. Schon wieder fordert er etwas von mir ein. Und er weiß genau, dass ich das weder erledigen kann, noch die Zeit dazu habe. Er soll sich an jemand anderen wenden. Mir ist das gerade nicht möglich, und deswegen spreche nun mein Nein."

Dann steckt in jener Situation und in jenem Moment der höhere Sinn und Zweck dahinter, sich zu verdeutlichen:

„Ich verbleibe in meiner Ruhe und in meiner Mitte. Was er jetzt von mir erwartet, ist nicht so wichtig wie mein Seelenfrieden."

Das bedeutet, mutig zu sein.

Eine solche Vorgehensweise wird nun verstärkt von euch eingefordert.

Was hindert euch daran, jeden Morgen um freudvolle Begebenheiten und positive Energien für euch zu bitten oder alles, was euch an nicht so Freudvollem begegnet, für euch abzumildern? Es wird doch für euch gesorgt. Aber nur, wenn ihr darum bittet, darf euch gegeben werden.

Glaubt daran, ihr geliebten Kinder, uns Engelwesen bereitet es eine immens große Freude, wenn ihr darum bittet. Wir warten wie kleine Kinder darauf, die endlich einmal eine Aufgabe von euch erhalten.

Oft stehen wir arbeitslos an eurer Seite. Sicherlich lassen wir euch unsere Energien zukommen, schicken euch unsere Liebe, stupsen euch an, das ein oder andere in die Handlung zu führen oder eben nicht. Aber es ist etwas vollkommen anderes, wenn wir von euch persönlich einen Auftrag erteilt bekommen.

Oft würden wir euch gerne unterstützen und helfen, den Tag für euch etwas angenehmer zu gestalten und zu erleichtern. Aber wir dürfen es nicht, weil uns euer Einverständnis fehlt.

Begreift, was wir euch eben berichtet haben.

Jeder Einzelne von euch hat die Befugnis, sein Leben ein wenig zu erleichtern. Aber bitten müsst ihr! Handeln müsst ihr!

Das ist eure Verantwortung, die Gott, der Große Vater, euch mit an die Hand gegeben und geschenkt hat. Und es ist einzig und allein euer freier Wille, der hier entscheidet, wie ihr euren Tag beginnen möchtet.

Daher lasst uns gemeinsam diesen heutigen Tag mit freudvollen Energien einläuten.

Stellt euch nochmals vor, wie ihr über eine grüne Wiese lauft, einen goldfarbenen, feinkörnigen Sandstrand entlangschlendert oder im Gebirge, vielleicht in einem winterlichen Gebiet, wandert, wo auch immer ihr es vornehmen möchtet. Und dann fühlt die Sonnenstrahlen auf eurer Haut, wie sie tief in euch eindringen und innig euer Herz berühren. In diesen Sonnenstrahlen sind nicht nur die warme Energie der Sonne, sondern auch göttliche Lichtfunken enthalten, die in diesem Augenblick in euer Herz einfließen und dort integriert werden, es dehnen und weiten, die somit ebenfalls gewisse Veränderungen in euch vornehmen und alte Lasten aus euch herauslösen.

Spürt die Wärme sich in all euren Körpern noch tiefgreifender ausbreiten. Sie dehnt sich in eurem gesamten physischen Körper aus.

Beginnt dieses Wärmegefühl an alle Menschen zu übertragen, die euch am Herzen liegen. Bittet einfach darum oder stellt die Menschen, die ihr liebt und vielleicht lange nicht mehr getroffen habt, gedanklich in ein sonniges Gebiet hinein.

Leitet diese Wärme ebenso an Menschen weiter, die eurer

Hilfe bedürfen, die schwach, krank oder gestresst sind, womöglich viel arbeiten müssen und über wenig Kraft verfügen.

Stellt sie in diesem Augenblick entweder in ein solches Sonnengebiet oder auf eine grüne Wiese, an einen Strand, einen Bach oder einen Fluss, was auch immer euch gerade einfällt, oder nehmt sie an die Hand. Steht ihnen gegenüber und blickt ihnen in die Augen. Nehmt sie mit auf eure Wiese, tanzt, setzt euch mit ihnen in das frische Gras oder legt euch auf den Rücken und schaut in die Wolken.

Euren Vorstellungen sind keinerlei Grenzen gesetzt.

Folgt jetzt eine gewisse Weile dieser Vorstellung.

Entsendet den Menschen eure freudvollen Gedanken. Drückt ihnen eure Wertschätzung aus. Dankt ihnen für alles, was sie euch geschenkt haben: Für die Zeit, die ihr mit ihnen gemeinsam verbringen durftet, für alles, was sie euch gezeigt haben, und die Lernlektionen, die ihr dank ihnen durchlaufen habt.

Dankt ferner allen, die mit euch in Streit getreten sind, denn auch dabei handelt es sich um einen Liebesdienst an euch. Lebt die Versöhnung und die Aussöhnung – jeder von euch, soweit es ihm möglich ist.

Denkt an all die Begebenheiten, bei denen ihr im Streit auseinandergegangen seid, und dann erklärt:

„Ich habe erkannt, auch das hat wieder unser beider Wachstum gedient. Vielleicht habe ich in jenem Moment nicht den höheren Sinn und Zweck erkannt. Aber ich habe inzwischen verstanden, dass es eine Erfahrung gewesen ist, an der ich wachsen konnte. Ich werde mich bemühen, dieses Thema eingehender zu erkennen und dafür dankbar zu sein. Ich segne dich dafür, dass du mir das gezeigt hast."

Anschließend dankt allen Menschen, auch den geistigen Wesenheiten, euren Schutzengeln, euren Geistführern, jedem Meister – eben allen Wesenheiten, denen ihr danken möchtet. Nutzt diese Zeit und verweilt einige Minuten darin.

Was fühlt ihr in diesem Moment in eurem Herzen? Sind da nicht große Freude und Erleichterung, all die positiven Empfindungen, wieder etwas für euch und ebenso für andere bewirkt zu haben? Ist das nicht etwas Wunderschönes? Damit könnt ihr vieles für euch und andere in die Wege leiten.

Segnet alle Menschen, denen ihr gerade begegnet seid und noch begegnen werdet. Öffnet euer Herz für alles, was noch auf euch zukommen möchte.

Wir danken euch erneut, ihr geliebten Kinder des Lichts und der Liebe, für euer Herz, das ihr uns und unseren Worten geöffnet habt, für die Energien, die wir in euch haben fließen lassen dürfen, und dass ihr die Energie- und Engelwesen zugelassen habt, die bereit waren, euch zur Seite zu stehen.

Diese Energie- und Engelwesen, auch geistige Meister, verweilen in der nächsten Zeit weiterhin unter euch, begleiten euch auf euren Wegen und senden euch Impulse für alles, was demnächst für euch ansteht und erledigt werden darf.

Wir möchten euch einfach bitten, euer Herz weiterhin geöffnet zu halten. Lasst zu, was Gott euch schenken möchte. Lasst die Energien zu, die zum Positiven verändern möchten, um euch noch eingehender in die Freiheit zu führen.

Denkt noch einmal an die Sonne, an das Glück, an die Liebe, an die freudvollen Energien. Begebt euch wieder in wohlige, warme Gedanken. Stellt euch vor, wie die Sonne eure Haut bescheint, wie ein guter Freund oder eine gute Freundin jetzt an eurer Seite schreitet, euch begleitend und in den Armen haltend. Und dankt erneut für diese Begebenheiten.

Den Tag leben

Erkennt und fühlt, was euch nun geschenkt werden möchte. Seht und spürt die Wahrheit, die bereits in euch, in eurem Herzen verankert ist.

Es ist das Zeitalter, in dem die in euch integrierte Wahrheit noch umfassender von euch entdeckt und hervorgehoben werden möchte, ihr geliebten Kinder, gerne auch mit Hilfe all eurer geistigen Begleiter, die beständig an eurer Seite wandeln.

Welche Konsequenz ergibt sich daraus für euch?

Es bedeutet, nicht mehr allzu sehr im Äußeren zu suchen, nicht mehr jeden oder viele Menschen um deren Meinung und Empfehlung zu bitten, um Rat zu fragen, sondern beständig aus eurem Herzen heraus zu entscheiden:

„Was möchte ich in Angriff nehmen? Welcher ist mein Weg? Welches Handeln wird mich in mein Wachstum führen und mir zuträglich sein?"

Nur ihr allein könnt entscheiden, was für euch persönlich der angedachte und vorgesehene Weg ist. Kein anderer kann das für euch übernehmen.

Es gibt immer Menschen, die euch beratend zur Seite stehen und euch Empfehlungen aussprechen, weil sie vielleicht die eine oder andere Erfahrung bereits durchlebt haben und euch daher weise Ratschläge erteilen können. Das ist immer möglich, wird auch immer so sein und ist sehr sinnvoll. Aber nehmt diese nicht an, ohne zuvor darüber nachgedacht zu haben.

Es ist schön, wenn ihr ihnen Folge leistet, aber nur mit dem Gefühl, dass diese Empfehlung eurer Herzensentscheidung entspricht.

Jedes Mal, wenn ihr andere um ihre Meinung ersucht, solltet ihr überprüfen:

„Bin ich bereit, diese Ansicht als die meine zu akzeptieren? Bin ich bereit, diese ohne darüber nachzudenken zu übernehmen, oder möchte ich zunächst in die Kontemplation, das heißt, in das Zwiegespräch mit mir, meinen Gefühlen, meiner Werteordnung, meinem Standpunkt treten und mir klar werden, ob das, was mir gerade geraten wurde, auf mich zutrifft? Habe ich nicht vielleicht das ein oder andere, was mir gesagt wird, teilweise zu verändern, einen Teil hiervon als wahr anzunehmen und meine eigene Kreation daraus zu entwickeln? Lebe ich wahrhaftig die Bereitschaft, neue Wege zu beschreiten und zu beginnen und auf mein Inneres, meine Herzensstimme und mein Bauchgefühl zu hören?"

Wenn dem so ist, dann setzt es genauso um!

Wichtig ist nicht, für welchen Weg ihr euch entscheidet, denn ihr werdet immer euer Ziel erreichen, unabhängig davon, wie es definiert sein mag. Bedeutsam ist einzig und allein, auf eure Herzensstimme zu achten.

Nicht jeder von euch ist bereit, permanent auf diese zu hören. Mancher vernimmt sie, aber denkt sich:

„Ach nein. Das kann nicht sein. Der andere Weg ist doch entschieden einfacher."

Nein, so ist es nicht! Das entspringt nur eurer Vorstellung. Die Alternativen, die euch vermeintlich als bequemer erscheinen mögen, möchten euch manches Mal in die Irre leiten. Sie erwecken den Eindruck, sehr leicht zu sein. Aber wartet ab, bis ihr diese Richtung dann eingeschlagen habt. Dann stellt sich heraus, dass es ein Umweg war.

Warum habt ihr so gehandelt? Eure Beweggründe hierzu waren womöglich Einfachheit, Faulheit, Bequemlichkeit oder sonstige Gründe, oder eure Unlust, sich dies betrachten zu wollen, weil ihr Angst hattet und nicht mutig wart.

Es ist notwendig, eurer inneren Stimme zu vertrauen und diese nicht nur wahrzunehmen – dann habt ihr bereits Mannigfaches in eurem Leben erreicht–, sondern ebenso beherzt zu sein und ihr zu folgen, nicht wissend, was es bisweilen für euch bedeuten wird.

Diese Courage möchte von nun an permanent von euch gelebt werden. Seid mutig, vertraut eurer Herzensstimme, eurem Bauchgefühl, und seid bereit zu erklären:

„Ich handle jetzt so, wie ich mich entschieden habe, gleichgültig, was andere darüber denken mögen beziehungsweise wie viele Menschen mir geraten haben: Lass das sein, das ist dir nicht förderlich, es wird dich ins Verderben führen."

Wenn ihr diesen Weg eingeschlagen habt und ihm gefolgt seid, wird dieser furchtlose und beherzte Einsatz belohnt, unabhängig davon, wie andere darüber gedacht oder was sie euch geraten haben mögen, denn es war euer Pfad, eure Vorhersehung, die ihr bereit wart zu übernehmen.

Damit habt ihr Eigenverantwortung übernommen, ungeachtet dessen, welche Widrigkeiten euch dabei begegnet sind, in dem Sinne, dass euch andere hier und da unbeabsichtigt von diesem Weg abbringen wollten.

Viele meinen es gut mit euch, wollen euch helfen, euch zur Seite stehen und euch die möglichst einfache Lösung benennen. Aber wisst ihr, ob dieser Kurs, den der andere bereits durchschritten und absolviert hat, nicht der schwierigere für euch wäre? Könnt ihr ermessen, ob er diesen hat einschlagen müssen, um vielleicht eigene Erfahrungen zu sammeln und euer Weg ganz anders aussehen könnte? Habt ihr darüber einmal nachgedacht?

Prüft beständig und ausschließlich mit eurem Herzen, was ihr verwirklichen möchtet. Das schließt ein, nicht nur wichtige und zu fällende Entscheidungen zu überdenken, sondern wahrlich alles abzuwägen, was euch im Leben noch begegnet.

Das kann bereits damit beginnen, dem anderen in die Augen zu blicken und ihm klipp und klar eure Meinung kundzutun, zum Beispiel:

„Ich habe dich lange nicht mehr gesehen. Ich habe dich vermisst. Sooft habe ich an dich gedacht und dennoch nicht zum Telefon gegriffen, um dich anzurufen. Das ist schade."

Meint ihr nicht, dass derjenige, der diese Worte vernimmt, in diesem Moment freudig strahlt und sich dessen Herz öffnet, weil ihr wahrhaftig gewesen seid?

Habt immer weniger Angst, andere oder euch verletzen zu können. Lasst die Angst los!

Ihr stellt euch in dem Augenblick, in dem ihr solche Worte sprecht, nicht bloß, sondern seid wahrhaftig, drückt euch aus und seid, wer ihr seid. Das ist wundervoll und wird auch in der Geistigen Welt stets aufs Neue gefeiert.

Wann immer ihr wahrhaftig gewesen seid und anderen eure Meinung kundgetan habt, sei sie positiv oder auch einmal kritisch, dann seid ihr nicht nur zu euch gestanden, sondern erneut in eurer Kraft gewachsen, geradlinig und mutig gewesen, habt der Angst und den niedrigen Schwingungen die kalte Schulter gezeigt und eindeutig zum Ausdruck gebracht:

„Ich weiß, wohin mich mein Weg führt. Ich bin waghalsig und wagemutig. Ich bin bereit, mich einmal fallenzulassen und in das Vertrauen zu gehen, dass Gott mich schon halten und führen wird. Ich werde nicht fallen."

Das bedeutet zum einen, in den Mut zu gehen und wahrhaftig zu sein, und zum anderen, dass euch wahrlich nichts mehr aus der Bahn werfen wird. Wann immer ihr bereit seid, eure Courage und die Wahrhaftigkeit zu leben, euch nicht mehr von äußeren Umständen oder von eigenen Emotionen beeinflussen zu lassen, hat das zur Folge:

Ihr wachst stetig in eure eigene Kraft und Stabilität und damit auch permanent im Sinne des Lichts und der Liebe, sodass ihr wahre Lichtwesen werdet – Wesen, die für die Menschen eintreten und Liebe leben und vorleben.

Viele werden sich an euch ein Beispiel nehmen und dieses äußerst wagemutig selbst einmal ausprobieren. Unterschätzt daher niemals mehr eure Handlungen.

Wir möchten euch gerne dazu auffordern, auf den nächsten Menschen, dem ihr begegnet, einmal zuzugehen, ihm die Hand zu schütteln und einen guten Tag zu wünschen, selbst wenn es ein euch völlig fremder Mensch ist. Was hält euch davon ab? Ist er nicht euer Bruder beziehungsweise eure Schwester?

Letzten Endes handelt es sich lediglich um alte Konventionen, Muster oder Ängste, wie beispielsweise:

„Was wird er von mir halten, wenn ich das jetzt tue? Wie empfindet er mich als Persönlichkeit? Denkt er, ich bin verrückt? Womöglich berichtet er sogar seinem Nachbarn oder seiner Frau: Heute ist mir eine verrückte Person begegnet, die mir einfach die Hand geschüttelt hat. Wieso hat sie das getan? Sie kennt mich doch gar nicht."

Was habt ihr in jenem Moment vollbracht?

Ihr habt das Herz dieses Menschen geöffnet, indem ihr ihm entgegengeschritten seid und ihm sozusagen auf subtile Weise mitgeteilt habt:

„Ich öffne mich für dich. Ich bin aus der Liebe heraus bereit, waghalsig und wagemutig zu sein, dir einfach aus meiner Herzlichkeit heraus die Hand zu schütteln und dir einen guten Tag zu wünschen."

Mitunter kann das bereits sehr viel bewirken, was das Wachstum fördert, und sogar dazu führen, dass ihr einem anderen Menschen das Herz öffnet, der überaus trostlos seines Weges zog, sodass er darüber nachdenken wird, was er denn alles in diesem Augenblick erlebt hat. Möglicherweise wird er erkennen, dass sein Leben vielleicht doch nicht so freudlos ist, wie es scheint, denn diese Seele, die vielleicht allein und einsam durch das Leben wandelt, hat ebenfalls erkannt:

„Auch wenn es Menschen gibt, die ich nicht kenne, die mir völlig unbekannt sind, sie sind dennoch bereit, mir ihre Herzlichkeit anzubieten. Wenn sie das schaffen, dann schaffe ich das vielleicht auch, und zwar mir selbst gegenüber."

Also denkt einmal über diese Begebenheit nach oder darüber, wie ihr euch fühlen würdet, wenn euch ein solcher Mensch begegnen würde: Stellt euch vor, ihr begegnet jemandem, der freudestrahlend auf euch zukommt, mit einem Lächeln im Gesicht, mit offenem Herzen, und ihr spürt, bei ihm ist etwas anders, denn er strahlt so, als würde er einen alten Bekannten treffen. Und doch kennt ihr ihn nicht.

Würde das nicht euer Herz öffnen, euch in die Freude und in ein Lächeln führen, das ihr dann selbst weitertragt? Ist das nicht eine wundervolle Kettenreaktion, die ihr hier erfahren und weiterleiten könnt? Denkt einmal darüber nach.

All das möchte nun von euch noch umfassender gelebt werden, so, wie er es vermag. Bei euch wird es immer wieder Tage und Situationen geben, in denen ihr euch unwohl fühlt. Dann denkt an diese Geschichte und wisst, es wird erneut eine Zeit kommen, in der ihr wieder freudestrahlend durch die Stadt schlendern werdet. Diese Geschehnisse haltet euch permanent vor Augen.

Denkt daran, was ihr bewegen könnt, einfach indem ihr lächelnd durch die Straßen wandelt.

So verhält es sich mit jeder einzelnen Entscheidung, die ihr für euch trefft. Es ist nicht wichtig, wie sie aussehen wird.

Wenn ihr euch für Weg A entscheidet, erreicht ihr euer Ziel. Wenn ihr euch gegen ihn entscheidet, selbst wenn er vielleicht für euch angedacht war, und stattdessen Weg B wählt, auch dann werdet ihr unumgänglich zum Ziel gelangen. Ihr könnt euer Schicksal nicht verfehlen.

Wie schön ist es, wenn ihr bereit seid, auf euer Herz zu hören, euren Impulsen und euren geistigen Führern zu vertrauen, die euch permanent leiten und führen, und willens seid, mutig zu sein und euren Weg A zu beschreiten.

Dann lasst einfach geschehen, was für euch geschehen möchte. Bleibt im Vertrauen, dass Gott und die Geistige Welt für euch alles fügen mögen, wenn es in eurem Sinne ist, denn so wird es sein. Das ist ein Versprechen, das wir euch immer wieder geben dürfen.

Allen Widrigkeiten zum Trotz habt ihr ununterbrochen Hilfe an eurer Seite, um euren Weg mit größtmöglicher Gelassenheit beschreiten zu können. Ihr werdet stets Unterstützung erhalten, denn ihr wart gewillt, eurem Herzen zu folgen.

Solltet ihr es einmal nicht umgesetzt haben, dann muntert euch beispielsweise mit folgenden Worten auf:

„Das ist nicht schlimm. Ich habe daraus gelernt. Und das nächste Mal handle ich anders."

Das ist wiederum etwas Wundervolles, für das ihr euch erneut loben könnt.

Verurteilt euch niemals wieder für das, was ihr vielleicht nicht bewerkstelligt oder vermeintlich falsch verrichtet habt. Dankt euch vielmehr dafür, dass ihr bereit wart, hinzuschauen und zu verändern.

Alte und neue Strukturen

Nicht sorgen und ängstigen sollt ihr euch in diesen Zeiten, die auf euch und die gesamte Menschheit zukommen. Vieles wird sich an Naturkatastrophen und globalen Wirtschaftskatastrophen ereignen. Alte Strukturen werden aufgelockert und zusammenbrechen müssen. Wenn dieses Überholte gegangen ist, vollkommen in Scherben liegt und nicht mehr gebraucht wird, da es nicht mehr in den ursprünglichen Zustand versetzt werden kann und die bisherigen Strukturen nicht mehr passen, werden vollkommen neuartige aufgebaut werden müssen.

Auch in der Politik wird es immer wieder Menschen geben, die sich erheben und mitteilen:

„Ich habe eine wunderbare Idee! Ich habe einen Vorschlag zu unterbreiten, wie wir gemeinsam in die neue Zukunft gehen könnten.“

Diese Inspirationen müssen und werden dann auch vorgetragen.

Es wird derart vonstattengehen, dass die Menschheit nun zunehmend zusammenrücken wird. Das wird nicht von heute auf morgen geschehen. So wird es nicht sein. Aber Stück für Stück werden dieser Zusammenhalt und das Gefühl hierfür immer stärker in die Menschen integriert und in ihrem Herzen als Wunsch erblühen.

Auch ihr, ihr geliebten Kinder, könnt den alten Strukturen entgegenwirken und gemeinsam handeln, indem ihr permanent um Schutz, Heilung, Licht und Liebe bittet. Bittet darum, dass das überholte Gefüge zusehends bröckelt und das neue intensiver eingewoben werden darf, damit neue Ideen auf diesem Planeten in die Köpfe der Menschen integriert werden dürfen.

Viele Engel stehen schon bereit. Sie stehen Schlange und des Nachts bereits an den Betten der Menschen, die Ideen haben sollen und sich einst dazu entschlossen haben, sich diese vermeintlich über Nacht auszudenken, um sie dann den Politikern und Wissenschaftlern, beispielsweise Geologen und Physikern, wem auch immer, zu Kunde zu bringen und ihnen weiterzutragen.

Unzählige Engel stehen zuhauf an und warten darauf, dass wir diese Gedankenblitze endlich losschicken dürfen. Aber wir können es noch nicht, weil die Zeit dazu entweder noch nicht reif ist, oder weil dieser Mensch sich vor dieser Eingebung noch etwas fürchtet, weil er noch nicht offen genug, noch nicht offenen Herzens ist, um diese zu empfangen.

Daher möchten wir euch bitten, dieses für uns und für euch, für den gesamten Planeten, mithin für das gesamte Universum, zu erbitten, damit diese Inspirationen nun jenen Menschen übermittelt werden dürfen.

Wisst, nicht geäußerten Bitten dürfen wir nicht entsprechen und somit nicht für euch tätig werden. Ebenfalls dürfen wir euch keine Hilfe geben, um die ihr nicht ersucht. Darum tretet unablässig in Aktion und bittet für euch, für alle Menschen oder auch für die Tiere, die euch am Herzen liegen.

Ihr geliebten Kinder, ihr dürft um alles vorstellig werden, was ihr euch wünscht. Aber vergesst hierbei niemals eure Verantwortung, denn alles, was ihr euch von Gott ersehnt, könnte euch gegeben werden. Dafür tragt ihr dann die Konsequenzen.

☆☆☆

Für Mutter Erde bitten

Die Energien, die ihr derzeit spürt oder möglicherweise auch nicht, dienen dazu, euch auf die kommende Zeit einzustimmen. In den nächsten Tagen, Wochen, Monaten, Jahren und Jahrzehnten wird der Lichteinfall verstärkt zunehmen. Dieser ist von Gott gesandt, um dem Planeten und Mutter Natur zu helfen, ihn nicht nur in Licht und Liebe zu hüllen, sondern ihm darüber hinaus Schutz zu gewährleisten.

Ihr geliebten Kinder, es ist nicht notwendig, dass ihr euch ängstigt. Oh nein. Viel Liebe wird mit diesem Lichteinfall für euch verbunden sein, den ihr werdet spüren können.

Wir ersuchen euch, weiterhin für diesen Planeten um Schutz, Heilenergien und Kraft zu bitten. Es macht keinen Sinn, dieses zu vernachlässigen.

Alle eure Bitten sind für eure Erde und eure Natur immens wichtig, damit vor allem letztere, nun stetig ansteigend, in ihren „Herzensfrieden" und ihre Natürlichkeit zurückfindet und sich erholen kann, damit die negativen Auswirkungen, nämlich der Prozess der Reinigung, wie wir es bezeichnen, nicht allzu drastisch und extrem ausfallen werden. Keinerlei Angst soll euch das bereiten. Jede Bitte, die ihr vortragt, hilft, den derzeitigen Zustand zu verbessern und die Prozesse abzumildern.

Deshalb, ihr geliebten Kinder, bittet weiterhin für Mutter Natur und diesen Planten. Sie wird es euch danken.

Jeder noch so minimale Anteil an Energie, den sie von euch erhält, wird ihr helfen, sich zu regenerieren und die nötigen Kräfte zu sammeln, um sich wieder zu erholen, aufzublühen und zu erneuern.

Darum bittet, ihr geliebten Kinder des Lichts und der Liebe. Ersucht Gott, den Großen Vater, jeden Tag um Hilfe. Dann dürfen euch nachts, aber auch tagsüber feinstoffliche Wesen besuchen, die euch wohlgesinnt sind: Eure Sternengeschwister und Geistführer und viele andere Wesenheiten, die ebenfalls in eurem Sinne mithelfen dürfen, das wollen und entsprechend handeln.

Eure Erde wird ein wunderschöner Planet werden, mit viel Licht und Liebe und mit noch lichtvolleren Energien und Wesen.

Ihr werdet über alles staunen, was noch auf euch zukommen wird. Ihr werdet zum Beispiel Farben wahrnehmen, wie ihr sie bisher in eurem Farbspektrum noch gar nicht erkennen und messen könnt, ebenso Gerüche, die euch himmlisch, fast außerplanetarisch erscheinen werden und dennoch existieren. Zahlreiches mehr werdet ihr erleben, ihr geliebten Erdenkinder.

Es ist der Wunsch aller Sternenkinder, dass ihr euch auf eurem Heimatplaneten, den ihr Erde nennt, entfalten dürft.

Wir möchten euch dazu auffordern, euch noch umfassender für diesen einzusetzen, noch verstärkter Menschen davon zu berichten, was in diesen Zeiten der Umwälzungen alles ansteht, die aber ebenfalls wieder weichen und sich in Freudvolles und Großartiges verwandeln und umwandeln dürfen, nämlich in pure Freude, reines Licht und allumfassende Liebe.

Darum bittet alle Menschen, die zu euch geführt werden, mitzuhelfen, eine Gemeinschaft zu bilden und diesem Planeten Schutz, Liebe und Kraft angedeihen zu lassen, die er dringend benötigt, um sich zu regenerieren.

Ruft Gott, den Großen Vater, an, ihr geliebten Erdenkinder. Nicht oft genug können wir das in diesen schweren Zeiten für Mutter Natur wiederholen.

Jedes Gebet ist ein weiterer Tropfen, der hilft, diesem Planeten noch mehr Gutes angedeihen zu lassen und ihn noch mehr aufzubauen und zu kräftigen. Daran haltet euch fest, ihr geliebten Kinder.

Ihr Menschen könnt Zahlreiches bewirken. Darum seid froh. Ihr vermögt eurem Planeten unbegrenzt Licht und Liebe, unermesslich viel Hilfe und Unterstützung zuteilwerden lassen, was diesen wieder aus seiner Notlage befreien und in das Licht sowie in die Liebe und an den Plan Gottes heranführen kann.

Darum seid froh! Seid stolz! Es liegt alles in eurer Hand!

Mit Gottes Hilfe seid ihr bereit, in die nächste und nächsthöhere Dimension aufzusteigen, so es euer Wille ist. Es ist ebenfalls wichtig, für den Schutz des gesamten Universums zu bitten, weil es gleichermaßen auf die abträglichen, gelösten Erdenergien reagiert.

Diejenigen, die aus Mutter Erde und den Menschen gelöst werden, müssen selbstverständlich irgendwohin abgeleitet werden. Um das zu bewerkstelligen, hat sich derzeit das Universum dazu bereit erklärt, diese aufzunehmen.

Ihr könnt darum bitten, dass diese negativen Energien, die aus eurem Planeten gelöst werden durften und dürfen, in positive, aufbauende umgewandelt werden, damit wieder ein Gleichgewicht entsteht.

Bitte versteht den direkten Zusammenhang zwischen den Erdveränderungen und dem Universum: Alles ist ein Großes Ganzes und miteinander verbunden. Lösen sich aus der Erde negative, abbauende Energien, hat das nicht nur Auswirkungen auf die Menschheit, sondern gleichermaßen auf den gesamten Kosmos, denn diese Energien unterscheiden nicht zwischen menschlichem Körper und Universum und ebenso nicht zwischen Materie und Nicht-Materie.

☆☆☆

Ruhepausen

In welche Zeiten begebt ihr euch oder habt euch teilweise schon hineinbegeben?

Es sind die der Liebe, aber auch der Veränderung. Diese mögen euch hart erscheinen, sie sind aber notwendig, um in das Goldene Zeitalter aufbrechen zu können, um auf diesem Planeten kontinuierlich das Christusbewusstsein anwachsen zu lassen und zu integrieren. Sie sind jedoch auch deswegen unabdingbar, um Gottes Plan, so, wie es gewünscht und angedacht ist, erfüllen zu können, um die Neuen Kinder des Weltalters auf diesem Planeten einzugliedern, um ferner bisher nicht existierende Weltenseelen und Arten zu erschaffen, gedeihen und wachsen zu lassen. Es ist nun an der Zeit, all das entstehen zu lassen.

Betrachtet dieses Wachstum mit aktuelleren Sichtweisen und geöffneten Augen. Achtet auf alles, was euch künftig an Informationen, aber ebenso an Bildern aufgezeigt wird.

Zahlreiche Neuigkeiten werden euch zu Ohren kommen und euch aufhorchen lassen. Darunter werden etliche vorzufinden sein, die ihr bewahrheiten könnt, aber auch solche, die euch nicht so stimmig erscheinen.

In diesen Momenten ist es wichtig, in euch hineinzufühlen und euch zu hinterfragen, ob ihr diese Nachrichten für euch annehmen könnt, sie als Wahrheit empfindet oder eben nicht. Wenn Letzteres der Fall ist, lasst sie stehen und befasst euch nicht weiter damit. Aber alles, was ihr hier noch erleben werdet, ist für euch eine Lernerfahrung: Wo folgt ihr mittlerweile bereits eurem inneren Wissen und lebt eure Wahrheit?

Genauso ist es von Gott, dem Großen Vater, gewünscht, damit ihr immerzu in eure eigene Stärke und euer Selbstvertrauen hineinwachst. Und das werdet ihr, ihr geliebten Kinder des Lichts und der Liebe.

Darum folgt stetig eurem Herzensgefühl und erfreut euch an den schönen Dingen des Lebens, die euch guttun.

Nehmt euch eine Auszeit, wenn euch danach ist, gleichgültig, wie beschäftigt ihr seid. Das ist ganz wichtig. Dann lasst geschehen und entspannt euch. Und ihr werdet wieder zur Ruhe kommen.

Niemand kann seine Arbeit verrichten, wenn er sich im emotionalen Ungleichgewicht befindet oder gestresst, verärgert oder traurig ist. In einem solchen Fall ist es bedeutsam, euch zu erden, mit Mutter Erde in Verbindung zu treten und sie und auch uns um Hilfe zu bitten, einige Minuten innezuhalten und mit euch geschehen zu lassen.

Sobald ihr wieder bereit seid und in eurer Mitte steht, schreitet weiterhin mit all eurer Kraft und Liebe voran.

Wir, die Geistige Welt, sowie auch Gott, der Große Vater, sind immer an eurer Seite und werden euch helfen, durch diese Zeiten zu wandeln und euch schützen.

Das ist ein Versprechen in Liebe.

☆☆☆

Mutig sein

Ihr geliebten Kinder, ihr geliebten Söhne und Töchter Gottes, des Großen Vaters, schätzt und bekräftigt fortan und zunehmend euren Ursprung, erkennt verstärkt euer Sein an und begreift noch umfassender, wer ihr seid. Hinterfragt euch:

„Wer bin ich?“,

nämlich:

„Ich bin, der ich bin.“

Seid einfach ihr selbst, ihr geliebten Gotteskinder.

Bemüht euch immerzu, euer wahres Selbst herauszukristallisieren, denn oft ist das ein oder andere in euch versteckt, was verstärkter zum Leben erweckt werden möchte. Euer einzigartiges Sein und eure Meisterschaft möchten noch ausgeprägter gelebt werden.

So seid mutig und wahrhaftig, und ihr werdet alles im Leben erreichen, wofür es sich zu leben lohnt und was ihr zum Leben benötigt. Ihr werdet eure Herzenswünsche und eure Träume erfüllen können, sofern sie im Sinne des Lichts und der Liebe sind.

Zögert nicht länger, eure wahrlich einzigartigen Aufgaben in diesem Leben anzugehen. Trefft Entscheidungen! Zaudert von nun an niemals mehr!

Ihr habt alles, aber auch wirklich alles an Hilfe und Unterstützung an eurer Seite, um mutige Schritte zu unternehmen, um zu erklären:

„Ich bin bereit. Ich springe. Ich widme mich meiner Aufgabe. Ich bin willens, meinem Weg zu folgen, komme, was da wolle. Denn dieser ist für mich vorgezeichnet. Gott, der Große Vater, hat ihn mir zu Füßen gelegt, und ER wird darauf geachtet haben, dass ich nicht nur geschützt bin und damit unter SEINEM

Schutz stehe, nämlich unter Gottes Schutzmantel, sondern mit SEINER Liebe durch dieses Leben und auf diesem Weg wandle, und dass ich denjenigen Menschen begegne, die mir dabei helfen werden, mich zurechtzufinden oder eine richtige Abzweigung zu nehmen. Weiterhin sind mir alle geistigen Wesenheiten an die Seite gestellt, die mich dabei führen werden, mir vorherbestimmte Wegkreuzungen zu passieren und jenen Menschen zu begegnen, die ich zu treffen habe, um in deren Leben etwas zu bewegen."

So seid mutig, ihr geliebten Kinder. Denkt nicht so angestrengt darüber nach:

„Was habe ich zu tun? Welcher ist mein Lebensweg?"

Schreitet einfach los. Geht, geht, geht und nehmt euren göttlichen Weg, eure innere Meisterschaft, eure Fähigkeiten und eure Kraft an. Akzeptiert eure Macht wie auch euch selbst.

Denn ihr seid Gottes Kinder. Ihr seid Gottes Sohn, ihr seid Gottes Tochter – ihr seid SEIN Kind. Daher nehmt euch an, ihr geliebten Kinder. Akzeptiert, was und wie ihr seid, denn genauso handhabt es auch Gott als euer Vater, eure Mutter.

Was zweifelt ihr noch an euch, ihr geliebten Kinder Gottes, des Großen Vaters?

Wir streichen euch in diesem Augenblick über euer Haupt und umarmen euch mit unserem Sein. Mit unserer Liebe beflügeln wir euch und legen euch in diesem Augenblick Mut, Kraft und Vertrauen in euer Herz. Und vor allem erinnern wir euch an eure eigene Göttlichkeit.

Wisst, nichts kann euch widerfahren, was nicht für euch vorgesehen ist. Und es ist nur für euch angedacht, was euch zu eurem Wachstum gereicht. Nur Positives werdet ihr erfahren.

Hin und wieder werdet ihr das Gefühl verspüren, dass ihr durch Schluchten und Täler, durch Einsamkeit und Gefahren schreitet. Aber seid ihr nicht der Meinung, diese ausschließlich aus dem Grund zu durchlaufen, um zu erfahren, zu lernen und zu erkennen, wer ihr seid und wie viel ihr hieran wachsen und dass ihr euch wieder an euch, an euren Ursprung erinnern könnt?

Glaubt daran, ihr geliebten Kinder. Ihr seid es wert, jeder Einzelne von euch.

Und so tragt diese Kunde unablässig an andere weiter. Alle Menschen mögen ab sofort erkennen, wer sie sind.

Das Licht in euch zu aktivieren, ist eure nächste Aufgabe. Diesen Auftrag möchten wir jeden von euch bitten, zu erfüllen. Lebt diese Bereitschaft in eurem Herzen, so ihr euch entschieden habt, den Lichtweg Gottes und auch den Lichtweg zurück zu Gott zu beschreiten.

Sprecht nun euer Ja aus, euer inneres, ebenso euer äußeres Ja zu dieser Aufgabe, wenn ihr willens seid, diese zu erfüllen.

Für diese Strebsamkeit, ihr geliebten Kinder, ehren wir euch. Ihr seid dafür geehrt. Wir waschen jetzt salbungsvoll eure Füße. Wir salben eure Hände. Wir hüllen euch ein in ein Lichtherz und weben euch ein in Liebe und in all unsere Unterstützung, die wir euch für diese Aufgabe nun überreichen dürfen.

Bewahrt diese Worte immerzu in eurem Herzen auf. Denkt daran, welche Geschenke ihr bereits erhalten durftet, und wisst auch, dass vieles bereits mit und an euch gearbeitet, angeregt und angestoßen wurde, sodass ihr nun fortschreitend neue Wege wandeln dürft. Freut euch auf diese.

Für euch ist es unvorstellbar, wie viel Freude und Licht euch diese neuen Pfade schenken können. Aber gehen müsst ihr. Mutig sein müsst ihr. Und so denkt beständig an diese Freude und Leichtigkeit, die Gott, der Große Vater, euch gerne darreichen möchte. Nehmt diese Geschenke an.

Kraft

Alle eure Aktionen oder auch unterlassenen Handlungen, alle eure Gedanken sowie alles, was euch innerlich bewegt und berührt oder in die Emotion führt, trägt in sich eine gewisse Kraft. Diese mobilisiert und rüttelt euch auf, lässt in euch etwas anklingen und führt demzufolge in die Veränderung.

Hierbei wird wiederholt die Frage aufgeworfen:

Wie verfahrt ihr mit bestimmten Themen? Wie reagiert ihr in einem Gespräch oder wenn euch etwas aufgezeigt wird? Wie nehmt ihr dieses auf, und was bewirkt es in euch? Lebt ihr Emotionen oder Resonanz? Oder seid ihr vielleicht in der Art und Weise davon berührt oder eben auch nicht, dass ihr völlig gelassen in eurer Mitte verbleiben, euch diese Situation betrachten und dann darüber nachdenkt und fühlen könnt:

„Was löst das in mir aus? Möchte ich mich überhaupt darauf einlassen?"

Sobald euch eine bestimmte Reaktion eines anderen Menschen präsentiert wird, regt diese in euch etwas an. Es ist wichtig zu entscheiden, welche Position ihr daraufhin bezieht. Verfallt ihr in Emotionen oder bleibt ihr ruhig und gelassen?

Sofern ihr aus euch selbst heraus die Kraft schöpfen könnt, um in eurer inneren Mitte und Gelassenheit zu verbleiben, dann erreicht ihr etwas unglaublich Wundervolles, und zwar nicht nur für euch, sondern ebenso für euer Gegenüber, der sich unangemessen verhalten hat.

Mit eurer ruhigen Position lebt ihr nämlich vor:

„Ich lasse mich hiervon nicht beeinflussen. Ich bin nicht bereit, auf deine Emotion, deine Wut, deine Trauer oder auch deine Zweifel, die du mir gegenüber soeben ausgedrückt hast, zu

reagieren. Mir ist bewusst, dass ich das vielmehr als ein Lernthema der Entscheidungsfindung auffassen sollte."

Dann ist zu prüfen:

„Wie verhalte ich mich nun? Entweder ich verfalle ebenfalls in die Emotion, oder ich lasse mich auf deine Ängste und Sorgen ein und mich von diesen und deiner Wut beeinflussen und vereinnahmen. Ist mir das zuträglich? Nein!"

Denn was nützt es euch? Es führt lediglich dazu, dass ihr aus eurer Mitte geworfen werdet. Aber wenn ihr vor jedem Gespräch eure innere Kraft aktiviert habt, und das bitten wir euch, in der nächsten Zeit zu üben, dann werdet ihr eine positive, euch förderliche Veränderung feststellen können. Insbesondere in solchen Situationen verbleibt ihr damit künftig in eurer emotionalen Balance, weil ihr selbst in jenem Moment bewusst und aktiv dazu beigetragen habt. Denn ihr habt um eure Kraft, um euer inneres Gleichgewicht und ebenso um Gelassenheit gebeten.

In der Tat wurde diese Kraft in euch mobilisiert. Es ist wie ein Schutzschild, den ihr aktivieren könnt. Dieser wird dermaßen gestaltet sein, wie ihr es in dem Moment benötigt. Dann wartet ab, was es in euch auslösen wird, ob ihr das nächste Mal ein solches Gespräch nicht wesentlich ruhiger und gelassener führen könnt.

Ihr werdet feststellen, dass ihr nicht mehr in die Emotion und in die Unsicherheit fallt. Oh nein, ihr geliebten Kinder. Sondern ihr könnt aus der Tiefe eures Herzens heraus in der Kraft und in der Stabilität verbleiben und klar und deutlich eure eigene Meinung vertreten. Auf dieses Ziel solltet ihr euch mehr und mehr konzentrieren.

Welchen Vorteil hat es für euch, in eurer Kraft zu stehen?

Einen immens großen! Denn zunehmend definiert ihr euch hierüber als Mensch sowie als Persönlichkeit. Ihr lasst euch nicht mehr so sehr von anderen und äußeren Einflüssen manipulieren oder beeinflussen, auch wenn das nicht unbedingt beabsichtigt war. Aber sobald ihr euch unsicher fühlt, kann es dazu führen, dass ihr euch von Emotionen und Reaktionen anderer äußerst subtil beeinflussen lasst, ohne dass ihr es wünscht oder gar bemerkt.

Mit eurer Bitte um Kraft und Stabilität unmittelbar vor einem Gespräch, einer Handlung, einem Termin oder einer sonstigen Situation wird euch das voraussichtlich nicht mehr widerfahren können.

Wir sprechen bewusst von „können", da es uns nicht immer möglich ist, es für euch auszuschließen. Insbesondere wenn ihr nicht an eure eigene Stärke glaubt, kann es geschehen, dass euer Kraft- und Schutzpanzer kleine, feine Risse aufweist, durch die Angstenergien eindringen können.

Das muss nicht zwingend der Fall sein, hängt jedoch auch sehr von eurem eigenen Glauben an euch selbst ab, mithin von sonstigen Umständen, in denen ihr euch befindet.

Lebt ihr regelmäßig Ängste oder steht in einer euch nervlich sehr stark belastenden Situation und damit nicht im Vertrauen, ist es möglich, dass eure Kraft aufgrund eurer Bitten zwar aufgebaut wird, diese aber einem stärkeren, euch entgegenbrachten Ansturm von Emotionen oder sonstigen euch nicht zuträglichen Energien nicht standhalten kann. Doch auch in einem solchen Fall ist es nicht notwendig zu verzweifeln oder zu glauben, es funktioniere nicht.

Stattdessen bittet um Folgendes:

„Lieber Gott, ich bitte jetzt
um Kraft, um Stabilität und Schutz für mich.
Und ich bitte DICH, all jenes für mich zu übernehmen,
was ich in diesem Augenblick aufgrund der Situation
nicht für mich erbitten kann,
weil ich nicht in meiner Stärke oder in meinem
Vertrauen stehe.
Weiterhin bitte ich meine geistige Führerschaft sowie
meine Engelscharen um Kraft und Schutz,
mithin um alles, was ich nun benötige,
um in meiner Mitte verbleiben zu können.
Ich danke dafür, dass mir das jetzt zur Verfügung
gestellt wird."

Auch hier prüft bitte mit eurem Herzen, wann genau diese Formulierung für euch notwendig sein wird oder wann es vielleicht genügt mitzuteilen:

„Ich baue jetzt um mich herum einen Kraftpanzer auf."

Geht doch einmal kreativ an den Aufbau des Kraftpanzers heran und prüft, wie sich dieser für euch anfühlt.

Muss er dick oder dünn sein? Wollt ihr euch lediglich einen kleinen Mantel um eure Schultern legen? Stellt ihr euch in eine Kraftkugel oder in eine Kraftsäule? Wie groß ist deren Durchmesser? Misst er einen halben Meter oder eventuell sogar ein oder zwei Kilometer? All dies hängt von eurer jeweiligen Tagesform ab.

Wir möchten euch in diesem Augenblick dazu ermuntern, darüber nachzudenken, euch für ausgesuchte Lebenssituationen eine spezielle, individuelle Funktionsweise eures Kraft- und Schutzpanzers zu erschaffen. Wendet diese insbesondere bei Begebenheiten an, bei denen es euch schwer fällt, in eurer Mitte zu verbleiben, die sich stets aufs Neue ergeben und bei denen ihr folgende Gedanken hegt:

„An diesem Tag steht mir abermals eine ähnliche Situation bevor. Das bedeutet für mich, dass ich auf mich und mein Befinden zu achten habe."

Das könnt ihr bereits in diesem Augenblick in Angriff nehmen oder aber auch zu einem späteren Zeitpunkt.

Beschäftigt euch vor solchen Situation einige Zeit bewusst damit.

Stellt euch beispielsweise Folgendes vor:

Morgen Nachmittag nehmt ihr um 14.00 Uhr einen Termin wahr. Ihr geht davon aus, dass dieser vielleicht etwas unangenehm und emotional verlaufen könnte.

Dann stellt euch doch bereits jetzt vor, wie ihr etwa eine blaue oder violette energetische Lichtkugel um euch herum aufbaut. Diese ist gegebenenfalls mit leichten, lichtvollen sowie schimmernden Diamanten durchsetzt, die euch ebenfalls Kraft und Lebenskraft zur Verfügung stellen. Vielleicht befindet sich in unmittelbarer Nähe dieser hoch schwingenden runden oder ovalen Kugel eine geistige Wesenheit, die sich zusätzlich schützend vor euch stellt.

Betrachtet sodann mit geschlossenen Augen, wie sich eure Lichtkugel in diesem Augenblick manifestiert, und erfühlt diese Energieform.

Spielt beständig mit Farben und Formen. Lasst euch hierbei bitte von euren Gefühlen und Impulsen leiten. Ihr sollt lernen, kontinuierlich eure Eigenverantwortung zu übernehmen, denn es wird nicht jederzeit möglich sein, dass ihr ein gesprochenes Wort von uns erhalten könnt, weil das die Umstände teilweise nicht zulassen. Gerade dann ist es wichtig, in eurer Sicherheit zu stehen. Diese wird sich derart bei euch einstellen, dass ihr ohne Weiteres den Gedanken oder den Impuls in euch tragen werdet:

„Ich benötige jetzt diesen Schutz in dieser bestimmten Form, und nicht anders."

Ihr werdet das sichere Wissen in euch tragen, welche Art von Schutzfunktion ihr benötigt.

Stellt euch das ohne Unterlass vor und wisst, dann seid ihr geschützt, gekräftigt und auch geleitet von der Geistigen Welt. Nichts und niemand kann oder wird euch jemals wieder in eine Emotion führen können, die euch aus eurer Mitte bringt.

Mit dieser Gewissheit geht bitte in der nächsten Zeit alle eure Termine und täglichen Lebensabläufe durch:

„In welcher Situation möchte oder sollte ich mich zusätzlich schützen? In welcher kann ich das einfach aus der Freude heraus ausprobieren, da ich nicht notwendigerweise des Schutzes bedarf? Wie fühlt sich eine Situation an, in der ich mich vielleicht wohlfühle, aber dennoch einen Schutz aufbaue?"

Probiert aus! Übt! Darüber könnt ihr herausfinden, wer ihr seid, was euch guttut und was nicht. Der ein oder andere unter euch gerät oft in Situationen, in denen ihr euch unwohl fühlt, weil von euch Lebensenergie abgezapft wird. Das nehmt ihr teilweise erst viel später wahr, meistens des Abends, wenn ihr euch plötzlich erschöpft und müde fühlt.

Insofern probiert bitte diesen Schutzmantel auch dann aus, wenn ihr das Gefühl habt, euch geht es gut.

Wenn ihr meint, er hat euch keinerlei Erleichterung verschafft, dann ist auch das in Ordnung. Freut euch darüber, denn ihr seid euch im Klaren, ihr habt auf euer Gefühl vertrauen dürfen, und dieser Schutz war nicht notwendig, denn ihr wart bereits genügend geschützt. Das gilt es für euch immer mehr herauszufinden.

Begreift, auch wenn ihr möglicherweise nicht über die Kraft verfügt, euch einen speziellen Schutz vorzustellen, der euch diese zur Verfügung stellt, dann bittet einfach um Folgendes:

„Ich bitte um Kraft und Schutz".

Denn es werden auch Gelegenheiten auf euch zukommen, in denen euch weder die Möglichkeit noch die Zeit zur Verfügung stehen, euch einen detaillierten Schutzmantel vorzustellen. Dann bleibt einfach im Vertrauen, dass euch diese Hilfe dennoch zur Verfügung gestellt wird, selbst wenn ihr keine Zeit damit verbracht habt, diesen aufzubauen.

Genauso wird es sein und nicht anders. Denn es ist Gottes Wunsch, euch zu dienen und euch zu schützen.

Aber bitten, ihr geliebten Kinder, das könnt, dürft und sollt ihr pausenlos.

Bittet, und euch wird gegeben. Aber bleibt dann auch bitte fest im Vertrauen, dass es so sein wird.

☆☆☆

Achtsamkeit

Was bedeutet es, achtsam zu sein? Die Achtsamkeit möchte in all ihren Formen und Facetten nachdrücklicher von euch gelebt werden. Darunter ist zunächst zu verstehen, diese dem anderen gegenüber zu leben, und zwar in dem Sinn, dass ihr euch zu überlegen habt:

„Wie möchte ich auf das reagieren, was mir mein Gegenüber gerade gezeigt oder gesprochen hat?"

Wendet sie bereits in dem Moment an, in dem euch jemand etwas berichtet.

Lebt ihr bereitwillig die Form der Aufmerksamkeit, indem ihr lauscht und interessiert zuhört? Oder seid ihr womöglich unachtsam, gerade dann, wenn ihr in euren eigenen Themen verfangen seid und euch gedanklich mit etwas gänzlich anderem beschäftigt?

Welche Konsequenz zieht es in diesem Moment nach sich, die Umsicht zu leben? Zu dem Zeitpunkt, da euch etwas beschäftigt oder euch gleichzeitig ein anderer begegnet, um euch etwas zu berichten, seid ihr aufgefordert:

„Wie verfahre ich mit dieser Situation?"

Ihr handelt mit Obacht, wenn ihr vorsichtig, wohl überlegt und euch mit Bedacht verdeutlicht:

„Jetzt stelle ich für einige wenige Minuten meine Themen zurück, denn derzeit kann ich mein Problem weder bearbeiten noch lösen. Aber mir ist es möglich, meinem Gegenüber zu helfen, ihm zuzuhören, vielleicht für ihn da zu sein und ihm eine Lösung seines Problems an die Hand zu geben, wenn mir eine solche einfällt. Auf alle Fälle kann ich ihm meine volle Aufmerksamkeit schenken, denn er würde nicht auf mich zukommen, wenn ich oder meine Meinung ihm nicht wichtig wären."

Achtsamkeit bedeutet in diesem Augenblick, dass ihr für eine gewisse Zeit entschieden versucht, eure Herausforderungen aus euren Gedanken zu verbannen und zur Seite zu schieben, in dem Bewusstsein, dass ihr euch diesen später erneut widmen könnt. Das gilt insbesondere dann, wenn euch etwas beschäftigt, mit dem ihr euch ausgiebig auseinandersetzt und das ihr nicht sofort lösen könnt. Betrachtet es doch als eine wundervolle Lernmöglichkeit.

Was bedeutet das für euch?

Zum einen werdet ihr zeitweise von euren eigenen Themen, Sorgen und Problemen abgelenkt. Dadurch eröffnet sich euch die Gelegenheit, euch einerseits mit etwas völlig anderem zu beschäftigen, und euch andererseits gedanklich abzulenken. Gleichzeitig kann sich eure Schwierigkeit ein wenig setzen, damit in euch wieder umfassende Ruhe einkehrt. Diese hilft euch oft dabei, eine Lösung für eure scheinbar vertrackte Angelegenheit zu finden.

Das bedeutet zugleich: Ihr achtet in jenem Moment nicht nur euren Gesprächspartner, dem ihr euch widmet, sondern auch euch selbst, nämlich in dem Maße, dass ihr bereit seid, euer Problem, eure Gedanken, euer Gedankenkreisen ein wenig ruhen und sich setzen zu lassen, um dadurch wieder neue Kraft und zusätzliche Energie für euer Vorhaben zu finden.

Achtsamkeit weist aber noch andere, weitere Facetten auf. Sie schließt beispielsweise ein, dass ihr euch selbst gegenüber wahrhaftig seid.

Überlegt einmal, wie oft sprecht oder verhaltet ihr euch, wie ihr es nicht beabsichtigt und wünscht? Es sind Vorgehensweisen, von denen ihr glaubt, diese aus der Höflichkeit oder aus einem veralteten Gedankengut heraus vornehmen zu müssen, oder weil ihr überzeugt seid, dass der andere das von euch erwartet oder ihr nach wie vor dem Glaubensmuster folgt:

„Das habe ich von jeher auf diese Art und Weise verrichtet."

Was lebt ihr damit vor?

Im Grunde genommen bringt das nichts anderes zum Ausdruck, als dass ihr nicht wahrhaftig seid und euch missbrauchen lasst. Denn welchem Zweck dient es, etwas zu leben, das ihr im Grunde eures Herzens nicht ausführen oder sprechen wollt? Damit betrügt ihr nicht nur den anderen, sondern zuallererst euch selbst. Und dessen werdet euch gewahr.

Wann auch immer ihr etwas gefragt oder um etwas gebeten werdet, ist es nicht vernünftig, euer Nein zu äußern, wenn ihr ein Ja sprechen wollt oder umgekehrt? Ist es sinnvoll, anderen hinterherzulaufen oder etwas für sie zu erledigen, was sie im Grunde genommen selbst vornehmen könnten oder es vielleicht einfach aus ihrem Ego heraus nicht ausführen wollen? Wo ist es angeraten, dass ihr es an ihrer statt übernehmt?

Ist das wirklich zweckdienlich?

In dem Moment, in dem ihr euch weigert, eure Wahrhaftigkeit zu leben, missbraucht ihr euch, weil ihr nicht zu euch, eurem Handeln, eurem Gefühl und euren Werten steht. Gleichzeitig nehmt ihr dem anderen Menschen seine Verantwortung ab und hindert ihn daran, seine Lernthemen in Angriff zu nehmen, sich mit ihnen zu beschäftigen, diese zu bearbeiten und zu erlösen. Darüber werdet euch bitte klar.

Es ist nicht ganz einfach, eure Handlungen und überholten Gedankenmuster in kurzer Zeit dergestalt zu verändern, dass ihr zunehmend eure Wahrhaftigkeit lebt. Aber das ist auch in Ordnung und nicht weiter tragisch.

Wenn abermals eine solche Situation auftritt – und wir wissen, so wird es euch allen früher oder später ergehen –, dann steckt der höhere Sinn dahinter, klar und deutlich auszusprechen:

„Ich möchte das nicht. Ich trage eine andere Wahrheit in mir“,

und zu überlegen:

„Wie bringe ich diese zum Ausdruck und meinem Gegenüber nahe, ohne ihn zu verletzen?“

Sicherlich mag das ein oder andere Ego noch aufbegehren, euch möglicherweise verwünschen und euch nicht unbedingt Gutes wünschen. Aber ist das nicht Teil eines Lernprozesses? Der andere kann doch daran erkennen, dass er eine bestimmte Erwartungshaltung gelebt hat.

Im Grunde genommen habt ihr ihm damit einen wundervollen Liebesdienst erwiesen, denn nun ist diese Person gefordert, selbst an dieses Ziel zu gelangen und in Aktion zu treten.

Es war doch bisher immer so schön und bequem, wenn ihr das für andere erledigt habt.

Wenn ihr eine solche Situation durchlebt habt, ist es nicht tatsächlich so gewesen, dass ihr wieder einmal nicht bereit gewesen seid, euch und eure Wahrheit zu achten, da ihr euch abermals dazu habt überreden lassen, entgegen eurer Wahrheit zu handeln und euch anschließend die Frage gestellt habt:

„Warum habe ich zum wiederholten Mal auf die gleiche Weise reagiert? Jetzt ärgere ich mich erneut über mich selbst. Das entsprach doch nicht meinem Wunsch. Wieder habe ich mich verpflichtet gefühlt, die Erwartung des anderen zu erfüllen.“

Stopp! Hört auf, darüber nachzudenken. Das ist absolut sinnlos. Wichtig ist allein, wie ihr in der nächsten Situation verfahrt. Ist diese bereits beendet, hilft es euch nicht weiter, euch darüber zu ärgern.

Seid mutig! Seid wahrhaftig!

Selbst wenn ihr euer Ziel nicht erreicht habt, lobt euch dafür, dass ihr es beim nächsten Mal erneut angehen wollt.

Auf diese Art und Weise könnt ihr üben, und zwar Schritt für Schritt. Auch das bringt zum Ausdruck, euch selbst gegenüber Achtsamkeit zu leben, weil ihr bereit wart, auf eure innere Stimme zu hören und über eure Wahrhaftigkeit nachzudenken.

Darüber hinaus eröffnet ihr dem anderen die Möglichkeit, etwas hinzuzulernen, wenn ihr wahrhaftig und aus eurem Herzen heraus gehandelt habt. Wie er dann damit verfährt, liegt in seiner eigenen Verantwortung und ist losgelöst von eurem Verhalten. Aber ihr habt Eigenverantwortung übernommen.

Erfasst den Zweck und die Bedeutung, was ihr alles ins Rollen bringen könnt, wenn ihr zunehmend eure Besonnenheit lebt: Ihr tragt dazu bei, dass es euch selbst wieder gut geht und ihr nicht mehr griesgrämig über diesen Planeten wandelt. Denn ihr erkennt kontinuierlich, wie wenig Sinn es macht, den Wünschen anderer Menschen zu entsprechen und deren Erwartungshaltungen zu erfüllen.

Das entspricht nicht mehr dem Weg des Lichts und der Liebe. Sicherlich steht es euch frei, diese Wahl zu treffen. Hierfür werdet ihr niemals verurteilt werden. Aber ist das wirklich empfehlenswert und ratsam? Denkt doch einmal darüber nach.

Ist es nicht eine überaus angenehmere Alternative zu erklären:

„Ich folge meinem Weg, denn dieser ist einzigartig. Und ich weiß, ich habe links den Engel des Mutes an der Hand und rechts den Engel, der mir die Ängste von meinen Schultern nimmt. Gemeinsam mit ihnen kann nichts misslingen. Vielleicht benötige ich noch einige Anläufe, um dieses Thema tatsächlich bearbeiten und erlösen zu können, indem ich klar und deutlich ausdrücke: Nein, das möchte ich so nicht mehr handhaben! Ich

habe es all die Jahre für dich erledigt. Aber jetzt ist meine Grenze erreicht, und ich folge meinem eigenen Weg."

Das bedarf großen Mutes. Aber ihr alle tragt ihn in euch. Jetzt ist es wichtig, ihn auch zu aktivieren.

Wenn ihr möchtet, könnt ihr gerne jeden Tag darum bitten, dass er gemeinsam mit euch, aber auch für euch, Stück für Stück wieder aktiviert werden darf, so viel, wie es für euch zuträglich ist.

Wenn ihr dieses umsetzt, dann übernehmt auch hierfür die Eigenverantwortung, denn in dem Maße, in dem euch daraufhin dieser Bitte entsprochen wird, bedeutet das gleichzeitig, dass euch weitere Übungsfelder an die Hand gegeben werden.

Ihr habt dann erneut eure Ausrichtung zu überprüfen:

„Ich habe um Mut gebeten. Bin ich tatsächlich bereit, diesen auch anzunehmen, die Verantwortung hierfür zu übernehmen, couragiert zu sein und meine Wahrhaftigkeit auszudrücken? Bin ich wahrlich nicht mehr bereit, die Bedürfnisse des anderen zu befriedigen?"

Das gilt es permanent zu hinterfragen.

In diesem Moment besteht die Möglichkeit, dieses zu überprüfen und zu verändern: Jetzt oder nie, denn im Grunde genommen geht es doch darum, an die Konsequenz dessen zu denken, was damit einhergehen wird, bevor ihr eine Bitte an uns oder an Gott, den Großen Vater, entsendet.

Oft wünscht ihr euch etwas, das euch letzten Endes gar nicht zuträglich ist. Aber das erkennt ihr manches Mal nicht, da ihr euch etwas aus dem Ego oder aus dem Moment heraus wünscht, einfach weil es sich für euch in diesem Augenblick stimmig anfühlt. Aber später, wenn euch diese Bitte erfüllt worden ist, erkennt ihr hin und wieder: Das war vielleicht nicht so wohlüberlegt.

Das bedeutet für euch, dass ihr grundsätzlich gefragt oder dazu aufgefordert sein solltet, eure Wünsche klar zu formulieren und zu hinterfragen:

„Ist das wirklich ein Herzensbedürfnis, das ich mir erfüllen möchte und für mein weiteres Wachstum notwendig ist, oder damit ich glücklich werden kann? Oder ist das nur ein Anliegen, das mein Ego befriedigen und streicheln soll, damit es mir gut geht?"

Das solltet ihr euch zuvor unabdingbar überlegen, ihr geliebten Kinder des Lichts und der Liebe.

Sicherlich seid ihr frei, jene Wünsche an Gott, den Großen Vater, zu richten. Und auch diejenigen, die möglicherweise einmal im Ego ausgesprochen worden sind, können euch erfüllt werden. Aber ihr tragt für alle eure Handlungen und Unterlassungen die Verantwortung.

Das soll euch nun keine Angst bereiten. Es ist uns lediglich ein Anliegen, euch aufzuzeigen, wie wichtig es ist, für alles, was ihr in Bewegung setzt, die Verantwortung zu übernehmen und darüber nachzudenken, welche Konsequenzen euer Handeln beziehungsweise euer Nichthandeln nach sich ziehen könnte.

Das wollten wir euch nochmals verdeutlichen, damit ihr in aller Ruhe, auch in der Zukunft, eure Wünsche entsenden könnt, denn wir sind stets bemüht, euch diese zu erfüllen.

Es ist uns eine große Freude, erneut eine Bitte, die eurem Herzen entspringt, zu vernehmen und sie in die Erfüllung zu bringen. Aber wünschen, das obliegt euch!

Und ihr seid gefragt, euch zu entscheiden, wie dieser Wunsch von euch gestaltet sein soll. Je öfter ihr darum ersucht und daran festhaltet, indem ihr beständig darum bittet, desto größer ist die Wahrscheinlichkeit, dass er tatsächlich genauso manifestiert werden darf. Dessen vergegenwärtigt euch bitte.

Denn ihr seid die Schöpfer eures eigenen Lebens und könnt bestimmen, welchen Weg ihr beschreiten wollt und wie er verlaufen wird. Die grobe Marschrichtung ist vielleicht festgelegt, aber wie die einzelnen Schritte verlaufen dürfen, ob leicht oder schwer, über einen Umweg oder geradlinig, das liegt meistens in eurer Hand.

Es obliegt euch, das fortwährend jeden Tag mutig in die Hand zu nehmen und hierbei ganz kreativ vorzugehen.

Verdeutlicht euch, was es bedeutet. Ihr seid gefragt, euch beständig in die Meditation, in die Anbindung zu begeben und um einen Hinweis zu bitten, der euren Weg bereichern könnte. Auch das möchten wir von nun an in eure Hände legen.

Wisst, ihr seid behütet, ihr seid gesegnet von Gott, dem Großen Vater. Und jeden Schritt, den ihr vornehmt, geht ihr gemeinsam mit IHM. Das ist SEIN Versprechen und SEINE Liebeserklärung an euch.

☆☆☆

Angstfrei leben

Eine Heerschar von Engeln befindet sich an eurer Seite, um euch heute und in der zukünftigen Zeit zu unterstützen. Noch immer und auch weiterhin werden in euch Prozesse angeregt. Daher möchten wir euch erneut darum bitten, euer Herz weit zu öffnen. Habt keine Angst davor, es darf nur Liebevolles euch geschehen.

Lasst eure Ängste mehr und mehr los, denn diese möchten nun aufgelöst werden. Schließlich wandelt ihr auf dem lichtvollen Weg. Und ihr benötigt sie nicht länger in dem Maße, wie ihr sie bisher in eurem Leben erfahren habt, denn die Ängste, in denen ihr teilweise verhaftet seid oder die ihr noch mitführen möchtet, könnten euch in eurem Wachstum behindern.

Was ist die Folge, wenn ihr eure Furcht verabschiedet?

Ihr geht in die Freiheit und in die Veränderung.

Ist es nicht angenehm, frei von jeglicher Angst durch das Leben zu schreiten, vollkommen unerschrocken und neugierig ob all der künftigen Ereignisse, die dann erstmalig in euer Leben treten werden? Ihr lernt, euch auf euch einzulassen, gewisse Vorkommnisse unterschiedlich zu betrachten und viel freudvoller, erwartungsvoller zu sein – wie ein kleines Kind, das in diesem Ausmaß Ängste noch gar nicht kennt, sich deshalb einfach beschäftigt und in verschiedene Situationen hineinstürzt. Dadurch sammelt es Erfahrungen und lernt Neues hinzu, was wichtig ist.

Von Kindern könnt ihr viel lernen. Beobachtet doch einmal eine Zeitlang die Kinder, die euch begegnen, und ebenso deren Verhalten, wie sie sich in bestimmten Lebenslagen öffnen, sich sozusagen wie eine Blumenknospe entfalten.

Und dann spürt hinein und fühlt mit ihnen. Empfindet nach, wie diesen Kindern zumute ist. Beobachtet sie ganz genau. Zahlreiches könnt ihr von diesen kleinen Gotteskindern lernen.

Denn was leben sie euch vor?

Sie geben sich vollkommen dem hin, dessen sie sich widmen, vergessen sich dabei, leben den Augenblick und stellen sich angstfrei und spielerisch Herausforderungen und Situationen. Sie beginnen sich vielleicht für einen Gegenstand zu interessieren oder sich mit einem Menschen zu unterhalten. Und dann zählt nur noch das, dem sie sich in jenem Augenblick zuwenden. Daraus können sie eine breite Palette an Erkenntnissen ziehen und etliche Erfahrungen sammeln.

Was hindert euch daran, ebenso zu verfahren?

Widmet euren Probleme und Sorgen von nun an nicht mehr so große Aufmerksamkeit. Lasst von Dingen ab, an denen ihr euch anstoßt oder von denen ihr meint, dass sie euch beunruhigen. Lebt den Augenblick und stellt alles andere für diesen Moment beiseite. Und wenn ihr einen solchen erlebt, genießt ihn in vollen Zügen, öffnet euer Herz und lasst einfach zu, was geschehen darf.

Genau dann seid ihr mit der Göttlichkeit verbunden. Das ist eine einzigartige Möglichkeit, sich mit Gott, dem Großen Vater, zu verbinden, weil ihr genau das umsetzt, wonach sich euer Herz sehnt, was euch Freude bereitet und vollkommen angstfrei geschehen darf.

Wenn ihr möchtet, übt einfach einmal zu Hause. Setzt euch hierzu einige Minuten hin und überlegt:

„Womit könnte ich mich befassen? Was war schon immer mein Traum oder mein Wunsch, was ich mir aber bisher noch nicht erlaubt habe, weil mir vielleicht die Zeit dazu fehlt oder sich andere damit nicht beschäftigen, weil empfohlen wird, das sollte ich möglicherweise nicht in Angriff nehmen?“

Was hindert euch daran, wenn es doch euer Wunsch ist, euch diesen zu erfüllen?

Worum auch immer es sich handelt, tretet in Aktion, ihr geliebten Kinder! Denn was könnte daran falsch sein?

Führt euch stets vor Augen, dass ihr allseits beschützt und behütet seid. Und der höhere Sinn ist doch, dass ihr wachst.

Kümmert euch um euch selbst und um eure Wünsche. Dann werdet ihr in die Erfüllung gelangen können. Immer angstfreier und freudvoller sollt ihr euer Leben meistern.

Dieses möchten wir euch bitten, so vorzunehmen.

Nehmt auch gerne uns Engel an die Hand und bittet uns darum, euch das ein oder andere an Gelegenheiten zuzuführen. Dann werden wir das gerne für euch in Bewegung setzen. Aber zunächst gilt ausnahmslos: Lebt den Mut zur Veränderung!

Seid ihr bereit, eine Wandlung herbeizuführen?

Wichtig dabei sind weniger die großen Begebenheiten in eurem Leben. Oh nein, sondern vielmehr die kleinen.

Schaut ganz genau hin und hinterfragt euch:

„Wo möchte ich in meinem Leben etwas umgestalten? Wo habe ich mir das teilweise bisher nicht zugestanden? Wo war ich noch nicht mutig, in die Erkenntnis zu finden, möchte aber eigentlich eine andere Richtung einschlagen?“

Dann setzt dies um, ihr geliebten Kinder des Lichts und der Liebe! Lebt von nun an fortwährend die Veränderung, und zwar vollkommen frei in eurem Fühlen, Denken und Handeln. Dann wird viel Erfreuliches und Lichtvolles für euch geschehen dürfen.

Gott, der Große Vater, ist allseits an eurer Seite. Und je mehr ihr bereit seid, zu verändern, desto mehr dürft ihr in eurem Sein und eurer gesamten Entwicklung wachsen. Somit darf euer großes Herz ohne Unterlass offener und friedvoller werden.

Eigenverantwortung

Wie lautet eure Aufgabe auf diesem Planeten, in diesem eurem Sein? Euer Auftrag ist es, die Verantwortung zu leben, und zwar zuerst euch selbst gegenüber.

Was bedeutet das?

Werdet euch vorab bewusst: Was ist euer Wunsch? Was ist euer Bestreben bezüglich dessen, was ihr erreichen wollt und was nicht? Welche Sehnsüchte hegt ihr in eurem Herzen? Welche Träume hattet ihr in eurem bisherigen Leben? Welche habt ihr euch jedoch nie getraut zu verwirklichen und euch zu erfüllen? Warum seid ihr euren Sehnsüchten nicht gefolgt, wenn ihr sie doch teilweise mit einfachen Mitteln hättet stillen können? Wer oder was hat euch davon abgehalten?

Denkt einmal über Folgendes nach:

„Welche Wünsche hege ich? Warum habe ich mich davon abhalten lassen, mir diese zu erfüllen? Was hindert mich vielleicht auch jetzt noch daran? Und kann ich diese korrigieren?“

Das ist das eine, was in eurem Leben mit eurer Eigenverantwortung verknüpft ist.

Zum anderen habt ihr diese ebenfalls für alle eure Gedanken zu übernehmen, denn gleichgültig, worüber ihr nachsinnt, es entspringt aus euch selbst heraus und ist entweder positive, euch zuträgliche, beziehungsweise negative, abbauende Energie, die sich verdichten und fürwahr manifestieren kann.

Alles, was ihr jemals gedacht habt, denkt oder noch denken werdet, zieht prinzipiell Konsequenzen nach sich. Begreift, auch dafür habt ihr die Verantwortung zu übernehmen. Des Weiteren bedeutet das, ihr geliebten Kinder des Lichts und der Liebe, dass alles, was ihr ausführt, Vorbildfunktion aufweist, und zwar für alle eure Mitmenschen. Das heißt, wenn ihr eine Handlung vornehmt oder eine Unterhaltung führt, eure Meinung äußert oder auch nicht, lebt ihr eurem Gegenüber bewusst oder unbewusst etwas vor, was nachgeahmt werden kann.

Zahlreiche Menschen sind sich nicht darüber im Klaren, dass sie auf der Suche nach etwas, jemandem oder Antworten sind. Auf diesem Planeten leben genügend, die aus ihrer Willensschwäche heraus über eure Gedanken, Worte und Taten nachsinnen, diese übernehmen und dementsprechend handeln.

Das schließt ebenso die Verantwortung ein, die ihr nicht nur euch selbst, sondern auch anderen gegenüber tragt. Wenn ihr möchtet, beschäftigt euch noch ausgiebiger mit diesen Gegebenheiten, ihr geliebten Kinder.

Es ist sinnlos, unbesonnen durch diese Welt zu wandeln und einfach zu handeln, weil es in der Vergangenheit so gehandhabt wurde.

Zieht des Weiteren Folgendes in Erwägung:

„Wie habe ich mich in den vergangenen Jahren verhalten? Wo steckt noch ein altes Muster dahinter? Welche Muster, Glaubenssätze, Strukturen und Verhaltensweisen habe ich möglicherweise von anderen Menschen ungeprüft übernommen? Ist es sinnvoll, diese weiterhin zu leben oder nicht? In welchen Bereichen und wie kann und möchte ich mein Wirken und Denken verändern und anwenden?"

Es ist notwendig, das im Kleinen zu üben, denn es benötigt Zeit, bis sich die neuen Ideale in eurem täglichen Handeln und Denken dauerhaft gefestigt haben und gelebt werden können.

Aber diese Veränderungen sind erforderlich, damit ihr euer Leben verantwortungsbewusst meistern könnt.

Wenn ihr beginnt, zunächst für euch die Eigenverantwortung zu übernehmen, bedeutet das, ihr steht für euch ein und seid euch darüber im Klaren:

„Wie soll mein Weg verlaufen? Wie lauten meine wünschenswerten Ziele? Welche Strukturen möchte ich leben? Was kann ich mit meinem Herzen in Einklang bringen, und was möchte ich nicht mehr mit meinem Lebensstil vereinbaren?“

Das gilt es dann sukzessive auszusortieren. Fangt im Kleinen an, in eurem täglichen Leben und Umfeld.

Lebt ihr diese Muster und Verhaltensweisen, weil ihr diese so vornehmen möchtet, oder weil sie sich als Gewohnheiten in eurem Alltag eingeschlichen haben? Reflektiert bitte darüber und überlegt euch:

„Gibt es etwas, das ich verändern möchte, um meine Lebensqualität zu verbessern?“

Denkt darüber nach, wie ihr stattdessen verfahren wollt, und tretet freudig in Aktion. Gibt es nichts mehr, was ihr in die Wandlung führen möchtet, dann seid ihr wahrlich Meister geworden.

Es gibt kaum Menschen, die ihr Sein in völliger Bewusstheit und Klarheit über ihr Handeln und dessen Konsequenzen leben. Unentwegt werdet ihr zu verändernde Kleinigkeiten finden können. Das bedeutet jedoch nicht, dass ihr diese vornehmen müsst. Das möchten wir euch wissen lassen.

Doch fortwährend zeigen sich bestimmte, eingeschlichene Verhaltensmuster und Gewohnheiten, auf die ihr euer Augenmerk richten möchtet.

Eine Möglichkeit zum Wachstum wäre, darum zu bitten, dass die euch zur Seite stehenden Engel euch auf diese Begebenheiten hinweisen. Dann werden wir, die Geistige Welt, dafür Sorge tragen, dass ihr einen Gedankenblitz erfahrt:

„Ach, da habe ich wieder aus einer alten Gewohnheit heraus gehandelt. Möchte ich das weiterhin so handhaben oder nicht?“

Sodann seid ihr aufgefordert, erneut in die Aktion zu treten. Das meinen wir, wenn wir von Verantwortung sprechen.

Es bedeutet weiterhin, alles aus dem eigenen Herzen heraus zu verrichten.

Es hat rein gar nichts mit Verantwortung zu tun, wenn ihr der Meinung seid, aus einem scheinbaren Verantwortungs- oder Pflichtgefühl heraus wirken zu müssen. Gleiches gilt für den Fall, wenn ihr dem Trugschluss unterliegt, den Erwartungshaltungen anderer entsprechen zu müssen, obwohl das nicht mit eurem eigenen Herzensgefühl übereinstimmt.

Auch hierüber denkt bitte nochmals nach.

Denn wie oft werdet ihr gebeten:

„Würdest du etwas für mich erledigen? Ich schaffe es nicht. Dazu fehlt mir die Zeit“,

und ihr antwortet:

„Ja, das übernehme ich“,

weil ihr meint, dieser Mensch hat euch in der Vergangenheit schon so häufig geholfen und ihr euch deshalb revanchieren müsst oder weil ihr bisher immer so verfahren seid.

Ihr wollt gute Menschen sein. Aber auch hier ist es wichtig, Verantwortung zu übernehmen und zu bekennen:

„Nein. Ich werde jetzt deiner Bitte nicht entsprechen. Das fühlt sich für mich nicht stimmig an. Ich habe anderes zu erledigen. Du wirst sicherlich eine passendere Lösung finden oder kannst diese Angelegenheit auch auf später verschieben.“

So könnt ihr beispielsweise vorgehen und damit eure Grenzen setzen.

Über alle diese Informationen und Anregungen möchten wir euch bitten, noch einmal gründlich zu reflektieren.

Nehmt euch die notwendige Zeit dafür. Notiert euch gerne, was ihr hierbei bereits entdeckt und erkannt habt, was ihr künftig verändern wollt und was nicht.

Dieses wunderbare Ergebnis könnt ihr euch stets aufs Neue betrachten, gerade dann, wenn ihr nicht mehr wisst, wo euch der Kopf steht. Das möchten wir euch bitten vorzunehmen, denn das Mensch-Sein und das Wachstum gehen immer mit einer großen Verantwortung einher, die gelebt werden möchte, insbesondere von euch.

☆☆☆

Verantwortung

Jeder eurer Schritte und Handlungen zieht nicht nur Konsequenzen nach sich, sondern führt euch in euer göttliches Wachstum. Für all das tragt ihr die Verantwortung.

Wenn ihr bereit seid, einen bestimmten Schritt zu tun und zu handeln oder eben auch nicht, dann bedeutet das für euch, die Konsequenz dessen zu tragen, was sich daraus entwickelt.

Alles, was daraus entstehen könnte, sollte für euch nichts Negatives nach sich ziehen. Ihr findet hierdurch lediglich in euer göttliches Wachstum, um noch mehr das Licht, die Liebe, die Kraft und die Stärke entfalten zu können.

Seid ihr unwillig, euer Augenmerk darauf zu richten, was euch dieses so eingebracht hat, bedeutet das bisweilen aber auch, bei nächster Gelegenheit noch ein wenig tiefer in diese Erfahrung geführt zu werden, weil ihr es euch ausgesucht habt, genau diese Herausforderung in diesem Leben zu erlösen.

Ihr seid permanent von der Geistigen Welt aufgefordert, euch diesen mitgebrachten Lern- und Übungsaufgaben zu stellen und diese dann furchtlos zu erlösen beziehungsweise beherzt durch eure Ängste zu schreiten. Es ist wichtig, euch diese zu betrachten, zu durchleuchten und dann zu erklären:

„Ich bin bereit, zu verändern und die Verantwortung für mich zu übernehmen. Und ich werde ebenso alle Konsequenzen für meine Handlungen und Unterlassungen tragen."

All das möchte von euch regelmäßig berücksichtigt werden. Betrachtet euch die Themen noch intensiver und, vor allem, häufiger, die ihr in eurem täglichen Leben erlösen sollt.

Wie oft wandelt ihr gedankenlos durch das Leben, zweifelt und sorgt euch, ohne darüber nachzusinnen, welche Konsequenzen es für euch mit sich bringt.

Was nützen euch Gedanken der Sorge, des Zweifels oder der Angst?

Im Grunde genommen führt das doch zu nichts Positivem. Vielmehr werdet ihr noch energischer in diese negativen, abbauenden Gedankenstrukturen hineingezogen.

Seid in diesem Augenblick bereit, die Konsequenz zu übernehmen und zu ziehen! Beginnt zu verändern!

Das ist der erste Schritt, um euch selbst einen weiteren, lichtvolleren Moment zu schenken, um euch emporzuheben, um sozusagen auf eurer Wachstumsleiter erneut emporzusteigen.

Damit verbunden ist, die Ängste und Sorgen loszulassen und zu erklären:

„Ich gebe mein Bestes und bin für das bereit, was Gott, der Große Vater, für mich vorgesehen hat. Ich beobachte, was mir präsentiert wird, und treffe einzig und allein aus meinem Herzen heraus, nach bestem Wissen und Gewissen, meine Entscheidung, weil ich das mit meinem Herzen vereinbaren kann. Mit allem Weiteren, was daraus erwachsen möge, setze ich mich dann auseinander, wenn die Situation vor mir steht.“

Es nutzt nichts, sich zu sorgen, sich den Kopf zu zerbrechen oder über etwas zu grübeln, das noch nicht eingetreten ist. Stattdessen bearbeitet dieses Thema erst, wenn es sich euch präsentiert.

Es ist wichtig, dieses bereits im Vorhinein loszulassen und zu erklären:

„Jetzt bin ich noch nicht an diesem Punkt angelangt. Wenn es jedoch ansteht, kann ich immer noch darüber nachdenken. Und ich weiß, Gott, der Große Vater, wird an meiner Seite stehen und mir helfen, es zu erlösen. Sollte ich mir wirklich nicht

sicher sein, welche Entscheidung ich zu treffen habe, wird ER mir eine Lösung präsentieren, denn für alles, was ich mir in diesem Leben erwählt habe, für jeden Weg, den ich einschlagen kann, Weg A oder Weg B, habe ich mir gleichzeitig mindesten schon eine Lösung in den Rucksack gepackt.

Gleichgültig, für welche Richtung ich mich entscheide, es wird immer die richtige sein. Mir steht jederzeit die Möglichkeit offen, diese zu korrigieren, falls ich sie doch nicht mehr als stimmig erachte. Aber dann war es für mich eine wichtige Lebenserfahrung, anhand derer ich wachsen konnte."

Wichtig ist nur, diesem Weg, den ihr aus eurem großen Herzen heraus gewählt habt und bereit seid einzuschlagen, auch zu folgen. Das sollte von euch permanent eingefordert werden. Damit steht ihr im Einklang mit euch sowie mit dem, wer und was ihr seid.

Das bedeutet, ihr trefft Entscheidungen nicht danach, wie andere Menschen darüber denken mögen, sondern weil ihr zu diesen steht. Und so möchtet ihr verfahren.

Wenn ihr in eurem Entschluss unsicher seid, dann prüft:

„Warum bin ich mir hier nicht sicher? Verfalle ich erneut in die Angst, daraus könnte etwas Falsches erwachsen? Wenn ich diesen besonderen Weg jetzt beginne, könnte er der für mich nicht angedachte sein?"

Woher wollt ihr das wissen? Wie wollt ihr das beurteilen? Das ist euch doch teilweise überhaupt nicht möglich.

Es ist lediglich von Bedeutung, zu beschließen:

„Ich gehe einfach los. Und wenn ich merke, dieser Weg ist mir nicht förderlich, er gefällt mir nicht, dann entscheide ich mich für einen anderen, soweit es eben möglich ist."

Denkt einmal hierüber nach.

Wie oft seid ihr verzagt durchs Leben geschritten, habt euch entschieden und festgestellt:

„Diese Wahl war möglicherweise für mich nicht optimal."

Aber das nächste Mal seid ihr anders verfahren und habt folglich daraus gelernt. Auch das führt euch stets vor Augen.

Richtig oder falsch gibt es nicht. Es ist lediglich wesentlich, diese Schritte, diesen Weg zu beginnen, mutig seine Ängste zu überwinden und einfach kundzutun:

„Ich war bereit, eine Entscheidung zu treffen und bin ihr mit aller Konsequenz gefolgt. Und wenn mir das nicht zuträglich ist, will ich es das nächste Mal auf eine andere Art und Weise in Angriff nehmen. Aber es war mein ganz persönlicher Weg."

In diesem Moment seid ihr für euch eingetreten und habt euch entschieden. Das ist die Verantwortung, die ihr euch selbst gegenüber tragt. Diese wird euch in euer Wachstum führen, weil ihr euch treu geblieben seid.

Je häufiger ihr das umsetzt, desto leichter könnt ihr herausfinden, wer ihr seid, was sich für euch stimmig anfühlt und was nicht, was ihr eventuell erreichen oder hören möchtet oder auch eben nicht.

Und stellt ihr das eine oder andere Mal fest:

„Das ist nichts für mich",

dann setzt mutig eure Grenzen und sprecht ein „Nein" zu dem, was euch begegnet oder zu jemandem, der von euch etwas einfordert, dessen Erwartungen ihr jedoch nicht entsprechen könnt oder wollt.

Solches wird ebenfalls fortschreitend von euch eingefordert. Akzeptiert, eure Wahrhaftigkeit möchte von euch eingehender gelebt werden.

Bittet auch gerne um individuelle Situationen, in denen ihr

das üben könnt. Wendet es allerdings nur an, wenn es euer Wunsch ist.

Wisst, hin und wieder werdet ihr solchen Lebenslagen wiederholt begegnen. Der höhere Sinn und Zweck ist es, euch auf euren göttlichen Weg zu führen, um euch selbst prüfen zu können:

„Wo stehe ich? Wo kann ich noch etwas in mir und in meinem Leben verändern? Und wo bin ich bereits guten Schrittes vorangekommen?"

Das möchte ebenfalls von euch betrachtet werden.

Habt ihr einmal darüber nachgedacht, welche enormen Fortschritte ihr bereits in eurem Leben zu verzeichnen habt?

Überlegt, wie viel ihr schon erreicht, was ihr alles bewältigt und hinter euch gelassen, welch immense Wachstumsschritte ihr erklommen habt.

Dafür, ihr geliebten Kinder des Lichts und der Liebe, klopft euch gerne auf die Schulter. Denn das ist sehr lobenswert.

Wir freuen uns jedes Mal, wenn ihr willens seid, euch euren Ängsten zu stellen, in den Mut zu finden und all das anzupacken, ohne zu wissen, was auf euch zukommt.

Ihr geliebten Kinder, nichts kann euch widerfahren, was nicht für euch vorgesehen ist.

Sicherlich obliegt euch immer die freie Entscheidung, was ihr vorzunehmen gedenkt. Aber selbst wenn diese nicht mit dem übereinstimmt, was möglicherweise für euren Weg vorgesehen war, bedeutet das nicht, dass dieser der falsche gewesen ist. Ihr habt euch dann lediglich dazu entschieden, einen Umweg oder einfach einen anderen, anders verlaufenden zu beschreiten.

Aber euer Ziel, das ihr euch in diesem Leben gesetzt habt, werdet ihr immer erreichen. Und auch dafür ist euch die Geistige Welt zur Seite gestellt worden, um euch hierbei beständig zu unterstützen, an die Hand zu nehmen, zu führen, zu leiten und euch kontinuierlich Impulse zukommen zu lassen.

Fortwährend sollt ihr auf eure innere Stimme, euren Impuls, euer Bauchgefühl hören, zuweilen ebenso auf die Zuflüsterungen der Geistigen Welt.

Wir versuchen unaufhörlich, euch zu erreichen und zu helfen, euch in euren Entscheidungen zu unterstützen.

Welche ihr trefft, das liegt einzig und allein bei euch. Wir können euch niemals einen Weg vorgeben, denn es ist euer freier Entschluss, welchen ihr beschreiten wollt.

Diese Wahl, ihr geliebten Kinder des Lichts und der Liebe, möchten wir euch bitten, stets aus eurem großen Herzen heraus zu treffen. Wenn ihr dann bereit seid, dem Folge zu leisten, sollte es euch möglich sein, mit riesengroßen Schritten voranzuschreiten, hineinzuwachsen in das Licht und in die Liebe, euren Weg beständig zu lichten und zu weiten und damit letzten Endes umfassender in die Freude zu finden, in alles, was euch guttut – weil ihr für euch die Verantwortung übernommen habt.

☆☆☆

Wahrhaftig werden

Seht und lest, ihr geliebten Kinder, ihr Gotteskinder, ihr seid nicht nur SEINE Töchter und Söhne, nein, ihr seid auch SEIN Fleisch und Blut. Ihr seid, wer ER ist: Liebe und Göttlichkeit. Werdet euch bewusst, wer und was ihr seid: Ihr seid göttliche Schöpfer!

Beginnt jeden Tag damit, bei euch selbst zu schöpfen. Fangt an, eure Wahrhaftigkeit, eure innere Göttlichkeit und eure Wahrheit zu erschaffen und, damit einhergehend, eure Eigenverantwortung zu übernehmen.

Praktiziert das von nun an unentwegt, indem ihr fortan, in jeder einzelnen Sekunde, bewusst durch euer Leben schreitet.

Stellt euch pausenlos die Frage:

„Weshalb nehme ich das jetzt derart in Angriff oder verweigere mein Handeln? Bin ich es mir wert, es wirklich so zu handhaben, oder sollte ich nicht stattdessen verändern, für mich einstehen, meine Grenzen aufzeigen und mutig sein, weil ich es mir wert bin?"

So vieles könnt ihr bewirken, wenn ihr bereit seid, einfach nur für euch einzustehen.

Ihr müsst nicht die Welt verändern, aber ihr könnt für euch eine Umstrukturierung vornehmen. Und wenn ihr bei euch und in eurem Umfeld beginnt und vorlebt, was ihr repräsentiert, dann tragt ihr im Grunde genommen dazu bei, in der Welt einen Wandel herbeizuführen.

Lebt von nun an fortwährend mutig und wahrhaftig eure ethischen und moralischen Wertvorstellungen. Hierdurch helft ihr mit, dass sich die Welt verbessert.

Was leitet ihr in die Wege, wenn ihr für euch einsteht?

Ihr entwickelt euch nicht nur. Nein. Ihr seid auch Vorbild

und Vorreiter für unzählige Menschenkinder, die ihren Weg noch nicht gefunden haben und noch auf der Suche nach diesem und der allumfassenden Liebe sind, bewusst oder auch unbewusst. Ihr geliebten Kinder, unterschätzt niemals, was ihr zu bewerkstelligen vermögt.

Ein Funke eures Lichts genügt, ein scheinbar kleines Lächeln kann dazu beitragen, um sie auf ihren göttlichen Weg hinzuführen. Diese Seelen werden es vernehmen und die positiven Energien und Schwingungen aufnehmen können, die ihr damit weitergegeben und verknüpft habt.

Dieser kleine Funke eurer Göttlichkeit wird bereits ausreichen, um in diesem Menschen einen kleinen Stein ins Rollen zu bringen. Es führt möglicherweise dazu, dass er fortan mit positiven Gedanken seiner Wege zieht.

Daraus wird etwas Wunderbares entstehen. Dieser Mensch wird dann wiederum andere mit seinem Lächeln anstecken können. All das ist möglich, weil ihr bereit wart, den Tag mit einem Lächeln zu beginnen.

Also, legt bei euch los! Ihr vermögt nicht zu ermessen, wie viel ihr damit tatsächlich erreichen könnt, wenn ihr positiv gestimmt durch euer Leben schreitet, die Bereitschaft lebt, mit euch im Frieden zu sein, und euch dafür lobt, dass ihr heute wahrhaftig gewesen seid.

Habt ihr heute Morgen schon darüber nachgedacht, wie viel Positives euch heute zuteilwerden darf oder wie viel gestern bereits bewegt worden ist, wie schön es ist, Menschen zu kennen, die sich ebenfalls dem Licht und der Liebe öffnen? Habt ihr euch ins Gedächtnis gerufen, dass Gott an eurer Seite wandelt?

Allein diese Vorstellung vermag die Welt zu verändern. Wisst darum, eure Gedanken werden tatsächlich zu einer Weltverbesserung beitragen.

Ihr seid die Wegbereiter des „neuen“ Lichts und der „neuen“ Liebe. Ihr seid die ersten Menschen, die bereit sind, sich nicht nur SEINEM Licht und SEINER Liebe zu öffnen, sondern auch die Ersten, die wahrlich bereit sind, SEINEN Wegen in wahrer Konsequenz zu folgen, hierfür die Verantwortung zu übernehmen, neue Schritte zu wagen und mutig eurer Bestimmung zu folgen, und zwar unabhängig davon, was andere davon halten.

Viele werden eurem Beispiel folgen und euch nachahmen. Zahlreiche werden diesen Ansporn immerzu benötigen, damit auch sie lernen, mutig zu sein. Das ist wundervoll, denn sie erkennen durch euch:

„Da ist noch jemand, der bereit ist, beharrlich zu seinen Werten zu stehen und für sich einzustehen. Und ich sehe und erkenne, wie gut es ihm damit geht. Es stört ihn nicht mehr, was andere von ihm denken. Oh, das wünsche ich mir ebenfalls. Das tut ihm so gut. Er strahlt, selbst wenn er nicht lächelt. An diesem Menschen ist etwas ganz Besonderes. So möchte ich auch leben.“

Eine große Anzahl von Menschen könnt ihr damit in ihren Herzen erreichen und darüber hinaus neue Wege beschreiten und einleiten.

Euch ist es möglich, dafür Sorge zu tragen, dass dieses veraltete Weltgefüge, das sich derzeit auf diesem Planeten manifestiert, erschüttert wird. Ebenso wird alles Unzeitgemäße, das nicht mehr im Sinne des Lichts und der Liebe ist, zusammenbrechen und durch Neues, Wundervolles, Lichtvolles und Freudiges ersetzt.

Freut euch, dass ihr die Möglichkeit habt, diese Goldenen Zeiten nun anbrechen zu lassen. Ohne jeden Einzelnen von euch wäre das nicht möglich.

Erkennt den Sinn darin.

Jeder Einzelne von euch ist von Bedeutung und einzigartig in seinem Sein und Wirken. Allein eure Gedankenkraft ermöglicht es uns, hier wieder zu verändern und SEIN Licht und SEINE Liebe auf diesen Planeten zu integrieren.

Ihr seid einzigartig! Ihr seid besonders!

Und wir ehren euch für das, was ihr in Bewegung setzt.

Wenn ihr mögt, tretet doch einmal in das Dankgebet ein, dass es euch gibt. Dankt euch dafür, dass ihr bereit seid, diese neuen Wege mutig zu beschreiten und nicht aus der Angst heraus davor zurückschreckt und sprecht:

„Nein. Ich fürchte mich so sehr. Diesem Weg möchte ich nicht folgen."

Dankt auch dafür, dass ihr willens seid, mutig und beständig eure Lernthemen zu bearbeiten und zu erlösen.

Es ist niemals wichtig, ob ihr das hier und jetzt direkt umsetzen und euer Herausforderung sofort in die Veränderung führen könnt. Entscheidend ist ausschließlich eure Bereitschaft, verändern zu wollen, denn das ist etwas, womit ihr sehr vieles bewegen könnt. Euer Wille vermag einen großen Stein ins Rollen zu bringen. Und den Rest gebt an uns ab, an die Geistige Welt und an Gott, den Großen Vater.

Was ihr nicht tragen könnt, das wird ER aus SEINER großen Liebe heraus für euch tragen. Wo ihr nicht laufen könnt, dort wird ER an eurer Seite mit euch laufen. Wo ihr in der Unflexibilität, in der Sturheit verharrt seid, wird ER alles in Bewegung setzen, um euch und euer Herz aufzuweichen und zu berühren. ER wird alles in die Liebe führen und veranlassen, damit ihr wieder laufen lernt, sodass ihr begreift:

„Ich kann etwas in Bewegung setzen."

Vieles habt ihr wahrlich schon bewirkt und bewegt. Habt

ihr nicht alle bereits enorme Veränderungen durchlaufen und außergewöhnliche Prüfungen und Aufgaben bestanden?

Führt euch das ständig vor Augen, denn das wird euch gerade dann helfen, wenn ihr traurig seid und in Zweifeln verharrt, wenn ihr am Horizont kein Licht mehr erkennt. In diesem Augenblick denkt daran, wie viel Gutes ihr für andere Menschen vollbracht und wie viel ihr für euch selbst erreicht habt.

Erinnert euch nur eines einzigen Menschen, der eure Dunkelheit erhellt und zum Leuchten gebracht hat. Das möge euer Herz und euer eigenes Licht wieder entzünden. So wird es sein. Niemals wird die Dunkelheit herrschen oder siegen können.

Das Licht und die Liebe Gottes sind immer stärker und ausnahmslos präsent, auch wenn ihr das nicht permanent wahrnehmen könnt. Aber die Liebe Gottes ist in jedem Augenblick mit euch.

Und es genügt bereits ein kleiner Funke, der in euer Herz findet und sich durch eure Zweifel, Ängste und Sorgen schlängelt. Dieser vermag alles zu verändern.

Euer Glaube wird euch stärken. Und so stärken wir nun euren Glauben in euch und in eure Kraft. Denn das wird die Welt verändern. Ihr werdet die Welt zum Besseren wenden.

Du, mein geliebtes Kind, wirst die Welt in neuem Licht erstrahlen lassen. Und so wird es sein.

☆☆☆

Entscheidungen treffen

Ihr geliebten Gotteskinder, die Entscheidungen, die ihr jeden Tag, in jeder Sekunde eures Lebens trefft, sind sehr bedeutungsvoll, gleichgültig, um welche es sich handelt.

Das mag mit dem zu treffenden Entschluss beginnen, mit welchen Gedanken ihr beispielsweise morgens aufwachen möchtet oder bezüglich der Überlegung:

„Wie geht es mir? Wie möchte ich mich jetzt fühlen? Freue ich mich auf diesen Tag, auf das, was er mir schenken wird und auf die Überraschungen, die mir hierdurch aufgezeigt werden möchten?“

Möglicherweise widmet ihr euch dem heutigen Geschehen auch folgendermaßen:

„Der Tag kann gar nicht so gut verlaufen, denn die letzte Zeit hat sich nicht zufriedenstellend entwickelt.“

Seht, ihr geliebten Kinder, bereits hier bietet sich euch die Möglichkeit, euer Leben positiv zu beeinflussen. Wenn ihr willens seid, den Tag schon morgens mit der Erwartungshaltung zu beginnen:

„Es wird bestimmt nicht sehr freudvoll werden“,

dann wird es so sein, weil ihr euch dafür entschieden habt.

Entschließt ihr euch jedoch, die nächsten Stunden mit folgenden Gedanken einzuleiten:

„Ich lasse auf mich zukommen, was mir der heutige Tag bringt. Ich bin voller Zuversicht und lasse mich überraschen. Ich bin mir sicher, das eine oder andere wird sich für mich fügen, und ich werde etwas Freudvolles und Lustiges erleben dürfen“,

dann wird es auf diese Art und Weise erfolgen. Es liegt in eurer Hand, euer Leben zu bestimmen.

Oft meint ihr zwar, diese Entscheidungen treffen, aber dennoch die Handlung nicht durchführen und durch diese auch nichts bewirken zu können.

Doch ihr irrt euch, wenn ihr diese Einstellung lebt. Ihr tragt eine erheblich größere Kraft in euch, um eure Entschlüsse in eurem Leben umzusetzen und ihre Wirkung zu entfalten.

Probiert es doch einmal aus! Das bedarf einiger Übung, bis ihr wahrhaftig das Vertrauen in eure Entscheidungen gefunden habt und euer Leben zur Gänze selbst bestimmen werdet. Es spricht nichts dagegen, das von nun an vermehrt in Angriff zu nehmen, denn ihr habt die Möglichkeit, euer Leben selbst zu bestimmen. Das habt ihr von klein auf so vorgenommen. Und jetzt bietet sich euch die Gelegenheit, es noch eingehender umzusetzen.

Euch sollte bewusst sein, dass ihr mit jeder getroffenen Entscheidung euer Leben beeinflussen könnt. Entschließt euch doch in diesem Augenblick schon einmal dafür, was ihr jetzt fühlen möchtet. Seid ihr gespannt ob der Gelegenheiten und Begebenheiten, die euch heute, hier und jetzt, dargeboten werden, und über die Unterstützung, die euch gegeben werden darf?

Seid ihr erwartungsfroh, wie viel Hilfe und Positives ihr erhalten werdet, oder zweifelt ihr von vorneherein:

„Ich bin einmal gespannt. Ich bin mir nicht sicher, was sich hieraus entwickelt, ob mir das wirklich nutzt.“

Das müsst ihr selbst entscheiden. Aber bereits dann, wenn ihr auf diese verschiedenen Arten und Weisen denkt, eher etwas skeptisch oder einfach nur auf freudiger Erwartung basierend, fördert das doch in euch eine gewisse Gemütslage. Ist es nicht erheblich schöner, in euch eine spezielle, eine positive, aufbauende, freudvolle Gemütsverfassung vorzufinden und diese dann leben zu können? Eine solche Einstellung zieht sich durch euer gesamtes Leben.

Vergesst nicht, wenn ihr morgens mit einer aufbauenden Grundstimmung aufwacht, kann das nicht nur den angebrochenen Tag, sondern auch euer gesamtes Leben beeinflussen.

Wir möchten das anhand des folgenden Beispiels erläutern:

Ihr verlasst freudig euer Haus, beginnt eure alltägliche Arbeit und startet bereits am Morgen mit positiven Erwartungen.

Diese Energien und Gedanken entsendet ihr in die Welt. Damit beeinflusst ihr nicht nur euch, sondern es hat ebenfalls Auswirkung auf eure Umgebung.

Selbst wenn ihr nicht unbedingt lächelnd durch die Straßen spaziert, allein durch die Tatsache, dass ihr euch dazu entschieden habt, freudig und erwartungsfroh zu sein, entsendet ihr bestimmte, nämlich aufbauende, lebensbejahende Energien. Diese können und werden von euren Mitmenschen wahrgenommen werden und stoßen anschließend mit Energien von anderen zusammen. Wenn auch diese sich in ähnlicher oder gleicher Erwartungshaltung befinden, ist das umso wünschenswerter. Dann vervielfacht sich das Ganze. Treffen diese ausgesandten Energien auf Menschen, die vielleicht etwas mürrisch durchs Leben schreiten, obliegt euch die Möglichkeit, schlicht und ergreifend durch euer Handeln und Sein diese positiv zu beeinflussen.

Stellt es euch wie eine Kettenreaktion vor, die ihr auslösen könnt. Ist das nicht etwas äußerst Wundervolles?

Allein der Gedanke:

„Ich freue mich auf den heutigen Tag“,

genügt, um euren gesamten Tag verheißungsvoll verlaufen zu lassen.

Wir möchten es anhand eines weiteren Beispiels aufzeigen:

Ein Kollege oder eine Kollegin sucht euch auf und überbringt euch eine unerfreuliche Nachricht:

„Heute müssen Sie eine Stunde länger im Büro arbeiten."

Was entgegnet ihr in diesem Moment?

„Das ist in Ordnung, denn ich bin heute zuversichtlich und gut gelaunt. Und die eine Überstunde, die ich heute zusätzlich leisten muss, nehme ich als Erfahrung mit, die ich hier sammeln darf. Dann freue ich mich umso mehr auf meinen wohlverdienten Feierabend."

Ist das nicht viel befreiender, als mürrisch zu erklären:

„Oh nein. Jetzt muss ich schon wieder eine Stunde länger arbeiten."

Mit der letztgenannten Einstellung geht euch die Arbeit viel schwerer von der Hand, als wenn ihr euch den Herausforderungen entspannt stellt und sie akzeptiert.

Ihr geliebten Kinder, seid euch klar ob all der Angelegenheiten, die ihr entscheiden mögt.

Jeder Entschluss, den ihr trefft, hat eine Auswirkung auf euch und andere und vermag viel Positives sowie Negatives zu bewirken.

Oft sind es gerade die scheinbar unbedeutenden Entscheidungen, die euer oder das Leben anderer beeinflussen können. Nicht immer liegt euch das klar vor Augen. Aber gerade deswegen ist es immens wichtig, dies genauer zu erläutern.

Ihr verfahrt teilweise sehr unbewusst mit euren Entscheidungen und trefft sie, ohne über die Konsequenzen nachzudenken. Ihr erklärt euch bereit, für jemand anderen etwas zu erledigen, ohne darüber nachzusinnen, warum ihr dem zustimmt. Ihr helft einem Menschen, weil er euch doch so lieb darum bittet und hilfsbedürftig erscheint. Aber im Grunde genommen geht es darum, sich die Frage zu stellen:

„Möchte ich der Bitte tatsächlich nachkommen? Habe ich nichts anderes zu erledigen?"

Wenn ihr darüber nachdenkt und erkennt:

„Aufgrund meines Herzensgefühls möchte ich diese Hilfe jetzt nicht gewähren, denn der Bittende hat selbst Eigenverantwortung zu übernehmen“,

dann seid ihr meisterhaft für euch eingestanden und dieser Verantwortung nachgekommen. Gleichzeitig habt ihr dem anderen geholfen, da ihr ihn in die seine gestellt habt.

Wichtig ist weniger, ob ihr diesem Menschen helft oder nicht. Es ist von Bedeutung, euch bewusst zu werden, aus welchem Beweggrund heraus ihr handelt. Entsprecht ihr absichtlich der Bitte, weil sich das für euch stimmig anfühlt, oder handelt ihr unbewusst, weil ihr eben nicht darüber nachgedacht habt?

Das möchte von euch noch intensiver geprüft und gelebt werden.

Je überzeugter ihr eure Entscheidungen in Angriff nehmen wollt und trefft, desto leichter und einfacher werden sie euch in der Zukunft fallen. Dann müsst ihr nicht mehr so nachdrücklich darüber nachdenken, was sich für euch stimmig anfühlt oder nicht. Zu einem späteren Zeitpunkt werdet ihr eure Wahl ganz locker und lässig aus dem Bauch heraus treffen und wissen:

„Ich habe mich richtig entschieden. Das ist mein Lebensweg, der für mich angedacht ist.“

Als Konsequenz folgt daraus, dass ihr euer Leben leichter werdet gestalten können.

Oft werdet ihr früher gefasste Entschlüsse nicht mehr auf die gleiche Art und Weise treffen. Das wird bedeuten, gewisse Lernsituationen, die möglicherweise etwas schwierig gewesen wären, müssen nicht mehr durchlaufen werden.

Ist das nicht etwas Wundervolles, ihr geliebten Kinder des Lichts und der Liebe?

Es ist von besonderer Wichtigkeit, sich aus sich selbst heraus bewusst zu werden:

„Was möchte ich in die Handlung führen und warum?“

Ein eindeutiges Verhalten, eine vollkommen klare Struktur möchte gelebt werden in dem Wissen, dass jede Entscheidung, die ihr trefft, eine bestimmte Konsequenz nach sich zieht.

Aber fürchtet euch niemals, eine falsche Wahl zu treffen oder eine, derer ihr euch nicht bewusst seid. Das ist nicht tragisch. Erkennt das als eine wundervolle Möglichkeit an, euch zu entwickeln. Denn auch dadurch könnt ihr lernen und bei nächster Gelegenheit eröffnen:

„Das kenne ich. Letztes Mal habe ich kaum darüber nachgedacht, aber jetzt handle ich anders.“

Dann seid stolz darauf, das erkannt zu haben und ihr tatsächlich verändert und eure Verantwortung übernommen habt. Das ist außerordentlich wichtig.

Vergegenwärtigt euch, dass alles vermittelte und euch angeeignete Wissen eine große Verantwortung mit sich bringt. Damit seid ihr erneut gefragt, dieser nachzukommen.

Wir können sie euch nicht abnehmen, aber dabei helfen, sie etwas leichter zu tragen, was wir sehr gerne für euch übernehmen möchten. Aber letzten Endes seid ihr immer selbst gefragt, was und wie ihr vorgehen und, vor allem, was ihr denken möchtet.

Jeder Gedanke, den ihr hegt, beinhaltet eine große Verantwortung. Denn wisst, auch Gedanken sind Energiestrukturen, die sich auf eurem Heimatplaneten manifestieren.

Ihr geliebten Kinder des Lichts und der Liebe, seid euch dessen bewusst und denkt darüber nach, was das für euch und insbesondere für eure Gedankenstrukturen bedeutet.

Der innere Ruf

Was ist eure Aufgabe in eurem Leben und auf dieser Erde? Warum habt ihr euch dazu entschieden, auf diesem Planeten zu inkarnieren?

Glaubt daran, ihr geliebten Kinder, dass für jeden von euch eine wichtige Aufgabe vorgesehen ist, die er angehen und erfüllen soll. Der eine oder andere von euch kennt und lebt sie bereits. Ein anderer erkennt sie vielleicht noch nicht und hat sie bisher nicht wahrgenommen, weil die Zeit dafür noch nicht reif ist oder seine innere Stimme ihm bisher etwas zu leise zugeflüstert hat:

„Schau hin. Beschreite doch einmal mutig diesen Weg. Triff dich mit dieser Person und mit jenem Menschen. Und dann lass dich von deinem Herzen und auch von den Engeln führen, die dich gerne leiten und dir den Weg aufzeigen möchten."

Oft sind es Angst und Zweifel, die euch zögern lassen, den einen oder anderen Schritt furchtlos in eurem Leben voranzuschreiten, um dann einen großen Erfolg erzielen zu können.

Diese möchten von euch fortan beständig überwunden werden. Vielleicht fragt ihr jetzt:

„Wie kann ich das umsetzen?"

Die Antwort ist recht einfach:

Bezwingt eure Angst und führt genau das in die Handlung, wovor ihr euch so sehr fürchtet. Stellt eure Zweifel beiseite, hört auf eure innere Stimme und erklärt:

„Ich habe jetzt einen Ruf vernommen, aber ich bin mir nicht sicher, ob ich ihm folgen soll. Der Verstand rät mir, einen anderen Weg zu wählen und eine andere Handlung vorzunehmen, aber genau aus diesem Grund folge ich meiner inneren Stimme, denn er hat scheinbar von meinem inneren Bedürfnis keinerlei Kenntnis."

Es ist euer Herzenswunsch, dem ihr fortwährend folgen solltet. Hört auf euren inneren Ruf, ihr geliebten Kinder!

Ihr alle werdet tagtäglich von eurer Seele, euren Geistführern, teilweise von euren Schutzengeln oder auch von Gott, dem Großen Vater, gerufen.

Hört auf diese Rufe!

Manches Mal ist dieser Ruf etwas größer, hin und wieder etwas kleiner.

Ein „kleiner" Ruf könnte vielleicht bedeuten, dass ihr aufgefordert seid, einen Spaziergang zu unternehmen. Und wenn ihr an die frische Luft geht, werdet ihr eventuell einen Menschen grüßen, der in intensiven Gedankenkreisen verfangen und nicht in der Lage ist, sich selbst daraus zu befreien. Einen solchen Gruß wird er dann benötigt haben, um wieder in seinen inneren Herzensfrieden zu finden. Wenn ihr eurem „kleinen" Ruf dann gefolgt seid, einen Spaziergang unternommen habt und diesem Menschen begegnet seid, ihn anlächelt und freundlich gegrüßt habt, war das eine wundervolle Gelegenheit, ihn von seinen grübelnden Gedanken abzulenken.

Dann können wir, die Geistige Welt, erneut mit diesem Menschen arbeiten, ihm freudvolle Gedanken in sein Herz legen und ihn in die Freude, in das Licht und in die Liebe führen. Das sind die „kleineren" Rufe.

Die „größeren" Rufe hingegen sind oft diejenigen, die ihr verhaltener wahrnehmt oder die ihr zwar erkennt, aber aus eurer Angst oder teilweise aus mangelndem Selbstwertgefühl heraus nicht bereit seid, ihnen zu folgen. Denkt einmal darüber nach.

Mancher von euch ist bereits gerufen worden oder wird noch gerufen werden von Gott, dem Großen Vater, um eine neue Aufgabe zu beginnen und andere Wege zu beschreiten.

Gleichgültig, ob es sich um größere oder kleinere Rufe handelt, lasst euch führen! Es kann und wird euch hierbei nichts Negatives widerfahren. Es wird euch an nichts mangeln, denn wenn ER ruft, wenn SEIN Ruf erschallt, dann trägt ER euch auch auf SEINEN Händen. Dann hält ER euch an der Hand. ER gibt euch den Schutz, den ihr benötigt, um diesen Weg zu gehen. Und dann sollte euch nichts und niemand mehr aufhalten, diesem auch wahrhaftig zu folgen.

Was kann euch denn zustoßen, wenn ER ruft und ihr dieser Aufforderung mit eurem Herzen folgt, weil es euch zuflüstert und auch ihr erklärt:

„Ich bin bereit, diesem Ruf zu folgen. Ich bin mutig. Ich lasse mich darauf ein"?

Das ist der für euch angedachte und vorgesehene Weg, der euch in die Leichtigkeit, in die Freude und in glückliche Momente führen wird und den ihr euch selbst vor dieser Inkarnation ausgewählt habt.

Nicht immer bedeutet das, dass dieser Pfad, den ihr dann entlangschreiten werdet, ein leichter sein wird. Das hängt damit zusammen, dass ihr noch zu wachsen habt und sich eure Seele besondere Wachstumsmöglichkeiten erwählt hat. Ihr habt demnach ausgewählte Hindernisse zu überwinden, um daran zu wachsen, euch zu entwickeln und zu reifen.

Aber wisst auch, bei allem, was euch begegnet, werdet ihr stets unterstützt: Durch die Hilfe von Gott, dem Großen Vater, von geistigen Wesenheiten und von Menschen, die euch an die Seite gestellt werden oder euch bereits unterstützend begleiten. Dabei handelt es sich um Personen, denen ihr vertraut, die ihr liebt, denen ihr teilweise noch nicht begegnet seid, die ihr aber noch kennenlernen werdet. Daher bemüht euch, diese Rufe, die wir euch zukommen lassen, wahrzunehmen.

Wie könnt ihr das in Angriff nehmen?

Hört permanent auf euer Herzensgefühl.

Das beginnt im Kleinen, bei alltäglichen Gelegenheiten. Vielleicht überlegt ihr euch des Morgens, wenn ihr aufwacht, Folgendes:

„Was möchte ich jetzt in die Wege leiten? Beginne ich den Tag mit einem Frühstück, dusche ich zuerst oder ziehe ich mich zunächst an und schüttele das Bett auf, oder wecke ich meine Liebste/meinen Liebsten mit einem Kuss?"

In solchen Details sind bereits die ersten Handlungen eures Tagesgeschehens inbegriffen, die ihr bewusst aus eurem Herzen heraus treffen solltet.

Das ist eine weitere Möglichkeit, um „große" Rufe zu vernehmen. Durchlebt derart jeden eurer Tage, von morgens bis abends.

Überlegt bei euren Handlungen:

„Erledige ich das jetzt aus einem Pflichtgefühl heraus",

auch das ist manchmal so vorzunehmen, das wissen wir,

„oder führe ich das jetzt aus, weil es mir mein Herz rät und ich damit Freude verbinde?"

Überdenkt all das grundsätzlich, wenn ihr in Aktion tretet, oder eben auch nicht, wenn ihr etwas mitteilt oder schweigt.

Alle diese „Kleinigkeiten" werden sich dauerhaft in eurem Herzen ausdehnen und manifestieren, damit ihr zunehmend klarer erkennt, welcher euer Weg ist.

Beginnt mit den Nebensächlichkeiten des täglichen Lebens. Dann sollte euch der „große" Ruf nachdrücklicher und immer leichter erreichen können.

Zweifel loslassen

Wie könnt ihr eure Zweifel loslassen? Das geschieht, indem ihr ausdrückt:

„Ich benötige diese Unsicherheiten nicht. Es sind wieder der Verstand und meine Ängste, die mich von meinem Weg abbringen wollen. Aber Gott, der Große Vater, ist an meiner Seite. Und wenn ER stets bei mir ist, dann benötige ich diese Zweifel nicht."

Vertrauen ist wichtig, dass euer Weg, dem ihr folgt, gleichgültig, wie dieser verlaufen wird, von Gott, dem Großen Vater, in Absprache mit eurer Seele geplant ist. Dieses möchte noch ausgiebiger durch euch gelebt werden. Und wenn ER doch alles Wichtige für euch im Voraus festgelegt hat, weshalb sollten dann Zweifel aufkommen? Sind diese überhaupt sinnvoll?

Euer Augenmerk sollte nicht auf die Aussage gerichtet sein:

„Ich schiebe jetzt alle meine Vorbehalte beiseite",

was nicht allzu leicht sein wird. Aber vordringlicher ist, beständig, Stück für Stück, Tag für Tag zu üben und vorzubringen:

„Ach, schon wieder zeigen sich meine Bedenken. Aber dennoch bin ich bereit, meinem göttlichen, vorgezeichneten Weg zu folgen. Gott, der Große Vater, hat ihn zusammen mit mir geplant. Und ich breche einfach auf, auch wenn ich nicht weiß, wie er sich entwickeln wird. Ich starte in meinen Tag und setze das um, was mir Freude bereitet, darüber hinaus komme ich meinen Pflichten nach, so weit ich diese eben auszuführen habe und nicht vernachlässigen kann. Ich bin neugierig darauf, was mir dieser Tag bescheren wird und was Gott, der Große Vater, für mich angedacht hat."

Wie lebt ihr Vertrauen? Wir könnten jetzt antworten: Indem ihr es tut. Auch das möchte erlernt werden. Betrachtet das als Aufgabe. Geht zum Beispiel folgendermaßen vor:

Setzt euch des Morgens oder des Abends bequem hin, begebt euch in die Meditation beziehungsweise in die Anbindung und nehmt mit eurem Geistführer Kontakt auf. Bittet ihn, er möge euch hierbei unterstützen, und tretet anschließend mit ihm in ein Zwiegespräch ein.

Wir möchten euch darum nahelegen, eurem Geistführers alles, worrum ihr euch sorgt, in Gedanken zu formulieren oder mittels eines Gefühls zu berichten und alles in seine Hände zu legen und abzugeben. Ihr könnt ebenso einen anderen Engel um dessen Mithilfe bitten oder euren Kummer direkt Gott, den Großen Vater, anvertrauen und ihn IHM überlassen.

Sprecht das gerne laut aus. Das wird euch helfen, selbst wenn diese Vorgehensweise zunächst befremdlich wirken mag und ihr sie erstmalig auf diese Weise ausführt. Dann drückt aus:

„Ich lasse alle meine Sorgen los, denn Gott, der Große Vater, kümmert sich um SEINE Kinder. Es gibt nichts, worüber ich mich ängstigen müsste. Für alle SEINE Kinder, und damit auch für mich, ist der Weg bereits vorbestimmt. Für uns wird gesorgt, denn ER liebt alle SEINE Söhne und Töchter."

Nehmt euch das zu Herzen und lasst euch hierbei noch das ein oder andere Mal führen. Lasst gegebenenfalls euren Tränen freien Lauf, sofern sie fließen möchten, und euch dann von euren Engeln mit reichlich Gold durchfluten, das gemischt ist mit Rosa und Grün, und sie diese Prozesse an euch vornehmen. Handelt dementsprechend jeden Tag.

Das sollte euch dabei helfen, euch von euren Zweifeln zu lösen und in euer Vertrauen zu finden.

Es rührt uns sehr, ihr geliebten Gotteskinder, mit welch offenem Herzen ihr unsere Worte lest und mit welch großer Zuversicht ihr diese Informationen der Geistigen Welt vernehmt.

Und es freut uns außerordentlich, wie sehr ihr diese Worte und diese Hilfestellung annehmt, die wir euch übermitteln dürfen.

Wir sind zutiefst ergriffen, dass wir euch diese Werkzeuge und Unterstützung zur Verfügung stellen dürfen. Denn es ist stets eine sehr spezielle Zeremonie, dieses so zu erleben, euch Hilfe zu sein und euch Informationen an die Hand zu geben, damit ihr wieder ein wenig an euren eigenen Aufgaben wachsen könnt. Das bereitet uns sehr große Freude.

Nehmt in der nächsten Zeit erneut mit eurem Herzen Verbindung auf. Wägt ab. Prüft alles, was euch begegnet. Überdenkt auch vergangene Begebenheiten:

„Wie habe ich mich verhalten? Hätte ich vielleicht umsichtiger zur Tat schreiten können, weil mir mein Herz etwas anderes zugeflüstert hat?“

Versetzt euch nochmals in diese Erfahrungen hinein. Beachtet, es ist und war niemals Sinn oder Zweck, diese vergangenen Begebenheiten zu bewerten oder zu beurteilen. Das steht euch nicht zu und ist auch nicht notwendig.

Von Belang ist lediglich, dass ihr es euch abermals betrachtet, um daraus Erkenntnisse zu gewinnen, durch die ihr demzufolge in zukünftigen Situationen wachsen könnt:

„Ach, ich habe schon einmal in ähnlicher Weise reagiert. Damals habe ich mich mit dieser Entscheidung nicht wohlgefühlt. Jetzt verändere ich und handle anders.“

Das möchten wir euch noch einmal ans Herz legen.

☆☆☆

Erleuchtung

Habt ihr schon einmal darüber nachgedacht, was Erleuchtung nicht nur in all ihren Tiefen bedeutet, sondern auch, wie es sich auf euch auswirkt, welche Konsequenz sie für euch, aber ebenso, und das unterschätzt bitte nicht, für eure Umwelt nach sich zieht?

Was ist unter Erleuchtung zu verstehen?

Erleuchtung hat mehrere Bedeutungen. Zum einen wird damit zum Ausdruck gebracht, dass ihr euch bereit erklärt habt, euch mit euren Themen auseinanderzusetzen. Ihr wart willens zu erkennen, dass ihr bestimmte Lernthemen in dieses Leben mitgebracht und von denen ihr euch gewünscht habt, diese zu bearbeiten und zu bewältigen. Das bedeutet niemals, dass ihr dieses Lernfeld zwangsweise zu einem vollendeten Abschluss bringen müsst. Nein, das ist damit nicht gemeint. Eure Übungsaufgabe, gleichgültig, ob es sich um eine einzige oder um mehrere handelt, habt ihr euch ausgewählt, um damit konform zu gehen und euch diesen Herausforderungen zu stellen.

Folglich erkennt ihr:

„Mit dem ein oder anderen, das mir aufgezeigt wird und das ich zu bearbeiten habe, habe ich ein Problem und muss mich demzufolge damit beschäftigen."

Das möchten wir euch anhand eines Beispiels näher erläutern:

„Mir gefällt es nicht, wenn mir meine Nachbarin erklärt, dass ich faul bin. Mir behagt vielleicht auch nicht, wenn ich erkenne, ich bin wieder einmal meiner Arbeit nicht ausreichend nachgekommen, habe nicht genügend Einsatz gebracht, oder ich empfinde Unbehagen, sobald ich morgens abermals fünf

Minuten länger in meinem Bett liegengeblieben bin. Das darf ich nicht. Das ärgert mich."

Alle diese Aufgabenstellungen – und es mögen Beispielsthemen sein, damit ihr unseren Worten besser Folge leisten könnt – habt ihr euch ausgewählt, um sie zu be- und verarbeiten.

Zunächst gilt es zu begreifen, dass ihr zu diesen Punkten eine gewisse Resonanz lebt und euch damit auseinanderzusetzen habt. Es ist wichtig zu verstehen:

„Ich ärgere mich gerade darüber. Es ist mir nicht förderlich. Meine Gedanken sind mir nicht zuträglich. Sie verändern und stoßen in mir etwas an, das sich für mich nicht positiv anfühlt, mich in die Unausgeglichenheit führt, aber ebenso in die Emotion. Das sollte ich ändern. Es würde mir von Nutzen sein."

Wie ist vorzugehen?

Nach dem Erkennen ist es wichtig, absichtlich das Gedankenkreisen zu beenden und sich zu überlegen:

„Möchte ich das genauso erleben, jetzt wütend werden, in Rage geraten oder mich ärgern?"

Wenn ihr begriffen habt:

„Nein, das ist nicht mein Wunsch",

ist es sinnvoll zu akzeptieren und zu bekunden:

„Nun gut, wieder einmal habe ich fünf Minuten länger geschlafen. Aber was soll daraus Negatives erwachsen? Ist das wirklich so tragisch? Die verlorene Zeit kann ich doch nachholen, vor allem aber habe ich mir diese paar Minuten gegönnt. Ich war gut zu mir und habe einen meiner Wünsche ausgelebt. Und es war mir zuträglich."

Ihr geliebten Kinder, ärgert euch nicht, sondern lobt euch dafür, dass ihr euch etwas Gutes getan habt.

Lasst uns noch einmal das vorherige Beispiel aufgreifen, in dem der Nachbar der Meinung ist, ihr wärt faul.

Bedenkt hierbei Folgendes:

„Er weiß und erkennt nicht, was ich heute alles geleistet und wie viel ich bereits an Hausarbeit erledigt habe. Und nur deswegen denkt er, dass ich faul wäre. Im Grunde genommen ist er auf mich neidisch, weil er weiß, dass er selbst noch einiges bei sich zu Hause bewerkstelligen muss, das er vor sich herschiebt. Er wälzt seine Verantwortung auf mich ab. Es ist nicht notwendig, mich darüber zu ärgern, sondern ich kann mich darüber freuen, weil ich dazu beigetragen habe, ihm etwas aufzuzeigen, an dem er wachsen und verändern kann.“

Ist das nicht etwas äußerst Wundervolles?

Wenn ihr bemerkt, dass seine Anschuldigungen euch nicht zuträglich sind, beginnt euren Nachbarn mit Licht zu fluten, ihn zu segnen und ihm dafür zu danken, dass er bereit war, wenn auch nur ansatzweise, sein eigenes Thema zu betrachten, selbst wenn er es nicht immer zu erkennen vermag.

Anschließend baut um euch oder um ihn eine goldene Schutzkugel auf, was dazu führen wird, dass seine Emotionen, die er euch eventuell entgegenschleudert, zu ihm zurückkehren.

Habt ihr euch derart verhalten, befindet ihr euch auf dem besten Weg, eure Übungs- und Lernthemen anzunehmen. Das vermag und muss auch nicht durchgängig funktionieren. Aber es ist ein sehr guter Ansatz, um euch mit euren eigenen Problemen zu befassen, um positiv zu verändern und nach und nach dieses Lernfeld sozusagen zu bearbeiten und zu erlösen.

Handelt ihr derart, ist das der erste Schritt in eure Erleuchtung, denn ihr erleuchtet euren eigenen Weg und seid bereit, eure Lernthemen zu erkennen, zu akzeptieren und damit zu verändern, soweit euch es möglich ist.

Folglich arbeitet ihr wieder etwas von eurer Aufgabenliste ab, gleichzeitig erleuchtet ihr eure zu behandelnden Aspekte und eure Lebensaufgaben und lichtet zunehmend euer scheinbares Dunkel. Das zum einen.

Darüber hinaus wird durch die Erleuchtung euer Energiekleid erstrahlen.

Jedes Mal, wenn ihr bereit seid, einen Lernaspekt zu bearbeiten oder etwas, eine tiefe Weisheit oder eine Information, zu erkennen oder wieder in euch zu integrieren, weil ihr euch beispielsweise an eine Weisheit erinnert habt, bedeutet das, dass ihr wiederholt euer Lichtkleid noch etwas ausgiebiger ausdehnt, erweitert und um eine Information anreichert. Auch das ist mit dem Weg der Erleuchtung verbunden.

Ihr geliebten Kinder, ihr müsst nicht glauben, euch Erleuchtung verdienen zu müssen. Die Erleuchtung, von der wir sprechen, geschieht teilweise automatisch.

Jeden Tag, an dem ihr willens seid, euch eurem Leben und euren Themen zu stellen oder eine Entscheidung aus dem Herzen heraus getroffen habt oder – auch das möchten wir euch mitteilen – aus dem Verstand heraus, habt ihr eure Bereitschaft gelebt, etwas für euch und eure Erleuchtung in Bewegung zu setzen.

Erleuchtet euch nicht in gewissem Sinne ebenfalls eine vermeintlich falsche Wahl, die euren Gedanken entsprungen ist? Lasst euch das einmal durch den Kopf gehen.

Was geschieht in dem Moment, in dem ihr diesen Entschluss rational getroffen habt und im Nachhinein feststellt, dass er eventuell nicht sinnvoll war? Dann begreift ihr, dass ihr bei nächster Gelegenheit nicht mehr so verfahren werdet. Es hat euch wieder ein Stück näher zu Gott geführt.

Daher seid stolz, dass ihr alle diese Begebenheiten immer klarer erfassen und begreifen könnt. Auch das stellt einen höheren Sinn und Zweck jenes besonderen Themas dar, das wir euch näherbringen möchten.

Weiterhin ist darunter zu verstehen, dass ihr zunehmend euer Einverständnis lebt, euren eigenen Weg zu beschreiten und euch nicht länger von anderen manipulieren und beeinflussen zu lassen.

Erleuchtung schließt zudem ein, eurem eigenen Herzen zu folgen, nicht auf die Ratschläge und Empfehlungen anderer zu hören oder diese umzusetzen, sondern euch in die Kontemplation, das Gebet, die Meditation zu versenken, in euch hineinzuhören und dann klarzustellen:

„Egal, was mir andere berichtet haben und mir mein Verstand einreden möchte, mein Herz und mein Bauchgefühl lassen mich wissen, ich soll jetzt dieses Gespräch beginnen, auf diesen Menschen zugehen und ihn ansprechen."

Wenn ihr euren inneren Impulsen derart Folge leistet, seid ihr einen weiteren Schritt auf dem Weg zur Erleuchtung vorangekommen.

Erleuchtung bedeutet niemals, dass ihr jetzt ein großes Wissen erhalten werdet im Sinne von „ich werde wie Buddha" oder „ich erhalte ein besonders außergewöhnliches Wissen" oder „ich steige in meinem Bewusstsein auf". Natürlich gehört das ebenfalls zum Erleuchtet-Sein dazu.

Wisst, sie findet ebenso durch eure kleinen, täglichen Schritte statt. Unterschätzt das nie wieder!

Sooft ihr bereit seid, euch dem Licht und der Liebe zu öffnen, zu beten, kann euch das ebenfalls in die Erleuchtung führen.

Wie oft habt ihr in der Vergangenheit Situationen durchlebt, in denen ihr nicht weiter wusstet, und in einem kurzen Moment erschien euch die sogenannte Erleuchtung – ein Gedankenblitz oder die Lösung eines langjährigen Problems, das euch begreifen ließ:

„Jetzt weiß ich endlich, was ich zu tun habe."

Auch das zählt dazu.

Um in die umfassende, göttliche Erkenntnis zu finden, stehen euch unzählig verschiedene Wege zur Verfügung.

Seid ihr bestrebt, unentwegt an euch, an euer Höheres Selbst und an eure geistige Führerschaft zu glauben, aber natürlich ebenso Gott, dem Großen Vater, zu vertrauen und ihm Glauben zu schenken, befindet ihr euch auf dem allerbesten Weg, kontinuierlich in eure Erleuchtung geführt zu werden.

Sofern ihr noch entschiedener bemüht seid, diese göttlichen Wege tatsächlich zu beschreiten, wird euch Erleuchtung zwangsweise Stück für Stück zuteilwerden, und ihr werdet weder sehr viel in Bewegung setzen, noch Unzähliges über Erleuchtete und anderes lesen müssen. Nein! Ihr werdet selbst zu solchen Meistern.

In dem Maße, in dem ihr euch fortwährend diesem Weg hingebt, werdet ihr diese Erleuchtung mehr und mehr ausleben, ohne euch dessen gewahr zu sein. Das bewerkstelligt ihr insbesondere durch folgende Gedanken:

„Ich lache darüber, denn ich weiß, es hat seinen Sinn, und es sind wieder einmal die Lebensfreude raubende Energien, die mich in die Emotion führen, oder es handelt sich wiederholt um ein Thema, das mir aufgezeigt werden soll. Ich kann darüber lachen, auch das geht vorüber, und es stehen alle meine Engel und geistigen Führer an meiner Seite, die mich jetzt wieder in die Freude und in die Leichtigkeit führen werden, sofern ich es zulasse."

Es stellt einen weiteren Aspekt der Erleuchtung dar, wenn ihr ausdrückt:

„Ich bin nicht bereit, mich in Emotionen zu verfangen. Ich möchte die Freude leben."

In diesem Moment hebt ihr eure Schwingungen an, führt sie erneut ins Licht und erleuchtet euch selbst. Das ist unmittelbar mit diesem Weg verknüpft.

Natürlich bedeutet es auch, dass ihr etwas Tiefgreifendes erkannt und eine Wandlung vollzogen habt.

Sie impliziert überdies, dass ihr gewisse Situationen durchlebt, die ihr selbst nicht steuern könnt. Damit habt ihr abermals einen Bewusstseinssprung erfahren, einen Bewusstseinswerdungsprozess, den ihr habt durchlaufen müssen, den ihr nicht steuern könnt und in den ihr kurzerhand von der Geistigen Welt hineingeworfen und hindurchgeführt werdet. Das wird teilweise ohne euer Wissen vorgenommen, was nichts anderes zum Ausdruck bringen möchte, als dass eure Seele um ihr Einverständnis gebeten worden ist.

Oft bedingen das jene Phasen, in denen ihr euch allein, einsam oder traurig fühlt, nicht mehr wisst, ob ihr „Männlein" oder „Weiblein" seid, eventuell das Gefühl habt, euch würde der Boden unter euren Füßen weggezogen.

Hierbei handelt es sich lediglich um Prozesse, die euch in die Erleuchtung führen.

Was geschieht in diesen Momenten?

Ihr werdet kurzzeitig von eurem Vertrauen getrennt, um es neu zu konzipieren, zu stärken und zu kräftigen. Anschließend kann euch ein vollkommen neues geschenkt werden, sozusagen ein neues Band der Liebe. Dieses ist extrem stärker als das alte.

Sicherlich könnt ihr euch fragen:

„Was ist denn am bisherigen dermaßen falsch, dass es vollständig aus mir gelöst wird? Warum kann ich es nicht behalten und zusätzlich kräftigen?"

Natürlich wäre das möglich. Aber macht es Sinn, ein altes Band beizubehalten, wenn es in der Innenstruktur bereits zerbrechlich ist, weil die Schwingungen nicht mehr mit euren derzeitigen übereinstimmen?

Ihr seid so kräftig an euren Themen gewachsen, dass es notwendig oder sinnvoller ist, dieses alte Band zu entfernen, um es durch ein neues, kräftiges, strahlendes zu ersetzen.

Auch dessen vergegenwärtigt euch, ihr geliebten Kinder des Lichts und der Liebe, und zwar insbesondere dann, wenn ihr euch unwohl fühlt und das Empfinden habt, vollkommen abgeschirmt und abgeschottet zu sein von allem anderen.

Verdeutlicht euch, dass es sich hierbei um Prozesse handelt, die euch in eure Freude und Leichtigkeit führen, aber auch in die Kraft, und dass ihr niemals alleine seid. Wir stehen immer an eurer Seite. Diese Prozesse sind notwendig, um die Bewusstseinsanhebung zu vereinfachen und euch noch mehr auf eure Wege vorbereiten zu können.

Das ist für euch möglicherweise hin und wieder schwer vorstellbar, aber so ist es. Und alle eure Schritte, die ihr jeden Tag in Angriff nehmt, führen euch eurem Lebensziel, der Erleuchtung, aber auch der Göttlichkeit stetig näher.

Diese Göttlichkeit möge nun fortwährend durch euch gelebt werden. Seid mutig! Habt Vertrauen in euch, aber auch in Gott, den Großen Vater! Traut euch, gerade das auszusprechen, bei dem ihr überlegt:

„Soll ich das so ausdrücken oder nicht?“

Was habt ihr zu verlieren? Im Grunde genommen doch nichts. Niemals mehr wird euch nach dem Leben getrachtet werden. Sicherlich, vielleicht wird euch eine Abfuhr erteilt oder ein abweisendes Wort gesprochen. Aber erkennt darin das große Wachstumspotenzial für euch, da ihr lernen könnt, in der

Ruhe und in der Mitte zu bleiben und euch gleichzeitig zusprechen zu können:

„Jetzt war ich aber mutig! Ich habe es ausgesprochen und lebe noch. Und die Geistige Welt freut sich mit mir. Ja, sie führt regelrecht Freudentänze auf, weil ich bereit war, dieses beherzt zu erklären."

Aber auch für den anderen stellt das ein Lernthema und Übungsfeld dar, denn er kann lernen, nicht so vorschnell über das, was ihr gesprochen habt, zu urteilen. Vergesst das bitte nie wieder! Denn ihr könnt niemals ermessen, ob diese Situation nicht einen großen Stein in dessen Leben ins Rollen bringen wird, der ihn noch in einen gewaltigen, positiven Umwandlungsprozess führen wird. Möglicherweise wird er gerade diese Gegebenheiten benötigt haben, um ein heftiges Ärgernis zu erfahren, was ihm aber letzten Endes dabei helfen wird, sein Leben endlich in die positive Veränderung zu führen.

Wir möchten euch ermuntern, immer mutiger zu werden. Wir können es oft nicht für euch übernehmen und lediglich versuchen, euch zu erreichen, damit ihr Gottes Worte fortwährend sprecht.

Und ihr seid wahrhaftig so göttlich! Ihr könnt gar nicht ermessen, wie viel Hilfe ihr bereits auf diesem Planeten geleistet habt, nicht nur durch eure übermittelten Worte, sondern auch durch eure Handlungen, Gedanken, Gebete und Meditationen. Das wird euch letztendlich wieder dazu verhelfen, nicht nur euch, sondern den Rest der Welt in die Erleuchtung zu führen.

Das ist die andere Seite der Medaille.

In dem Maße, in dem ihr bereit seid, euren eigenen Wegen zu folgen, mutig und wahrhaftig zu sein, beständig das auszusprechen, was eure innere Wahrheit ist, könnt ihr den Verlauf des Weltgeschehens verändern und dazu beitragen, diesen Planeten und andere Menschen in die Erleuchtung zu geleiten.

Das hat zudem ausnahmslos den Sinn und Zweck, dem anderen ein Thema aufzuzeigen, das er erst mittels eurer Hilfe erkennen kann, weil er zu diesem Zeitpunkt bereit ist, vielleicht etwas zu verändern.

Sobald ihr willens seid, mutig zu sein, etwas mitzuteilen, was euch auf dem Herzen liegt, könnt ihr bei eurem Gegenüber in dessen Herz etwas anregen und das Große Ganze in die Wahrheit, in die Erleuchtung führen und Licht ins Dunkel bringen. Auch das ist hierunter zu verstehen.

Unterschätzt also nie wieder, was sich aus euch heraus an Informationen bahnbrechen möchte, an einem liebevoll und genauso an einem etwas liebloseren gesprochenen Wort, denn häufig benötigt es das Donnerwetter, um eine Klärung herbeiführen zu können.

Seid euch niemals böse, wenn euch einmal ein scheinbar abfälliges Wort entschlüpft ist. Selbst wenn euer Wort ein wenig zu heftig gewesen ist, bleibt euch immer noch die Möglichkeit, euch dafür zu entschuldigen, in die Demut zu gehen und zu erkennen:

„Ich habe vielleicht ein wenig zu temperamentvoll reagiert. Kannst du mir das noch einmal verzeihen?"

Das sind ganz wundervolle Worte, denn dem anderen zeigt ihr damit auf:

„Ich bin bereit, meinen Fehler, meinen Irrtum anzuerkennen und bitte dich um dein Verzeihen. Ich bitte dich, mich dennoch zu mögen und wahrzunehmen, dass ich es erkannt habe."

Das wiederum vermag das Herz des anderen so sehr zu öffnen und zu erweichen, dass wir, die Geistige Welt, wiederum die Möglichkeit haben, an diesem Menschen zu arbeiten.

Klopft euch auf die Schulter, wenn ihr abermals zu impulsiv reagiert oder vielleicht nicht umfassend gehandelt habt. Das ist eine wundervolle Lernmöglichkeit für euch und den anderen.

☆☆☆

Gedanken umsetzen

Ihr geliebten Gotteskinder, tragt nun immer mehr die Verantwortung für euer Handeln, für alles, wozu ihr euch entscheidet oder wozu ihr euch nicht entschließt.

Alles, was ihr in Angriff nehmt oder auch unterlasst, wir möchten sogar sagen, alles, worüber ihr nachdenkt, zieht Konsequenzen nach sich.

Die Folgen und deren Ausmaß und was das für euch, aber auch für eure Mitmenschen und für die Umwelt bedeuten mag, könnt ihr nicht immer ermessen.

Werdet euch dessen gewahr, dass alles, was ihr in eurem Alltag umsetzt oder euch dazu führt, eine Entscheidung zu treffen, von euch wohl überdacht werden sollte. Ihr solltet sorgfältig überlegen und eure Wahl tief aus eurem Herzen heraus treffen.

Wenn ihr dann darüber nachgedacht habt, weshalb ihr eine derartige Entscheidung trefft und weshalb auf diese Art und Weise und nicht aus einem anderen Grund heraus, dann tragt ihr dafür eine große Verantwortung, wenn ihr bereit gewesen seid, diese aus eurem Herzen heraus zu treffen.

Ihr seid dem nicht deswegen gefolgt, weil ihr vielleicht von anderer Seite dazu gedrängt worden seid oder weil es womöglich jemand von euch erwartet hat. Ihr habt diese Entscheidung auch nicht deswegen getroffen, weil ihr sie habt treffen müssen. Nein. Sie ist vielmehr eurem Herzen entsprungen, und ihr wart willens, sie euch von allen Seiten zu betrachten und was das für euch, aber auch für andere bedeuten mag und an Folgen nach sich ziehen kann.

Überdies habt ihr reflektiert:

„Welchen Nutzen ziehe ich daraus, wenn ich nun eine Wahl treffe? Bin ich mit meiner Entscheidung glücklich, wenn ich sie

wie von mir gewünscht fälle, oder entschließe ich mich, aus der Angst heraus zu handeln? Büße ich dadurch etwas ein? Eventuell verliere ich den Zuspruch eines geliebten Menschen oder etwas, das mir bisher Sicherheit geboten hat oder das ich mir wünsche, aber momentan noch nicht erhalte. Doch wenn ich zur Erfüllung meiner aktuellen Wünsche handle, werde ich diese nicht erreichen."

So sollte es sich niemals zutragen. Es ist dienlich, wenn ihr in euch hineinfühlt und darüber nachsinnt, warum ihr diese Gedanken hegt. Es ist empfehlenswert, wenn ihr in der Gewissheit steht und euch vergegenwärtigt, was diese getroffene Entscheidung für euch bedeutet. Und dann trefft sie aus eurem großen Herzen heraus!

Wisst, alles, was euch daraus an Konsequenzen erwachsen möge, wird euch in eure Kraft, in eure Stabilität, aber ebenso in euer Wachstum führen. Auf diese Art und Weise, nämlich wohlüberlegt und durchdacht, sollten eure Entscheidungen immer getroffen werden.

Wenn ihr gemäß eurem Herzen handelt, achtet zudem auf kleinere, scheinbar unwichtige Entscheidungen, die beispielsweise sein können:

„Wie möchte ich in diesem Moment reagieren? Bin ich jetzt bereit, in die Emotion zu verfallen, weil mir mein Nachbar etwas mitgeteilt hat, das mir Unbehagen bereitet? Er hat schon wieder meine Kleidung kritisiert, die ihm nicht gefällt und die vielleicht einen kleinen Fleck aufweist. Möchte ich mich jetzt darüber ärgern? Er weiß es doch nicht besser. Im Grunde genommen sucht er nur jemanden, an dem er seinen Frust abladen kann."

Auch hier tragt ihr die Verantwortung für euer Handeln, und zwar dafür, dass ihr bereit seid, in diese Emotion, die wir jetzt Verärgerung nennen möchten, zu verfallen oder eben nicht.

Ist es stattdessen nicht sinnvoller, sich ganz bewusst dafür zu entscheiden, es auf die leichte Schulter zu nehmen?

Ermuntert euch:

„Ach, er hat wieder einmal unruhig geschlafen. Heute Morgen hat ihn sein Hund aus dem Schlaf gerissen, weil er hungrig war. Und jetzt begeht er den Tag mit einem etwas unbehaglichen Gefühl und versucht seine miesepetrige Laune an mir auszulassen. Aber nein, ich bin nicht bereit, mich darauf einzulassen. Ich möchte meinen Tag in Freude erleben und genießen. Und ich möchte mir diesen auch nicht von einem Menschen verleiden lassen, der vielleicht nicht anders mit seinen Gefühlsausbrüchen umzugehen weiß. Ich lebe jetzt ganz bewusst die Fröhlichkeit und Lebenslust."

Auch hier wart ihr bereit, eure Verantwortung zu übernehmen. Verfallt nicht in den Irrtum, dass es grundsätzlich so einfach ist. Das wissen wir auch. Oft werdet ihr sehr unkontrolliert in solche, euch abträgliche Gefühlsschwankungen und Situationen geführt, da ihr konkret auf solche reagiert, ohne euch dessen bewusst zu sein, was und dass ihr in jenem Moment für euch entscheidet.

Stellt euch folgendes Beispiel vor:

Ihr werdet von einem Menschen angerempelt und habt in diesem Moment eine Tasse Kaffee oder Tee in der Hand, vielleicht sogar ein Glas Rotwein. Ein Familienmitglied stößt gegen euch, weil es unachtsam gewesen ist, und der Rotwein verschüttet sich über eure Kleidung. Die erste Reaktion, die ihr in der Regel verspürt, ist doch Verärgerung. Weshalb?

Wichtig ist es, in diesem Moment zu erklären:

„Was soll es. Der Rotwein ist zwar jetzt auf meiner Kleidung verschüttet, und ich weiß auch nicht, ob ich diesen Fleck wieder herauswaschen kann. Ich betrachte es jedoch mit Humor. Erneut

habe ich ein kleines Malheur miterleben dürfen. Aber das macht nichts. Im Grunde kann ich doch dafür dankbar sein".

Welcher Sinn steckt dahinter?

Ihr habt jetzt wieder einmal die Möglichkeit, euch ganz bewusst zu entscheiden, nicht die Verärgerung zu leben. Was nutzt es euch, wenn ihr wütet?

Das solltet ihr euch einmal genauer betrachten.

Wenn ihr darüber nachdenkt, könnt ihr feststellen, dass es für euch nicht vorteilhaft ist. Überlegt, wann es euch schon einmal genutzt hat.

Wenn ihr euch gegenüber ehrlich seid, diente es euch im Grunde genommen noch nie zum Vorteil. Was brachte es euch stattdessen ein?

Das Ergebnis war ein Gedankenkreisen darüber, was missglückt ist, was hätte anders verlaufen können oder vielleicht sogar müssen. Welch hohe Wellen schlägt das jetzt!

In dem Moment, in dem ihr verärgert seid und darauf reagiert, übertragen sich die Schwingungen eurer Emotionen auf den anderen. Vielleicht reagiert ihr auch etwas aggressiv und lasst eurer Wut freien Lauf oder sprecht Worte, die ihr eigentlich gar nicht so meint. Euer Gegenüber reagiert wiederum empfindlich darauf, verliert seine Beherrschung und gerät seinerseits in Rage. Eine emotional aufgeladene Auseinandersetzung entsteht.

Eine solche Situation könnt ihr ganz leicht verhindern, indem ihr in dem Moment, in dem euch dieses widerfährt, die Zeit gedanklich einen Moment anhaltet, einmal tief Luft holt und euch bewusst werdet:

„Wie möchte ich jetzt reagieren? Ist tatsächlich etwas dramatisch Schlimmes geschehen? Nein. Ich habe nichts verloren,

was von Bedeutung ist. Ich bin noch immer gesund. Kein mir wichtiger Mensch ist gestorben. Und es ist gibt nichts, was sich nicht wieder bereinigen lässt, selbst wenn dieser Rotweinfleck nicht mehr herausgewaschen und entfernt werden kann."

Allenfalls ist das Schlimmste, was daraus erwachsen kann, dass ihr dieses Kleidungsstück nur noch als Lappen oder als Utensil zum Putzen verwenden könnt. Stattdessen könnt ihr voller Freude sein, euch ein neues kaufen zu dürfen.

Betrachtet es doch einmal von dieser Seite. Alle Einstellungen und Verhaltensweisen könnt ihr auf eure tagtäglichen Situation übertragen und euch stets neu entscheiden:

„Wie möchte ich in dieser Situation vorgehen?"

Es wird nicht immer funktionieren, dass ihr ruhig und gelassen reagiert, wie wir es jetzt geschildert haben, und ihr in tatsächlich einen Moment innehaltet, in die Ruhe findet und etwas Positives daran wahrnehmen könnt.

Aber das gilt es zu üben!

Euch allen ist das möglich. Ihr alle habt die Fähigkeit, es zu lernen. Ist es nicht erstrebenswert, es einfach einmal auszuprobieren?

Wenn euch das nächste Mal wieder etwas entgegnet wird, das euch vermeintlich aus der Ruhe bringt, gilt es einen Moment innezuhalten und sich zu überlegen:

„Ist es mir förderlich, aus der Haut zu fahren? Im Grunde genommen doch nicht. Wie reagiere ich stattdessen? Ich wähle mir einen Grund, warum das gerade so geschehen ist und was dem zugrunde liegen könnte, oder ob das nicht ein dezenter Wink ist, um mir mein Lernthema aufzuzeigen, damit ich nun erneut üben kann."

Das führt euch regelmäßig vor Augen.

Wo macht es Sinn, wütend oder gar traurig durch euer Leben zu schreiten, wenn ihr doch stattdessen die Freude leben könnt? Diese gilt es zu leben, und ihr könnt sie in euch selbst entfalten und in eurem Leben erschaffen und kreieren.

Es ist gar nicht so schwierig, wie es sich oft für euch anfühlt. Im Grunde genommen ist es ganz einfach. Aber, wie bereits gesagt, es bedarf einer gewissen Übung.

Wir versichern euch, sobald ihr die Bereitschaft lebt, es immer wieder einmal auszuprobieren und zu üben, wird euer Bemühen schon in recht kurzer Zeit in eurem Leben erfolgreich sein und fruchten.

Probiert es doch bei der nächsten, sich bietenden Gelegenheit aus, die euch vielleicht in die Wut, oder welche Emotion auch immer, hineingeführt hat. Versucht es zu verändern und umzudenken.

In euch liegt die Kraft, eure eigenen Gedanken zu bestimmen und neu zu gestalten, ja, wir möchten sogar sagen, umzuwandeln, indem ihr lernt, beständig zuversichtlicher oder mit zunehmend freudvolleren Gedanken euer Leben zu meistern.

Wenn ihr das erreicht, bedeutet das nicht nur, dass ihr euer Leben wieder etwas mehr in die Freiheit führen, sondern diesem noch umfassender Lebensqualität zuführen könnt und – das macht euch bitte ausdrücklich bewusst – dass ihr damit auch die Schwingungen auf diesem Planeten verändern könnt.

Lebt in einem solchen Moment, in dem euch etwas Unangenehmes widerfährt, die Bereitschaft, euch nicht in die Wut, in die Aggression, in die Trauer, oder in welche Emotion auch immer, fallenzulassen, sondern in die Freude!

Was ihr ebenfalls versuchen könnt ist, aus dem Moment heraus voller Erleichterung zu lachen. Hierdurch könnt ihr die Energien verändern.

Wenn ihr das so in Angriff nehmt, zieht das ebenso für euer Gegenüber Konsequenzen nach sich. Diese Person wird nicht mehr die Möglichkeit haben, euch in dem Sinne anzugreifen, dass sie euch noch mehr Unannehmlichkeiten dergestalt zufügen oder euch mit noch heftigerem Zorn oder massiven Aggression begegnen kann.

Diese Macht hat sie nicht mehr über euch, denn ihr habt euch ganz bewusst dazu entschlossen, die Situation locker aufzunehmen.

Verfahrt ihr derart, dann kann euch nichts Negatives mehr widerfahren. Gleichzeitig ist damit verbunden, dass ihr Lockerheit und Gelassenheit ausstrahlt. Aufgrund dessen hat euer Gegenüber, dem dieses Missgeschick unterlaufen ist, zur gleichen Zeit ebenfalls die Möglichkeit, darüber nachzusinnen:

„Wie möchte ich jetzt mit dieser Situation verfahren? Bleibe ich in meinen Emotionen verhaftet? Will ich weiterhin diesen Tag etwas mürrisch verleben, oder möchte ich nicht viel lieber in die Gelassenheit finden, die mir gerade als Lern- und Übungsthema aufgezeigt wird? Erkenne ich, dass es im Grunde genommen gar nicht so tragisch ist, mit großer Freude meinen Tag zu durchleben? An und für sich war dieses mir widerfahrene kleine Missgeschick doch gar nicht so schwerwiegend.“

Auf diese Art und Weise steht euch als Vorbild die Option offen, den Menschen zu helfen, zunächst natürlich euch selbst – das vergesst bitte nicht –, und dann auch den anderen.

Könnt ihr abschätzen, ob das nicht auch auf einen dritten Menschen eine Kettenreaktion ausübt? Begreift und erkennt, was ihr damit Positives erreichen könnt.

Das möchten wir euch ganz bewusst vor Augen führen. Was wir euch hierdurch vermitteln können, ist etwas sehr Schönes.

Immer wenn ihr bereit wart, euch in voller Klarheit für das Positive, das Lachen, die Entspannung zu entscheiden und für:

„Ach, das nehme ich jetzt einmal nicht so tragisch. Im Grunde genommen war das doch äußerst lustig“,

könnt ihr so vieles Wunderbares und Erfreuliches für euch und andere bewirken.

Gleichgültig, wie ihr euch entscheiden mögt, mit den vermittelten Informationen zu verfahren, wisst darum, es ist völlig in Ordnung. Und einem jeden mögen wir es selbst überlassen.

Jede Wahl, die ihr trefft, ist von Gott, dem Großen Vater, gesegnet.

☆☆☆

Gedankenbeet 1

Seid gesegnet für das, was ihr jeden Tag bewerkstelligt – für euch, für den Nächsten, für diejenigen, die euch am Herzen liegen, wie auch für jene, die ihr nicht kennt und die eventuell einfach nur eure Wege kreuzen. Ihr seid genauso gesegnet für alle eure Aktivitäten, die ihr anderen zugutekommen lasst, obwohl ihr diese weder kennt noch kennenlernen werdet. Seht, ihr, die ihr einen jeden Tag betet, könnt damit Unzähliges erreichen.

Jedes Gebet, das ihr in euch, in eurem Herzen tragt, das ihr aussprecht oder auch denkt, trägt dazu bei, dieses Wirklichkeit werden zu lassen.

Jede eurer Handlungen ist ein Gebet, eine Meditation. Wenn ihr bereit seid, mit der Stille eures Herzens durch euer Leben zu wandeln und bewusst euer Tagewerk zu beginnen, stellt auch das ein Gebet dar. Es handelt sich bereits um ein solches, wenn ihr jeden Morgen aufsteht und euch überaus liebevoll zusprecht:

„Ich liebe mich. Und ich bin bereit, mich auf das Neue dieses Tages zu freuen und mich überraschen zu lassen, was mir heute begegnen möchte. Ich freue mich über die Sonnenstrahlen und über das Lächeln, das mir heute geschenkt wird. Ich freue mich über die Freundschaften, die mir aufzeigen, dass ich jemand anderem etwas bedeute. Ich freue mich aber auch darüber, dass ich mich selbst zu schätzen weiß und ich mir diese Wertschätzung jeden Tag zeigen kann."

All dieses sind Gebete, die euch ebenfalls dabei helfen werden, euren Weg in innigerer Liebe und Leichtigkeit zu folgen.

Was initiiert ihr, wenn ihr täglich solche Gedanken hegt?

Ihr zieht damit das Positive an. Es ist wie ein Wunschgedanke, den ihr regelmäßig, jeden Tag, hegt und pflegt, um den ihr euch kümmert. Es ist wie bei einer Pflanze, der ihr Tag für Tag aufmunternde Worte zusprecht, die ihr in die Sonne stellt und immer wieder einmal gießt, wenn es notwendig ist.

Was geschieht mit dieser Pflanze?

Sie wächst und gedeiht. Genauso verhält es sich mit euren Gebeten.

Jeder Tag, an dem ihr bereit seid, euch auf das Positive zu freuen und daran zu glauben, dass es in euer Leben tritt, kann bewirken, dass ihr wie ein Magnet das Freudvolle in euer Leben zieht und damit manifestiert.

Wir verwenden ganz bewusst das Wort „kann", denn es hängt grundsätzlich auch davon ab, wie ihr den Rest eures Tages verbringt.

Wie oft geschieht es, ohne dass ihr euch dessen bewusst seid, dass ihr euch mit negativen, abbauenden und die Lebensfreude raubenden Gedanken beschäftigt und darin verhaftet seid?

Wir möchten euch das anhand eines Beispiels erläutern:

Euch widerfährt etwas, womit ihr euch nicht wohlfühlt, das euch aus der Mitte wirft. Vielleicht handelt es sich um eine kleine Konfrontation oder eine Reaktion eines Menschen, mit der ihr nicht gerechnet habt. Und schon zetert ihr, jammert oder klagt:

„Warum muss das ausgerechnet mir heute passieren?"

Auch das sind Gedanken, die euch und euer Tagewerk beeinflussen können.

Es ist ein ständiges Geben und Nehmen. Und auch hier möchte fortwährend das innere Gleichgewicht gefunden werden.

Achtet auf eure Gedanken! Hegt sie! Betrachtet sie wie einen kleinen Garten, den ihr in eurem Gehirn entspringen und wachsen lasst. Ihr könnt überlegen, welche Vorstellung, im Sinne einer Pflanze, ihr in euer Gedankengut einpflanzen möchtet.

Es ist wie Unkraut, das ihr gerne vernichten könnt, oder sozusagen eure lebensfördernden Ideen und Vorstellungen, die ihr hegen und pflegen sollt.

Und auch hierauf gilt es immer mehr euer Augenmerk zu richten:

„Worüber möchte ich nachsinnen? Über Aufbauendes, Positives, Liebevolles?“

Dann kümmert euch sorgsam darum.

Übt euch darin, selbst wenn das bedeutet, euch auf einem Blatt Papier Folgendes zu notieren:

„Ich möchte jeden Tag ausdrücken: Ich habe mich lieb. Ich liebe mich so, wie ich bin. Und auch wenn ich nicht so vollkommen bin, wie ich es mir gerne wünschen würde, bin ich perfekt, wie ich bin. Denn gerade durch alle meine kleinen Unvollkommenheiten, die ich als solche betrachte, definiere ich mich. Das macht mich aus. Insbesondere durch meine Schwächen stehen mir unzählige Möglichkeiten zur Verfügung, daran zu wachsen. Wie langweilig wäre das Leben, wenn ich perfekt wäre. Es würde alles reibungslos verlaufen, ich würde ständig gut gelaunt durch den Tag schreiten und müsste nichts mehr lernen.“

Meint ihr nicht, dass das etwas fade wäre und ihr keinerlei Abwechslung hättet?

Betrachtet doch diese kleinen Missstände in eurem Leben als etwas Wundervolles: als Wachstumsmöglichkeiten, als etwas, woran ihr lernen und euch weiterentwickeln könnt.

Anhand dieser Fortschritts vermögt ihr zu erkennen:

„Ich bin in meiner Entwicklung vorangeschritten und bereit gewesen, mich über meine Grenzen hinwegzusetzen. Ich bin mutig gewesen und habe wieder etwas Neues ausprobiert. Und siehe da, es hat funktioniert. Das hätte ich niemals erwartet. Ist

das nicht wunderbar? Ich kann mir selbst lobend auf die Schulter klopfen."

Auch das stellt ein Gebet dar.

Eine Anrufung Gottes, des Großen Vaters, muss nicht immer bedeuten, dass ihr für euch oder für jemand anderen um etwas bittet. Darunter ist ebenfalls zu verstehen, in die Stille zu kehren und schlichtweg für all das zu danken, was ihr für euch als wichtig empfindet.

Bedankt euch für das, was euch bereits zur Verfügung steht, wie auch für jenes, das ihr in Zukunft erhalten werdet. Auch darauf möchten wir euer Augenmerk richten.

Jetzt mögt ihr vielleicht einwerfen:

„Was werde ich denn in der Zukunft erhalten? Ist sie nicht ungewiss? Wer versichert mir denn, dass ich nur Schönes geschenkt bekomme oder ich nicht in den nächsten paar Monaten von meinem Arbeitgeber gekündigt werde?"

Aber genau darum geht es, ihr geliebten Kinder!

Dadurch könnt ihr euer Schicksal selbst in die Hand nehmen.

Was hält euch denn davon ab, wenn ihr euch in solch ungewissen Situationen befindet, Folgendes zu bedenken:

„Ich bin dankbar dafür, dass ich meine Arbeitsstelle weiterhin behalten darf. Und selbst wenn das nicht der Fall sein sollte, weiß ich es zu schätzen, dass ich es verkraften kann und darüber nicht traurig sein werde, denn ich erkenne, dass es nur geschieht, weil mir Gott eine passendere, eine angenehmere Arbeitsstelle bereitgestellt hat. Das ist SEIN Wink, um mir jetzt zu verdeutlichen:

Es steht für mich eine Veränderung an, die mich in mein Wachstum und ebenfalls wieder in die Freude führen wird. Die-

sen Schritt des Verlassen-Werdens und Verlassen-Seins muss ich jetzt durchlaufen, um zu erkennen, dass etwas viel Freudvolleres auf mich wartet, das wesentlich besser zu mir passt, nämlich eine neue Arbeitsstelle und nette Kollegen. Vielleicht lerne ich eine Menge anderer Menschen kennen, mit denen ich neue Freundschaften werde schließen können, oder ich lerne hier sogar einen Partner oder eine Partnerin kennen."

Ihr wisst niemals, was euch begegnen wird. Aber alles, was euch gezeigt wird, dient ausschließlich eurem Wohlergehen. Auch wenn ihr nicht immer erkennen könnt, welchen Sinn diese Prüfung für euch haben mochte, wisst, es steckt immer ein solcher dahinter.

Manches Mal erkennt ihr diesen erst einige Jahre später. Aber das ist nicht so wichtig. Wesentlich ist, dass ihr euch gerade dann, wenn ihr den Zweck nicht versteht, vor Augen führt: Es hat einen höheren Sinn!

Nichts geschieht ohne Grund!

Das vergegenwärtigt euch pausenlos. Hier könnt ihr ansetzen, um euch selbst von traurigen Gedanken und dem Gefühl der Enttäuschung abzulenken.

Das sind Möglichkeiten, wie ihr euch selbst aus nicht zufriedenstellenden Situationen befreien könnt.

Erinnert euch bitte fortwährend daran!

Der nächste Schritt, wie ihr in solchen Momenten vorgehen könnt, ist, euch gezielt auf das Neue, das Unerwartete zu freuen und kundzutun:

„Jetzt durchbreche ich meinen Alltagstrott. Alte Wege darf ich nun hinter mir lassen und mich auf neue konzentrieren. Es handelt sich um solche des Lichts und der Liebe mit anderen Menschen, neuen Erfahrungen und Begegnungen. Und ich

weiß, Gott, der Große Vater, stellt mir nur all das zur Verfügung, was mir zuträglich ist, was ich mit meinen Händen greifen und packen, was ich an Lasten tragen kann. Bei allem, was mich möglicherweise überfordern würde, weil ich in diesem Moment Angst davor empfinde, ist ER entweder bereit, mir diese Bürden von meinen Schultern zu nehmen, oder ich werde erkennen, dass ich gar nicht so furchtsam hätte sein müssen. Es war nicht so schwierig, wie erwartet."

Auch dann habt ihr wieder einmal für euch etwas Positives erreicht, denn ihr wart willens, euch mit euren Themen auseinanderzusetzen und euch euren Ängsten und Zweifeln zu stellen – auch wenn die Zweifel ab und an auftauchen.

Betrachtet es als etwas, das ihr in eurem Gedankengarten erneut ein wenig jäten könnt.

Wie verfahrt ihr mit den Zweifeln, die sich in eurer Erde sammeln? Gießt ihr sie? Lasst ihr sie in der Sonne wachsen oder sagt ihr:

„Vielleicht bist du zwar jetzt hier und bereitest mir Sorgen und Angst. Aber im Grunde genommen möchte ich mich lieber meiner prächtigen Sonnenblume zuwenden, die bereits so schön gewachsen ist. Ich widme mich nicht meinen Bedenken und Unsicherheiten, denn sie sind mir nicht zuträglich. Ich kümmere mich um meine Sonnenblume und um das, was mir förderlich ist. Ich konzentriere mich auf das, womit ich mich wohlfühle, was mir Freude bereitet und mir ein Lächeln in mein Gesicht zaubert."

Auf diese Weise könnt ihr sozusagen jeden Tag eures Lebens immer wieder euer Gedankenbeet jäten. Betrachtet euch doch einmal, welch schöne und wundervolle Pflanzen ihr bisher in eurem Leben gehegt und gezogen und welche Früchte ihr geerntet habt.

Habt ihr nicht alle unzählige Prüfungen durchlaufen und gemeistert?

Jeder von euch ist doch erwachsen geworden. Ihr habt eure Kindheit durchlebt. Und haben nicht einige von euch weniger positive Erfahrungen in ihrer Kindheit gesammelt?

Heute könnt ihr erkennen, welch vielfältigen Herausforderungen ihr euch bereits gestellt habt. Und darüber freut euch, ihr geliebten Kinder des Lichts und der Liebe.

Werdet euch fortwährend darüber klar, wie viel Kraft und Stärke ihr hierdurch gewonnen habt, denn diese werden euch in manch anderen Situationen weiterhelfen, wenn ihr euch an alle eure bewältigten Lebensherausforderungen erinnern werdet.

Nehmt das in Angriff, das wird euch Kraft, neuen Mut und neue Hoffnung geben.

Und wenn ihr das Gefühl habt, das hilft euch nicht weiter, dann wendet euch gerne an Gott, den Großen Vater. Begebt euch in das Gebet, in die Meditation oder wendet euch an euren Nächsten, an jemanden, dem ihr vertrauen könnt und von dem ihr wisst, dass ihr euch bei ihm wohl und geborgen fühlt. Dann sprecht über eure Sorgen und Ängste. Lasst euch wiegen in dessen aufmunternden Worten, der bereit ist, euch zuzuhören, euch Worte des Mutes, der Hoffnung und des neuen Glaubens zu sprechen. Erkennt, dass ihr miteinander wieder ein Stück eures Weges habt ziehen, gemeinsam diese alten Pfade etwas habt verändern und eure Zweifel beiseiteschieben oder wenigsten neue Lichtpunkte in eurem Leben habt wahrnehmen können. Jene Lichtpunkte haben euch aufzeigen können:

„Mein Weg führt dorthin. Und diese Zweifel schiebe ich jetzt beiseite, so gut es mir möglich ist. Ich konzentriere mich auf das Licht, auf das Positive, auf die Freude, die Gott, der Große Vater, mir an meine Seite gestellt hat."

Jeder von euch darf die Freude leben. Aber es liegt an euch, ob ihr bereit seid, diese auch anzunehmen, denn das ist nicht immer leicht. Das wissen wir. Doch die Freude wird stets auf euch warten und euch unentwegt die Hand reichen.

Wenn ihr erklärt:

„Ich bin bereit, mich jetzt auf die Freude zu konzentrieren“,

dann ladet sie in Gedanken dazu ein.

Sprecht diese Worte ruhig aus:

„Ich lade jetzt die Freude in mein Leben ein, damit ich wieder lachen und mich freuen kann, damit sich mein Herz aufs Neue öffnen darf.“

Und das setzt um, ihr geliebten Gotteskinder.

Auch das möchten wir euch an euer Herz legen.

Über euer Herz könnt ihr uns jeden Tag erreichen. Wisst, eure Gedanken kommen jederzeit bei uns an.

Was wir für euch übernehmen können, möchten wir gerne für euch in Bewegung setzen. Es ist lediglich wichtig, eure Bereitschaft zu leben und beständig um alles zu bitten, worum ihr ersuchen möchtet und was euch am Herzen liegt.

Scheut euch nicht, auch die Wünsche zu entsenden, bei denen ihr das Gefühl habt, ihr dürft nicht darum bitten.

Traut euch, ihr geliebten Kinder!

Fühlt euch nicht schuldig oder minderwertig, einen bestimmten Gegenstand oder ein bestimmtes Verhalten zu ersehnen.

Bitten dürft ihr ausnahmslos!

Und dann überlasst doch Gott, dem Großen Vater, ob er bereit ist, eurem Sehnen zu entsprechen, und wenn ja, in welchem Maße oder innerhalb welchen Zeitraums.

Aber wisst, jede euer Bitten wird erhört!

Und so nehmt jenes Gebet, das wir euch anfangs übermittelt haben, gerne in euren Alltag auf.

Bittet, worum ihr auch immer bitten möchtet.

Aber handelt, ihr geliebten Kinder! Nur so kommt ihr eurer Verantwortung nach.

☆☆☆

Gedankenbeet 2

Nehmt wahr, was um und in euch immer wieder vonstattengeht. Es sind die Veränderungen des Lichts und der Liebe, die euch bewegen, euch ergreifen, die euch permanent dazu auffordern, zu euch hinzuschauen, zu euren Themen, zu dem, was euch nicht guttut, aber auch, und insbesondere dahin, was euch nicht gefällt, womit ihr Probleme habt.

Wie leicht ist es, zu verdrängen und zu sagen:

„Ich brauche mich jetzt nicht darum zu kümmern. Das gehört nicht zu mir. Dafür habe ich keine Zeit" oder *„es liegt gar nicht an mir. Für dieses Problem ist jemand anderer ursächlich."*

Wenn ihr euch aber mit solchen Gedanken an jene Themen heranwagt, betrügt ihr letzten Endes nur und ausschließlich euch selbst.

Wann immer euch eine Herausforderung begegnet, die ihr persönlich als Problem oder Schwierigkeit erachtet, wird euch damit ein Lernfeld aufgezeigt, das von euch und nicht von dem anderen erlöst werden will.

Sicherlich mag vielleicht auch der andere, der euch dieses Thema spiegelt, etwas daraus zu lernen haben, aber das wiederum liegt nicht in eurer Verantwortung.

Ihr seid in diesem Moment aufgefordert zu prüfen:

„Wie kann ich ansetzen, damit es mir besser geht?"

Und wie leicht ist es, dann zu entgegnen:

„Ach, das wird sich schon für mich lösen. Ich gebe jetzt alles in Gottes Hände ab. ER möge nun bitte für mich erlösen, denn ich möchte wieder in der Freude stehen und mich nicht mit diesem Thema befassen."

Nein, ihr geliebten Kinder des Lichts und der Liebe, so wird es nicht mehr funktionieren. Natürlich könnt ihr euch für diese Variante entscheiden. Aber das Problem, das Thema, ist damit nicht gelöst.

Für euch bedeutet das:

Wann auch immer euch eine solche zu bewältigende Herausforderung begegnet, gilt es, sich dieser zu stellen, sich mit sich selbst vollkommen ehrlich auseinanderzusetzen und sich zu hinterfragen:

„Warum missfällt mir das jetzt? Aus welchem Grund reagiere ich wütend? Weshalb werde ich traurig? Warum werde ich in die Angst gestellt?"

Dann ist es wichtig, euch damit zu befassen und in euch hineinzufühlen. Euer Verstand wird Einwände erheben, aufbegehren, aufmucken. Er wird ausnahmslos neue Rechtfertigungen finden, die es euch erleichtern, aus dem Kopf heraus zu beschwichtigen:

„Ach, ich habe doch Recht. Mein Gedanke ist richtig. Das liegt gar nicht an mir. Die Umstände sind so widrig. Die Menschen verhalten sich nicht derart, dass ich mit der Situation angemessen umgehen kann. Mit mir steht es nicht in Verbindung."

Aber an eurer eingehenden Prüfung mangelt es ein wenig, bei manchen etwas mehr, bei anderen etwas weniger. Nichtsdestotrotz soll euch etwas aufgezeigt werden, um zu lernen. Hier gilt es, in diesem Moment anzusetzen und sich zu hinterfragen:

„Das Thema wurde mir nun einmal präsentiert. Und jetzt bin ich ehrlich und beobachte: Was fühle ich, warum reagiere ich verletzt, weshalb verweile ich im Ego, in der Angst, in der Traurigkeit?"

Und wenn ihr herausgefunden habt:

„In der Tat, ich reagiere derart emotional",

dann gilt es, direkt zu ergründen, woran das liegt und eure Herzensstimme zu fühlen.

Meditiert gerade in solchen Augenblicken, unternehmt einen Spaziergang, lasst euren Gedanken freien Lauf und versucht herauszufinden, weshalb ihr so und nicht anders reagiert.

Wenn ihr wirklich bereit seid, die Rechtfertigungen, die euer Verstand euch einzubläuen versucht, beiseitezuschieben und zu euch und eurem Lernthema zu schauen, werdet ihr erkennen, warum ihr auf diese bestimmte Weise gehandelt habt. Dann gilt es, beherzt neue Wege zu beschreiten und auszusprechen:

„Nun, jetzt habe ich derart reagiert und herausgefunden, weshalb. Und in diesem Moment verändere ich etwas, indem ich mir vor Augen halte: Ich wusste es zu diesem Zeitpunkt nicht besser. Aber ich habe meine Aufgabenstellung erkannt. Das nächste Mal werde ich es anderes handhaben."

Auf diese Weise könnt ihr für euch selbst die Verantwortung übernehmen und dieses für euch in die Erlösung führen.

Natürlich bedarf das einiger Übung. Aber ein anderer kann euch das niemals abnehmen. Er muss und soll das auch gar nicht für euch erledigen, denn ihr seid erwachsen. Ihr seid „Herr" eurer selbst. Und es liegt in eurer Hand, für euch etwas in die Wege zu leiten. Warum sollte das ein anderer für euch übernehmen? Das wäre einfach und bequem.

Ist es nicht viel lobenswerter, wenn ihr feststellt:

„Diesen Schritt habe ich jetzt ganz alleine für mich vorgenommen. Es war vielleicht unangenehm, denn ich habe erkannt, dass ich in meinem Ego verhaftet war, das gezogen, gezerrt, mir vorgegaukelt hat, dass ich jetzt wütend und traurig sein darf."

Das ist der wichtige Punkt. Darum geht es. Dafür ist euer Ego geschaffen – nicht um euch zu kränken oder damit ihr euch unwohl fühlt, sondern um euch darauf hinzuweisen:

„Schau her. Hier hast du noch etwas zu erlösen, zu ver- oder zu bearbeiten."

Das ist doch etwas Wundervolles, das euch damit aufgezeigt werden kann. Und dann gilt es, die Trägheit, die Bequemlichkeit zu überwinden, sie links liegenzulassen und zu verkünden:

„Ich habe zwar jetzt keine Lust, mich damit zu beschäftigen, aber ich kümmere mich dennoch darum. Denn ich weiß ganz genau, wenn ich bereit bin, mir dieses Thema zu betrachten und zu verändern, dann wird mich das in eine großartige Erlösung führen und mich wieder ein Stück auf meinem Weg voranbringen, um noch mehr das Licht, die Liebe und die Göttlichkeit in mein Leben zu integrieren und zu mir einzuladen."

Verdeutlicht euch permanent, was ihr dadurch gewinnen könnt. Das ist so wichtig bei all eurem täglichen Handeln.

Oft hadert und verzweifelt ihr, weil ihr das Gefühl in euch tragt, nichts verändern zu können. Denkt um, geliebte Kinder!

Wir kommen zurück auf das Beispiel eures Gedankenbeetes, eures Gedankengartens. Es ist nicht Sinn und Zweck zu klagen:

„Wie dumm. Jetzt habe ich das zum wiederholten Mal nicht bewerkstelligt. Warum bin ich dabei nur so unbeholfen? Weshalb schaffe ich das nicht?"

Nein, wichtiger ist, es so auszudrücken:

„Bin ich froh, dass ich dieses Thema schon wieder erkannt habe. Ich war bereit hinzuschauen und habe mir Mühe zu geben. Wenn ich es derzeit vielleicht noch nicht habe verändern können, ich weiß jedoch, beim nächsten Mal werde ich mich etwas mehr anstrengen. Und irgendwann, da bin ich ganz sicher, werde ich das aus eigener Kraft meistern."

Solche aufbauenden, fördernden Gedanken hegt jeden Tag

in eurem Leben. Lenkt eure Aufmerksamkeit auf das Positive, auf das, was ihr zustande bringen werdet.

In jeder Sekunde eures Seins steht euch offen, euch auf dieses Aufbauende zu besinnen, denn es ist oft gar nicht so schwierig, etwas in die Veränderung zu führen. Es ist meistens nur deswegen nicht einfach, weil ihr von vornherein der Meinung seid, es nicht bewältigen zu können, nicht die nötigen Eigenschaften wie Mut, Kraft, Stärke in euch zu tragen, oder weil ihr oft nicht die wünschenswerten äußeren Umstände zur Verfügung habt.

Aber was hält euch davon ab, Gott, den Großen Vater, zu ersuchen? Habt ihr daran schon einmal gedacht?

Ihr seid die Bestimmer eures Lebens.

Wenn ihr eure Sehnsüchte an IHN entrichtet, stehen die Chancen groß, dass euch diese erfüllt werden.

Das ist natürlich auch mit einer großen Verantwortung verbunden. Werdet euch dessen bitte gewahr, denn wenn ihr um Stärke, Mut oder anderes bittet, werdet ihr das auch erhalten.

Das bedeutet dann aber oft, dass ihr die Kraft nicht lediglich als Geschenk erhaltet und sie in euch als Bestandteil integriert wird. Oh nein!

Der höhere Sinn und Zweck dahinter ist, dass ihr geprüft werdet.

Seid ihr bereit, euch dafür einzubringen? Seid ihr willens, die Verantwortung hierfür und für euch selbst zu übernehmen?

Wir stellen euch auf die Probe, indem euch Menschen begegnen und an die Seite gestellt werden, die euch erneut diese Situation spiegeln, auf euer Thema hinweisen, damit ihr gefragt sein werdet, eure Stärke zu leben und die Gelegenheit beim Schopf zu ergreifen.

Wir können erkennen, dass bei dem einen oder anderen noch die Fähigkeit zu fördern ist, diese Aspekte in jenem Moment tatsächlich wahrzunehmen. Mancher ist nicht bereit dazu, weil es ihm unangenehm ist und er es gerne verdrängen möchte, sich dem zu stellen. Für andere wiederum stellt es etwas Neues dar, das sie erst noch lernen müssen. Aber jene, die es noch nicht begriffen haben, können doch auch bitten:

„Lieber Gott, führe DU mich in die Erkenntnis, damit ich meine Themen erkennen und betrachten kann, sowie weiß, dass mir gerade ein Thema präsentiert wird, das mich auf sich aufmerksam macht und mich auffordert:

Erkenne mich.

Verändere doch, damit es dir wieder besser geht."

Und für jene, die verdrängen, gilt es, die Bequemlichkeit zu überwinden, die Augen und das Herz zu öffnen und einfach zu akzeptieren:

„Mir wird ein Lernfeld dargeboten, das erlöst werden will."

Wie auch immer ihr euch entscheidet, ihr geliebten Kinder des Lichts und der Liebe, ist weniger bedeutsam. Doch den Entschluss habt ihr zu treffen. Wir können es nicht an eurer Stelle übernehmen.

Es liegt in eurer Eigenverantwortung zu beschließen:

„Möchte ich überhaupt meine Themen wahrnehmen oder bearbeiten?"

Es obliegt euch, ob ihr dergestalt handeln wollt oder eher aus der Bequemlichkeit, aus der Faulheit oder auch aus der Angst heraus darlegt:

„Nein. Das möchte ich jetzt nicht vornehmen. Ich will lieber nach wie vor meinen alten Gepflogenheiten frönen."

Dann werdet ihr euch weiterhin unbefriedigt fühlen und in der Unbequemlichkeit oder der Wut, der Trauer, eventuell auch in der Faulheit verbleiben.

Möglicherweise werdet ihr auch dermaßen mit eurem Lernthema konfrontiert, dass euch eure Herausforderungen verstärkt präsentiert werden. Das obliegt eurer Eigenverantwortung, weil ihr eure Trägheit nicht überwunden habt.

Niemals soll es dazu führen, euch unwohl zu fühlen. Aber es liegt in eurer Hand, jeden Tag eure Themen zu bearbeiten und zu erlösen. Daher hadert weder mit eurem Schicksal, noch mit Gott, dem Großen Vater.

Oft wünscht ER sich, dass es euch leichter und besser geht. Aber wenn ER erkennt, ihr entscheidet euch für den Müßiggang, das Verdrängen und die Flucht, meint ihr nicht, IHM bleibt dann nichts anderes übrig, als aus SEINER Liebe heraus eure Wahl zu akzeptieren?

Was nutzt es euch demnach, zu hadern, zu jammern und zu klagen?

ER kann für euch nichts in die Wege leiten, solange ihr nicht selbst anpackt und verändert. Das macht euch bitte bewusst.

Auch wir, die Geistige Welt, sind gerne bereit, euch zu helfen, können aber natürlich nur in dem Maße unterstützen, wie ihr selbst willens seid, in die Handlung zu treten und euer Leben und ebenso alte Gedanken- und Verhaltensmuster umzustrukturieren.

Wenn ihr das solchermaßen unablässig handhabt, bereit seid, hinzuschauen und zu verändern, dann spricht auch nichts dagegen, dass euch einige eurer Lebensthemen aus SEINER Gnade und SEINER Liebe heraus erlassen werden.

Das ist ein Versprechen von Gott, dem Großen Vater, denn ER weiß, wie schwer es auf Erden sein kann.

Aus SEINER großen Liebe heraus hat ER sich dazu entschieden, euch zu unterstützen und zu helfen, sodass ER spricht:

„Wenn MEINE Kinder ihr Möglichstes dazu beizutragen und sich einsetzen, sich bemühen, die Lernthemen zu erkennen und dann auch mutig zu verändern, dann bin ICH bereit, ihnen einige davon aus MEINER Liebe heraus zu erlassen, denn MEINEN Kindern soll es gut gehen. Und dafür sorge ICH. Aber wenn sie nicht gewillt sind, hierfür Eigenverantwortung zu übernehmen, dann kann auch ICH nichts für sie tun, denn dann ist es ihre eigene Entscheidung."

So seid ihr jeden Tag gefragt: Was seid ihr bereit, für euch in die Wege zu leiten?

Niemals sind andere wichtig, für die ihr etwas erledigen müsst oder sollt, sondern es geht nur um euch. Daher wägt ab:

„Was möchte ich unternehmen, damit ich mich wohler fühle?"

Darüber denkt doch bitte einmal nach.

Ihr geliebten Kinder des Lichts und der Liebe, erkennt, wie göttlich ihr seid, wie göttlich ihr strahlt. Ihr leuchtet so unermesslich weit, teilweise bis ins Universum hinein. Und das kann von wahrlich unzähligen Wesenheiten wahrgenommen werden.

Wenn ihr wüsstet, wie sehr ihr funkelt. Ihr würdet darüber lachen und euch freuen, und alle eure Probleme würden euch tatsächlich klein und nichtig erscheinen.

Erinnert euch immerzu daran:

„Mein Vater ist Gott, der Große Vater. Meine Mutter ist Gott, die Große Mutter. Und wenn ich von IHR und von IHM abstamme, mit welchem Recht fühle ich mich dann klein und nichtig? Das macht doch absolut keinen Sinn."

Wir können euch berichten:

Jeder von euch ist überaus wundervoll und einzigartig. Und

jeder hat seine eigenen, speziellen Lernthemen und Probleme.

Eure Aufgabe besteht unentwegt darin, euch diesen ausnehmend mutig und angstfrei zu stellen.

Und ihr habt doch mannigfache Hilfe an eurer Seite!

Denkt an die Menschen, die weder an Gott, noch an uns Engel glauben, die nicht einmal wissen, dass wir existieren.

Was vermutet ihr, wie es ihnen geht? Meint ihr nicht, sie fühlen sich viel hilfloser als ihr?

Das führt euch ständig vor Augen, denn dadurch könnt ihr erkennen, welch zahlreiche Geschenke euch dargeboten sind. Das hilft euch in manchen Situationen, euch aus eigener Kraft aus eurer Traurigkeit und Verzweiflung zu befreien.

Verinnerlicht ununterbrochen:

„Ich bin nicht allein. Ich habe Gott, den Großen Vater, und die Engel an meiner Seite, aber auch Menschen, die genauso oder ähnlich denken wie ich, die ich ebenfalls jederzeit rufen und mit ihnen Kontakt aufnehmen kann. Möglicherweise erhalte ich nicht auf alles eine Antwort, weil ich noch nicht gelernt habe, auf diese zu hören und ich mich noch ein wenig weigere, diese tatsächlich wahrzunehmen, oder weil mir die vermittelten Hinweise nicht gefallen."

Aber ihr habt unablässig Hilfe an eurer Seite.

Das möchten wir euch noch einmal in aller Deutlichkeit ausdrücken, damit ihr wisst:

Für euch ist allseits gesorgt und alles gefügt. Ihr dürft dem Weg des Lichts und der Liebe beschreiten. Und ihr befindet euch wahrlich auf einem sehr guten Weg.

☆☆☆

In die Göttlichkeit wachsen

Ihr Kinder des Lichts und der Liebe, ihr Kinder Gottes, die ihr SEINE Töchter und Söhne seid – was bedeutet das für euch? Habt ihr darüber schon einmal nachgedacht?

Wer seid ihr?

Ihr seid nicht nur Mensch, nicht nur Mutter oder Tochter, Vater oder Sohn, nicht nur Bruder, Schwester, Tante oder Onkel, Ehemann oder Ehefrau. Nein. Ihr seid auch nicht nur Kollegen oder Kolleginnen, Freund oder Freundin.

Ihr seid Gottes Kinder! Ihr seid SEINE Tochter, SEIN Sohn! Ihr gehört SEINER Abstammung an, denn ER ist euer Vater und eure Mutter.

Was ist darunter zu verstehen, ihr strahlenden Kinder Gottes, wenn wir kundtun, ihr seid Gottes Kinder?

Das sagt aus, dass ihr alle Fähigkeiten in euch tragt, die auch Jesus, der Christus, einst in sich getragen hat, und dass ihr nun zunehmend bereit seid, nicht alleine den Weg in die Göttlichkeit zu beschreiten, sondern ebenso fortschreitend das Christusbewusstsein in euch zu integrieren. Damit werden euch alle Werkzeuge zur Verfügung gestellt, sofern ihr diese nicht bereits erhalten habt, um diesen Weg immer mehr voranschreiten zu können.

Damit einhergehend wurde euch auch eine überaus große Verantwortung übertragen. Und das verankert bitte ganz fest in euren Gedanken.

Von Belang ist nicht nur, in das Licht und in die Liebe hineinzuwachsen. Nein. Es ist ebenso vonnöten, dieses verantwortungsvoll zu verrichten. Das ist von jedem von euch zu beachten, gleichgültig, wie er auf seinen Wegen voranschreitet, auf welcher Ebene er in seinem Bewusstsein steht und inwiefern er seine Bereitschaft lebt, das zu meistern.

Jeder von euch mag das auf seine persönliche Art und Weise handhaben und sein eigenes, charakteristisches Verantwortungsbewusstsein und -gefühl in sich tragen sowie unterschiedliche Vorstellungen davon haben, was das bedeutet.

Es ist unabdingbar, dass ihr lernt, damit zurechtzukommen, unabhängig davon, was ihr darunter versteht, wie ihr handelt oder was mit diesem Weg der Göttlichkeit verbunden ist. Das gilt für jede eurer Handlungen sowie für alle euch zur Verfügung gestellten Werkzeuge, Geschenke und Informationen. Hierdurch könnt ihr euren weiteren Weg aufbauen. Diesen sollt ihr kontinuierlich weiterhin erweitern können und auch dürfen, mit größtmöglichem Licht, mit Liebe, Frieden und Freiheit in eurem Herzen.

Damit ist die Aufforderung verbunden, alle diese Informationen an andere weiterzuleiten, soweit euch das möglich ist, damit auch ihnen das ein oder andere göttliche Werkzeug dargereicht werden darf, soweit es deren Bewusstsein entspricht.

Tragt jene Kunden nach außen, von denen ihr aus der Tiefe eures Herzens der Meinung seid, diese weitergeben zu dürfen und zu sollen.

Was ist euch erlaubt zu offenbaren?

Diese Frage mag jetzt vielleicht in eurem Kopf auftauchen. Das können auch wir euch nicht direkt beantworten, denn das könnt ihr ausschließlich aus eurem Herzen und dem Moment heraus entscheiden, jedoch nicht mit eurem Verstand.

Grübelt nicht lange darüber nach:

„Darf ich das jetzt weitererzählen? Soll oder muss ich das womöglich weiterleiten, oder ist das nicht sinnvoll?“

Es gilt das Gedankenkreisen, das Nachdenken, das Hin- und Herwälzen der Gedanken, das Abwägen von Pro und Kontra zu unterbinden und aus dem Moment heraus in euch dieses kurze Bauchgefühl, diese leise, innere Stimme wahrzunehmen, die euch zuflüstert:

„Berichte es nicht! Verwende andere, deine eigenen Worte, die du jetzt vielleicht nicht vernommen hast. Wähle solche aus, die für den anderen stimmig sind, und passe dich seiner Sprache an."

Sobald ein solcher Impuls in euch erklingt, und das kann in Bruchteilen einer Sekunde geschehen, dann beginnt im Anschluss daran nicht zu zweifeln, sondern seid mutig und sprecht es eben aus oder auch nicht.

Es ist wichtig, dass ihr diese Kunde nun pausenlos weiterleitet, indem ihr beispielsweise auf alle Einflüsterungen hört, die wir euch noch vielfältiger zukommen lassen möchten, und außerdem zunehmend mutiger zu sein, denn mehr und mehr Menschen werden durch die Geistige Welt aufgerüttelt, durch Gott, den Großen Vater, und ebenfalls durch äußere Umstände oder manches Mal durch euch.

Unterschätzt niemals mehr eure Stellung, ihr geliebten Kinder des Lichts und der Liebe! Vieles könnt ihr bewegen, wenn ihr die Bereitschaft lebt, eure Ängste zu überwinden. Diese wird gefordert und tiefgreifender von euch eingefordert. Bagatellisiert auch das niemals mehr.

Jedes Mal, wenn ihr gefordert seid, beherzt zu sein, bedeutet das gleichzeitig, die Angst zu überwinden, ein Stück eures Lebenswegs voranzuschreiten und die Lebensleiter eures Werdegangs zu erklimmen, wieder eine Lernübung hinter euch zu lassen und, vor allem, erneut gewachsen zu sein.

Sowohl eure Seele als auch ihr strebt nach Wachstum. Und ihr solltet danach eifern.

Je mehr Wachstumsmöglichkeiten euch dargeboten werden und je williger ihr bereit seid, euch diesen Optionen zu stellen, so gut es euch möglich ist, desto intensiver werdet ihr erleben und feststellen, dass ihr dem göttlichen Weg folgt.

Nicht immer wird dieser einfach sein. Aber ihr könnt zur Erfüllung gelangen, und damit in euren inneren Herzensfrieden, in das Licht, die Liebe, eben nach Hause, um all das zu finden, wonach sich euer Herz sehnt. Es liegt in euren Händen.

Wir möchten euch bitten, die göttlichen Werkzeuge zu nutzen, die wir euch in den nächsten Tagen, Wochen, Monaten und auch in den nächsten Jahren zur Verfügung stellen werden, sei es in Form von Wissen, als geistige Impulse oder auf anderen Wegen.

Arbeitet mit allem, was wir euch überreichen, und geht damit verantwortungsbewusst um!

Das bedeutet zuallererst: Wendet diese Werkzeuge für euch selbst an!

Es ist wenig sinnvoll, es in euren Gedanken und in eurem Kopf abzuspeichern und sich vorzunehmen, sie bei nächster Gelegenheit zu benutzen und sobald diese eintritt, aus der Bequemlichkeit heraus zu argumentieren:

„Ach, das löse ich jetzt nach alten, gewohnten Mustern auf. Es überfordert mich gerade. Ich genieße lieber erst einmal meine Faulheit. Bei nächster Gelegenheit bearbeite ich das Thema."

Nein, ihr geliebten Kinder. So ist das nicht gemeint. Alle Werkzeuge, die euch genannt wurden oder noch werden, sind zur Anwendung bestimmt. Es ist nicht Sinn und Zweck, euch all das lediglich zu betrachten und zu wissen:

„Wenn ich einmal auf dieses Hilfsmittel zurückgreifen möchte, steht es mir zur Verfügung."

Nein! Ihr sollt es bei jeder Gelegenheit anwenden, weil es euch in die Erfüllung und in die Befreiung führen wird. Das ist unter Verantwortungsbewusstsein zu verstehen.

Vieles wird euch noch an die Hand gegeben werden, soweit es nicht bereits erfolgt ist, denn zahlreiche Informationen habt ihr bereits im Laufe eures Lebens erhalten. Hinterfragt euch:

„Bin ich wirklich und wahrhaftig diesen Informationen gefolgt? Habe ich sie tagtäglich umgesetzt, so, wie es mir empfohlen wurde?"

Wenn ihr euch gegenüber ehrlich seid, lautet doch im Grunde genommen die Antwort: Nein.

Das ist nicht schlimm. Es gibt keinerlei Schuld, die ihr euch aufladen müsstet oder die euch von irgendjemandem zugesprochen werden würde.

Nein. Es gilt lediglich zu erkennen:

„Heute war ich mir gegenüber nicht wahrhaftig und habe nicht dieser Empfehlung entsprochen."

Das ist auch kein Muss. Aber ein weiser Rat ist grundsätzlich sehr sinnvoll und im Sinne des Lichts und der Liebe ausgesprochen. Auch das prüft pausenlos mit eurem Herzen!

Bemüht euch zu verändern und in die Aktion zu treten, wenn ihr erkannt habt:

„Heute war ich wieder einmal faul, bequem und lustlos."

Erklärt vielmehr:

„Vielleicht bin ich derzeit desinteressiert, dieses auszuführen. Aber es würde mir zuträglich sein. Und auch wenn ich jetzt möglicherweise noch keinen Gefallen daran finde und in mir Widerstand verspüre, es in Angriff zu nehmen, gerade dann sollte ich es vornehmen."

In solchen Situationen besteht für euch die größte Wachstumsmöglichkeit, wenn ihr bereit seid, diese Bequemlichkeit und Emotionen zu überwinden, indem ihr handelt und verändert. Dann werdet ihr spüren, wie sich ein großes Befreiungsgefühl in euch ausbreitet, weil ihr zu euch und zu dem gestanden seid, was an Wissen in euch verankert ist, und weil ihr für euch die Verantwortung übernommen habt.

Beginnt von nun an jeden Tag damit, diese Verantwortung zu leben. Es ist wichtig, euch dieses stets aufs Neue in Erinnerung zu rufen und darüber nachzudenken:

„War ich heute mir gegenüber wahrhaftig? Habe ich meiner Verantwortung entsprochen?"

Und danach gilt es zu überlegen:

„Wo bin ich dem nicht gefolgt?"

Hierdurch könnt ihr erkennen, wo noch etwas in die Wandlung zu führen ist.

Das sind die Aufgaben, die wir euch für die nächste Zeit stellen möchten, denn mancher von euch hat hier noch das ein oder andere zu lernen. Das möchte von euch, aber auch von eurer Seele bearbeitet werden.

Wir bitten euch, beständiger auf eure innere Stimme zu hören. Sofern ihr dazu bereit seid, sollt ihr konsequenter den Weg Gottes entlangwandeln und ihm folgen.

Dieses Herzensgefühl möge euch allezeit dabei helfen, diesen zu erkennen, denn wir können euch nicht permanent erreichen. Das gilt gerade dann, wenn die Energie- und Lichteinflussprozesse auf diesem Planeten am stärksten sind oder wir möglicherweise vorübergehend andere, dringendere Aufgaben zu erledigen haben, um euch zum Beispiel genügend Schutz zur Verfügung zu stellen.

Genau in solchen Momenten ist es uns nicht ausnahmslos möglich, euch zu erreichen, um euch die erbetenen Antworten in euer Herz zu legen.

Daher ist es notwendig und sinnvoll, dass ihr lernt, euch ganz und gar auf euch zu konzentrieren, eure innere Stimme wahrzunehmen und, vor allem, dieser zu vertrauen.

Das mag vielleicht der schwierigste Schritt von allen sein. Aber wenn ihr das Vertrauen lebt und den Glauben habt, dass wir euch dabei helfen werden, dann werden wir das so vornehmen. Und dann habt keinerlei Sorgen mehr, ihr geliebten Kinder des Lichts und der Liebe. Ihr alle werdet es schrittweise erlernen.

Fangt in diesem Moment damit an! Hört auf eure inneren, göttlichen Impulse!

Wann auch immer ihr euch eine Frage stellt, dieses innere Wissen teilt euch jedes Mal mit, was euch zuträglich ist oder eben auch nicht.

Wir möchten euch jetzt bitten, euch in euch selbst zu versenken und euer Herz zu öffnen, damit wir heute und in der nächsten Zeit verstärkt an und mit euch arbeiten können, damit noch mehr Licht und Liebe in euch integriert werden und die Göttlichkeit in euer Leben Einzug halten darf.

Wenn ihr möchtet, ersucht uns, die Geistige Welt, wie auch Gott, den Großen Vater, darum, dass ihr vor allem die Verantwortungsbereitschaft lebt, die Göttlichkeit in euer Leben einzuladen.

Sehr viel Positives mag für euch damit verbunden sein, wenn ihr bereit seid, dieser Einladung zu folgen und dies in Worten oder auch in Gedanken auszusprechen.

Dann kann daraus durchaus erwachsen, dass das ein oder andere in eurem Leben noch geschehen möge – etwas, mit dem ihr jetzt möglicherweise nicht rechnet, das euch aber erneut mehr in die Göttlichkeit führt. Das mag manchem von euch im ersten Moment unangenehm sein, aber ihr habt darum gebeten.

Und so achtet auf alles, was ihr denkt oder aussprecht, denn alles zieht Konsequenzen nach sich.

Gottes Geschenke

Die gesamte Menschheit wird nun fortwährend geläutert, gelichtet und geweitet, eure Energiekleider werden zunehmend aufgerüttelt und ausgeschüttelt von all den Altlasten und negativen Energien, die euch anhaften. Zunehmend geweitet und geklärt sollt ihr durch euer Leben schreiten.

Diese Zeit soll nun unermüdlich voranschreiten dürfen, da ihr beständig lichter, geklärter, immer umfassender in euren Lichtkleidern über diesen Planeten werdet wandeln dürfen.

Oft werden die Menschen gar nicht wissen, was mit ihnen geschieht. Aber auch jenen, die weder um diese oder sonstige Prozesse wissen, noch sich mit solchen Thematiken beschäftigen oder gar beschäftigen wollen, selbst jenen, die sich niemals mit solchen Fakten auseinandersetzen würden, wird dieses Geschenk nun vermehrt zuteilwerden. Denn es findet eine Läuterung im gesamten Bewusstsein statt. Das bedeutet:

Die Menschen, die sich bewusst niemals für den lichten Weg der allumfassenden Liebe entscheiden würden, erhalten die Gelegenheit, noch lichter und erfüllter zu werden und noch eingehender Hilfe an die Seite gestellt zu bekommen.

Nicht immer wird diese Unterstützung tatsächlich erfolgreich sein. Aber jeder Mensch, jede Seele auf diesem Planeten, erhält die einzigartige Möglichkeit, Geschenke in Form von Loslösungsprozessen und Akten der Gnade zu erhalten.

Jeder wird innerhalb eines winzigen Bruchteils einer Nanosekunde von Gott, dem großen Vater, gefragt werden, ob er dieses Präsent nicht nur erhalten, sondern auch nutzen möchte.

Innerhalb dieses winzigen Augenblicks wird von der Seele eines jeden Menschen seine ureigene Entscheidung getroffen werden.

Viele werden bereit sein, dieses Geschenk zu akzeptieren, und dadurch wird ihnen ihr weiteres Leben leichterfallen.

Aber wahrlich, etliche werden auch hier trotz dieser Wertschätzung und unermesslichen Liebe Gottes, des Großen Vaters, erneut nicht bereit sein, dieses lichtvolle Geschenk anzunehmen. Und so wird ihnen dieses im gleichen Moment entzogen werden, denn es entsprach ihrem freien Willen. Es oblag ihrer Eigenverantwortung, die sie übernommen haben. Das sollte immer akzeptiert und respektiert werden, so, wie auch wir, die Geistige Welt, es tut.

Ihr geliebten Kinder des Lichts und der Liebe, schöpft Hoffnung ob all der Geschenke Gottes, die euch künftig dargebracht werden, ebenso für eure Lieben und insbesondere für jene, die euch innig am Herzen liegen, von denen ihr aber wisst, dass sie sich bewusst niemals dieser doch sehr göttlichen und spirituellen Seite, dem Weg des Lichts und der Liebe, öffnen würden.

☆☆☆

Die Göttlichkeit 1

Ihr geliebten Kinder, ihr tragt die Göttlichkeit in euch, in eurem Herzen. Ihr seid göttlich! Das bedeutet, dass ihr ein Teil Gottes seid, immer umfassender auf diesem Planeten wandelt, um eure Aufgabe zu erfüllen, zunehmend für euch selbst die Verantwortung tragt und mit dieser auch sorgsam umzugehen habt.

Diese Göttlichkeit in euch bringt mit sich, dass ihr nun noch nachdrücklicher an IHN, Gott, den Großen Vater, gebunden und mit ihm verbunden seid. Diese Verschmelzung sollt und dürft ihr von nun an unentwegt nutzen und spüren.

Das heißt, wenn ihr euch in Situationen befindet, in denen ihr hin- und hergerissen seid, einen bestimmten Weg zu wählen oder ihm nicht zu folgen, da ihr eine Entscheidung zu fällen habt, unsicher seid, etwas auszuführen oder zu unterlassen, oder ob ihr vielleicht nicht wisst, was ihr in die Handlung führen sollt, gerade dann sollt und dürft ihr diese hohe Verbindung zu Gott, dem Großen Vater, permanent nutzen. Denn diese soll euch zum Vorteil gereichen.

Hieraus folgt, dass ihr fortan bei all euren täglichen Entscheidungen göttliche Hilfe erhalten sollt. Hierbei handelt es sich um Göttlichkeit, die ohne Unterlass gelebt werden möchte. Ihr sollt es euch wert sein, diese hohe Verbindung anzuzapfen.

Wie setzt ihr dieses um? Ihr bewerkstelligt es, indem ihr euch in eure Mitte, in den inneren Frieden, die Ruhe und die Stille begebt. Dann nehmt euch einige Zeit, über die Themen nachzudenken, die euch derzeit beschäftigen, und lasst die Gedanken, die auftauchen, vorüberziehen.

Daraufhin ist es wichtig, zunächst auszusortieren. Der euch beschäftigende Aspekt wird in euch anfangs Emotionen wie beispielsweise Angst, Wut oder sonstige hervorkitzeln. Lasst sie abklingen und lebt sie aus, was einige Sekunden oder Minuten andauern mag, je nach deren Intensität. Bittet auch immer wieder Erzengel Michael darum, euch mit seinem Schwert der Wahrheit bei diesem Loslösungsprozess zu Hilfe zu eilen.

Und wenn sich hernach die euch weniger zuträglichen Gefühlswallungen beruhigt haben, fühlt ein weiteres Mal tief in euch hinein und ersucht währenddessen in dieser sich in euch ausbreitenden Stille um einen göttlichen Hinweis, einen göttlichen Impuls, der der Tiefe eures Herzens entspringt und den ihr zu jeder Zeit in euch tragt.

Dieser ist euch niemals abhandengekommen. Ihm gilt es verstärkt zu folgen, ihn zu aktivieren und zu reaktivieren. Nichts anderes sollt ihr künftig vornehmen.

Die Menschen haben über die Jahrzehnte, Jahrtausende und Jahrmillionen hinweg verlernt, ihrer inneren Stimme zu folgen. Nun soll dieser Same der Göttlichkeit erneut zur Gänze in euch reaktiviert werden, wofür wir, die Geistige Welt, Sorge tragen. Diesen werden wir in euch pflanzen, euch dabei unterstützen, ihn zu hegen und zu pflegen, damit ihr ab sofort intensiver in die göttliche Anbindung zu euch selbst und zu Gott, dem Großen Vater, gelangen könnt.

Denn ihr sollt von anderen Menschen und Medien unabhängig sein, von denen ihr glaubt, auf sie angewiesen zu sein in der Form, dass ihr der Meinung seid, nicht selbst Informationen erhalten zu können. So soll und wird es nicht sein. Ihr sollt die Verantwortung für euch tragen dürfen. Das soll nicht bedeuten, dass ihr nicht ebenso bei anderen Menschen Hilfe suchen dürft, denn auch das ist euch erlaubt.

Aber ist es nicht herrlich, wenn ihr euch selbst eure eigenen Fragen beantworten könnt?

Wenn ihr möchtet, lasst euch diese gerne nochmals von einer zweiten, unabhängigen Stelle bestätigen.

Das ist die Göttlichkeit, von der wir sprechen und die in euch reaktiviert werden soll.

Befindet ihr euch in dieser Stille und habt darum gebeten, diese göttlichen Impulse und Hinweise zu erhalten, lasst sodann ein wenig Zeit verstreichen und euch schlichtweg leiten. Vielleicht wird nicht sofort etwas geschehen, oder euer Augenmerk wird auf ein euch noch unerkanntes Thema gelenkt und eine Art Meditation oder Geistreise vornehmen. Eventuell erhaltet ihr sogar Hilfe und Antworten zu anderen Menschen und Aspekten, die euch in letzter Zeit zugeführt wurden.

Aber begreift, die Hilfe, um die ihr zu diesem ganz speziellen Schwerpunkt gebeten habt, wird euch gereicht. Möglicherweise geschieht das zu einem späteren Zeitpunkt und auf eine unerwartete Art und Weise. Es mag sein, dass ihr drei oder fünf Tage danach aus einem leichten Schlaf erwacht und die Antwort in eurem Herzen wisst oder euch zwei Tage nach eurer Meditation ein Mensch begegnet, der in seinen Sprachtext eine Information einfließen lässt und euch hierdurch hilft, eure Frage zu beantworten.

Führt euch vor Augen, dass die Unterstützung, um die ihr gebeten habt, euch erreichen wird. Es genügt, den Glauben und das Vertrauen zu leben, dass euch jene Antwort übermittelt wird.

Es gilt, das verstärkt zu üben und zu trainieren, denn ihr tragt alle notwendigen Fähigkeiten und das benötigte Wissen in euch, um euch wichtige Fragen selbst beantworten zu können.

Wir helfen euch sehr gerne dabei, ihr geliebten Kinder des Lichts und der Liebe, das zu erreichen. Hierbei ist es wichtig, euch ausreichend Zeit zu nehmen, in die Geduld und das Vertrauen zu euch selbst zu gehen und auch einmal auszudrücken:

„Ich verdiene es, diese Information zu erhalten! Ich bin es wert, mich meinen eigenen Gedanken, Gefühlen und Impulsen zu öffnen! Das steht mir zu! Dieses Geschenk darf mir nun von der Geistigen Welt, von Gott, dem Großen Vater, sowie von meiner eigenen inneren Göttlichkeit überreicht werden!"

Werdet euch noch bewusster, wie viel ihr wert seid, denn es ist wesentlich mehr, als ihr euch in diesem Moment zusprecht, und das unterschätzt ihr permanent.

Lernt euch zu akzeptieren und zu achten, wie ihr seid. Und ihr werdet feststellen, wie euch das ein oder andere, das euch zuvor Probleme bereitet hat, im nächsten Moment ganz leicht von der Hand gehen wird.

In dem Augenblick, in dem ihr euch selbst in all eurem Sein so annehmt, wie ihr seid, wird euch das ebenfalls in Bezug auf anderes gelingen, das damit verbunden ist.

Das bedeutet, dass die Hilfe, die wir euch pausenlos zur Verfügung stellen möchten, euch leichter und schneller vermittelt werden darf, weil ihr es euch wert seid, die Antworten und Unterstützung zu erhalten. Ist das nicht wunderbar?

Begreift die Konsequenzen, wenn ihr aussprecht:

„Ich bin nicht sicher, ob ich den Hinweis und das Geschenk schon jetzt empfangen darf."

Ihr produziert mit diesen Gedanken abbauende Energie, weil ihr damit gleichzeitig ausdrückt:

„Ich darf das noch nicht überreicht bekommen."

Das bedeutet zugleich, dass ihr euer Urteil über das von Gott, den Großen Vater, stellt.

Meint ihr nicht, ER entscheidet zu eurem Besten? Glaubt ihr nicht, ER wird sich entschließen, dass ihr es jetzt schon wert seid, dieses Präsent zu erhalten?

Gebt alles an IHN ab!

Wenn ER der Meinung ist, euch soll diese Hilfe, dieses Symbol der Wertschätzung, Achtung und Zuneigung unmittelbar zuteilwerden, dann freut euch darüber, dass dem so ist. Und nicht anders wird es oft sein.

Ihr sollt euch deutlich viel mehr zutrauen und euch stetig mehr wert sein. Dadurch könnt ihr für euch bewirken, verändern und zum Positiven wenden. Setzt euch noch intensiver mit solchen Gedanken auseinander.

Sobald die Angst und der Zweifel darüber in euch einkehren, ob ihr es wert seid, eine Bitte an Gott, den Großen Vater, entrichten zu dürfen, teilt klar mit:

„Ich ersuche jetzt für mich um dieses Geschenk, denn ich habe dazu die Erlaubnis erhalten. Ich bin SEINE Tochter, SEIN Sohn, SEIN Kind. Und es ist SEIN Wunsch, dass es mir gut geht. Das Gleiche würde ich mir für mein Kind wünschen, weil ich es bedingungslos liebe. ER liebt mich über alle Maßen, und ich entrichte ein Gebet, denn wenn ich das vornehme, überlasse ich die letzte Entscheidung Gott, dem Großen Vater. Wenn ER der Meinung ist, dass mein Ansinnen erfüllt werden darf, dann wird es so sein."

Und so wird es sein, ihr geliebten Kinder des Lichts und der Liebe.

Darum entrichtet regelmäßig an uns, die Geistige Welt, ebenso an Gott-Vater, Gott-Mutter, euer Ansinnen, Verlangen, wenn ihr euch etwas wünscht, Hilfe oder kleine Hinweise benötigt, selbst für scheinbar Unbedeutendes.

Bittet, ihr geliebten Kinder! Denn erst dann darf und wird euch gegeben. Entsendet euer Anliegen aus der Tiefe eures Herzens heraus und handelt voller Absicht, denn jede Bitte, die ihr entsendet, wird erhört.

Das gilt ebenfalls für solche, die ihr aus der Unachtsamkeit heraus gestellt habt oder noch formulieren werdet.

Mit diesem Wissen vermögt ihr noch bewusster und achtsamer eure Gebete zu verrichten, denn ihr habt begriffen, was hieraus erwachsen kann: Sie können erhört und damit auch erfüllt werden.

Selbst wenn eine Bitte aus der Unachtsamkeit heraus entsendet wird, kann es in der Tat wahrlich dazu führen, dass diese vernommen und ihr entsprochen wird. In Bezug darauf stellt ihr fest:

„Hätte ich doch besser nicht darum gebeten."

Welcher Sinn steckt für euch dahinter?

Es bedeutet nicht, dass ihr so nicht mehr verfahren sollt, vielmehr ist ein verantwortungsvolleres Vorgehen angeraten.

Wir möchten euch konsequenter dazu auffordern, für euch, aber auch für andere in die Ansprache zu IHM, Gott-Vater, Gott-Mutter, zu treten.

Aber überlegt! Handelt verantwortungsvoll! Denkt zuvor darüber nach, worum ihr IHN bittet und in welchem Maße.

Wenn ihr euch sicher sein möchtet, damit absolut nichts im Sinne des Lichts und der Liebe misslingt, dann entsendet als letzten Wunsch den Gedanken:

„Aber bitte nur dergestalt, Gott-Vater, Gott-Mutter, wie es jetzt im Sinne des Lichts und der Liebe geschehen darf."

Damit habt ihr die letztendliche Verantwortung an Gott, den Großen Vater, übergeben, seid in die Demut gegangen und habt eure Bitte ausgesprochen. Das bedeutet, ihr seid wahrhaftig gewesen, eurer Verantwortung nachgekommen und achtsam und wohlüberlegt mit diesem Thema verfahren.

Und wenn ihr dieses letzte Gesuch an Gott entsandt habt:

„ER möge nun im Sinne des Lichts und der Liebe entscheiden",

habt ihr letzten Endes euer Anliegen in großer Demut mitgeteilt und IHM die Entscheidung überlassen.

Somit könnt ihr niemals mehr einen scheinbaren Fehler begehen, denn ihr habt beide Seiten, die Verantwortung und die Demut, gelebt. Und das ist wichtig.

Wenn ihr möchtet, bringt diese Informationen gerne anderen Menschen näher. Viele wissen nicht um diese Thematik, denn oft begeben sie sich in das Gebet, ohne sich über dessen Inhalt und die Konsequenzen gewahr zu sein.

Deswegen möchten wir euch dazu auffordern, ohne Unterlass Aufklärungsarbeit zu leisten, denn auch ihr, liebe Leserinnen und Leser, seid Wegbereiter der Neuen Zeit!

Ihr tragt für alles, was ihr hört oder lest, die Verantwortung und habt grundsätzlich und ausschließlich mit eurem Herzen zu überprüfen, ob es sich für euch stimmig anfühlt. Wenn dem so ist, seid ihr dazu aufgefordert, dieses Wissen weiterzuvermitteln, sofern und so gut es euch möglich ist.

Nicht immer werden eure Ansprechpartner bereit sein, euch zu lauschen und eure Ratschläge anzunehmen. Aber ihr seid in diesem Moment eurer Verantwortung genügend nachgekommen, da ihr gewillt wart, eure Wahrheit auszusprechen und die Menschen an eurem Wissen teilhaben zu lassen.

Wie die anderen reagieren, obliegt nicht eurer Verantwortung. Lasst es dann stehen.

Wisst auch darum, das sich die Menschen oft eigenartig benehmen und mitteilen:

„Das betrifft mich doch gar nicht. Was soll mich das kümmern?“

Hier habt ihr nichts weiter zu unternehmen, und es sollte euch gleichfalls nicht beeindrucken, denn in jenem Moment, da ihr bereit wart, eure Wahrheit auszusprechen, habt ihr alles in

Angriff genommen, was von euch sozusagen im Sinne des Lichts und der Liebe verlangt worden ist.

Ihr seid eurer göttlichen Aufgabe gefolgt. Den Rest überlasst Gott, dem Großen Vater, und der Geistigen Welt. Wir können dann unser Übriges vornehmen und mit diesen Menschen ein wenig arbeiten, die zu jenem Zeitpunkt noch nicht bereit waren, zu verstehen oder zuzuhören. Durch euer Bemühen habt ihr dafür gesorgt, dass wir einen kleinen Spalt in ihren Herzen haben öffnen können und an dem wir dann zu arbeiten vermögen.

Nicht immer wird es uns gelingen, diesen noch weiter auszudehnen und in größerem Ausmaß Licht in ihn einströmen zu lassen. Aber durch euren Einsatz und gelebten Mut wird es für uns jederzeit möglich sein, diese Öffnung wenigstens einmal zu nutzen und dadurch an und mit ihnen zu arbeiten. Und den Rest gebt in Gottes Hände ab.

Sobald ihr verspürt, ein Mensch verschließt sich vor dieser Wahrhaftigkeit und Wahrheit, legt alles weitere in Gottes Hand. ER wird dafür Sorge tragen, dass er auf anderen Wegen lernen wird.

Das möchten wir euch wissen lassen. Denn ihr sollt unbesorgt eurer Lebenspfade ziehen, in dem Wissen, dass ihr manches Mal, jedoch nicht ausnahmslos, dazu beitragen könnt, einen Menschen zu verändern.

Ihr könnt euch jederzeit bemühen, stets aufs Neue handeln, und ihr sollt auch immerzu in Aktion treten, denn ihr vermögt niemals zu ermessen, was und wie viel ihr tatsächlich bewirken könnt.

Oft werden sich diese Menschen erst Jahre später, vielleicht auch schon einige Tage danach, an jene Worte erinnern, die ihr ihnen entgegnet habt und daran zurückdenken. Dann werden sie beispielsweise berichten:

„Er/sie hatte Recht. Hätte ich doch damals nur auf ihn/sie gehört! Dadurch hätte ich mir viel Leid ersparen können. Ich habe daraus gelernt und handle nunmehr anders. Aber durch meine gewonnene Erkenntnis kann ich inzwischen manche schmerzhafte Erfahrungen vermeiden."

Und die Menschen sind dankbar, das durch euch so erfahren zu haben. Dessen vergegenwärtigt euch permanent, denn niemals ist euer Wort vergebens. Niemals!

☆☆☆

Die Göttlichkeit 2

Ihr alle seid göttlich! Was bedeutet diese Göttlichkeit, die ihr in euch tragt, seit jeher in euch getragen habt und die in diesen Zeiten noch umfangreicher gelebt werden möchte?

Ihr seid nachdrücklich aufgefordert, wahrhaftig durch euer Leben zu schreiten. Werdet euch zunächst darüber klar:

„Was sind mein Lebensziel und mein Lebenswunsch? Welche Werte möchte ich leben? Was möchte ich mir selbst in diesem Leben präsentieren? Welche Wege möchte ich einschlagen und welche Moralvorstellungen leben?"

Alle diese Fragen sind eng mit dem Aspekt des Göttlich-Seins verbunden. Es gilt erst einmal, eure eigenen Grenzen abzustecken und zu erkennen:

„Wer bin ich? Was zeichnet mich aus?"

Wahrscheinlich wird es euch nicht immer allzu leichtfallen, dieses derart umzusetzen und zugleich jene Werte zu leben, diese vorzuleben und dementsprechend zu handeln. Das wisst ihr.

Oft bedeutet es auch, dass euch durch die Gesellschaft Herausforderungen aufgezeigt werden, die versucht, euren gewählten Weg zu erschweren, weil sie bestimmte, veraltete Strukturen lebt, die bisweilen euren Wertvorstellungen zu widersprechen scheinen.

Aber was charakterisiert euch?

Zeichnet euch nicht aus, dass ihr bereit seid, für eure Ziele einzutreten und Mittel und Wege zu suchen, die euren persönlichen Werten entsprechen und euch diesen Herausforderungen mutig zu stellen?

Das mag nicht grundsätzlich euren Vorstellungen entsprechend gelingen. Aber es wird jederzeit die Möglichkeit bestehen, eurer Wahrhaftigkeit treu zu bleiben und euch im Rahmen der gegebenen Gesellschaftsstrukturen zu verändern.

Hier und da werden sich eure Wege nicht von heute auf morgen in dem Sinne ebnen, dass ihr diesen locker, leicht und entspannt folgen könnt. Nein. Dazu sind die veralteten, überholten Gefüge auf eurem Planeten etwas zu sehr erstarrt.

Aber euch stehen permanent alle Optionen offen, euch dafür einzusetzen, dass euer Vorhaben erleichtert werden darf.

Seid euch gewiss, ihr seid nicht allein und nicht die Einzigen, die danach streben, die Pfade der Wahrhaftigkeit, des Lichts und der Liebe endlich in vollem Umfang antreten zu können, etwas mehr Frieden, Ruhe oder Leichtigkeit in euer Leben einkehren zu lassen, noch intensiver die Liebe zu leben und den eigenen Vorstellungen zu entsprechen.

Gelegentlich trügt euch euer Gefühl, wenn ihr diese einschlagt, und vermeintlich glaubt ihr, ihr kämpft gegen Widrigkeiten an und es nütze nichts, diesen Kurs weiterhin zu beschreiten.

Aber begreift, es zieht sehr wohl eine positive Konsequenz nach sich. Nicht immer wird sie euch gewahr, dafür jedoch oft anderen, die bereit sind, euch zum Vorbild zu nehmen und euch nachzueifern, diesen göttlichen Wegen zu folgen. Wisst darum, ihr geliebten Kinder.

Alle Handlungen ziehen ausnahmslos Konsequenzen nach sich. Mitunter nicht immer für euch, aber wenigstens für eure Nachahmer.

Denkt noch häufiger daran und, vor allem, werdet euch darüber noch klarer, wenn ihr willens seid, für euch, für eure Wünsche, Ziele und Vorstellungen einzutreten. Sie werden sich euch nicht permanent offenbaren, aber zumindest eure Nacheiferer werden sie erfahren. Hin und wieder genügt es auszusprechen:

„Das ist meine Meinung."

Auch dadurch könnt ihr die Welt verändern und in anderen Menschen Ideen freisetzen, die bedingen, die Bereitschaft zu leben, sich zu verändern, seine Vorstellungen einmal kritisch zu überprüfen und die eigenen Gedanken und Handlungen zu neu auszurichten. Das ist wundervoll. Ihr könnt Unzähliges in Bewegung setzen, indem ihr euch lebt und just in jenem Augenblick in die Tat umsetzt, was ihr als Impuls verspürt.

Und nicht mehr so zögerlich solltet ihr auf eurem Weg voranschreiten beziehungsweise fortwährend couragierter in eurem Leben voranpreschen.

Traut euch und eurer inneren Stimme immer uneingeschränkter, denn diese möchte klar gelebt werden. Was hält euch denn davon ab, ihrFolge zu leisten? Es sind doch nur die Angst und das Ego.

Aber macht es Sinn, eurer Furcht und dem großen Wollen eures Verstandes nachzugeben?

Im Grunde genommen führt es euch nur dazu, dass ihr noch vehementer in Ängsten verstrickt seid, euch oder euren Wegen weiterhin etwas verweigert und diese etwas langsamer voranschreitet.

Ist es nicht beflügelnd, mutig zu sein und einen Schritt in die richtige Richtung zu vorzunehmen, indem ihr lediglich euren Herzensgefühlen vertraut?

Fordert euch doch heraus. Was habt ihr zu verlieren?

Sicherlich mag es sich für euch das ein oder andere Mal etwas ungewohnt anfühlen, wenn ihr euch getraut habt, einen Schritt zu tun. Diese Empfindung zeigt sich euch jedoch nur aus dem Grund, weil es sich für euch ab und an um noch unbekanntes Terrain handelt und ihr nicht ermessen könnt, was daraus erwächst: Werdet ihr mit euren Ideen als Mensch, als

Seele akzeptiert, die diese neuen Inspirationen in das derzeit vorherrschende System einführen möchte?

Wie könnt ihr das erfahren? Probiert es aus! Sicherlich wird dem einen oder anderen von euch Widerstand entgegengebracht werden. Aber war es nicht auch in der Vergangenheit so?

Denkt an berühmte Persönlichkeiten, die gelebt haben. Wir möchten als Beispiel Galileo Galilei nennen, als er behauptete, die Erde sei rund, während alle anderen die Ansicht vertraten, sie sei eine Scheibe. Auch ihm wurde Widerstand geleistet.

Aber ihr wisst doch selbst, welches Ergebnis sich hierbei herauskristallisiert hat. Also traut euch, mutig als Entdecker, Pionier und Wegbereiter zu fungieren.

So viele Wahrheiten und Weisheiten tragt ihr schon jetzt in euch. Diese möchten verbreitet werden. Und wenn ihr es nicht in die Hand nehmt, wer soll es an eurer statt übernehmen?

Wir können es nicht. Wir benötigen euch dazu. Nur wenn ihr euch traut, euch und eure Weisheiten zu leben, dürfen und werden Veränderungen geschehen.

Ihr geliebten Kinder, wir möchten euch dazu auffordern, beherzt diese Umstrukturierungen in Angriff zu nehmen. Denn mannigfach Positives und Erfreuliches könnt und dürft ihr hier bewegen.

Seid mutig, ihr geliebten Menschenkinder, und vertraut eurer inneren Herzensstimme. Das möchten wir euch erneut ausnahmslos nahelegen. Wir, die Geistige Welt, wie auch Gott, der Große Vater, möchten euch hier und jetzt segnen und für das ehren, was ihr in die Wege leitet und noch umsetzen werdet, ebenso dafür, wer ihr seid und für die Wege, auf denen ihr wandeln werdet.

Wir möchten euch auffordern, eurer inneren Stimme noch klarer und vehementer zu lauschen und euer Herz noch durchgängiger zu öffnen, indem ihr euch und eurem Bauchgefühl zunehmend vertraut, nicht mehr so zaghaft seid und an euch, euren Fähigkeiten und eurem Fühlen zweifelt.

Traut euch, ihr geliebten Gotteskinder!

Lauft!

Schreitet mutig voran!

Ihr solltet sein wie kleine Kinder. Sie denken nicht darüber nach, was sie ausführen. Sie gehen einfach los, handeln und plappern, ohne zuvor über ihre Worte nachzudenken. Das kennt ihr doch selbst zur Genüge.

Schmunzelt ihr nicht so manches Mal, wenn ihr vernehmt, was ein kleines Kind ausführt und erzählt? Freut ihr euch im Grunde genommen nicht darüber?

Denkt darüber einmal nach, und dann seid wie die Kinder!

☆☆☆

Der Sinn der Wünsche

Wir sind jederzeit bereit, euch eure Herzenswünsche zu erfüllen, insbesondere dann, wenn sie euch zum Wohle gereichen. Das ist unser Versprechen an euch.

Wann immer ihr ein sehnliches Verlangen in eurem Herzen tragt, das euch dazu dient, euch in die Freude zu führen, zu wachsen oder zu einem anderen euch förderlichen Zweck, ist es unser Bestreben und Bemühen, euch dieses zu erfüllen. Es ruft in uns jedes Mal ein Frohlocken hervor, das für euch in die Wege leiten zu dürfen. Wir möchten, dass ihr das wisst.

So folgt behütet euren Wegen. Seid euch gewiss, dass ihr gesegnet seid und eure weiteren Pfade gesegnet und gefügt sind von Gott, dem Großen Vater.

Bei jedem Stein, der sich vermeintlich auf eurer Route befindet, bittet darum, dass die Hindernisse, noch bevor ihr sie erreichen mögt, aus dem Weg geräumt werden.

Auch darum dürft ihr uns, die Geistige Welt, und IHN ersuchen. Seid neugierig und positiv überrascht, was euch noch an kleinen und ebenso größeren Wundern widerfahren darf.

Ihr seid als Mensch auf diesem Planeten inkarniert. Ein solcher trägt nun einmal Wünsche in sich, die für sein göttliches Wachstum und Voranschreiten wichtig sind. Ihr benötigt sie, um euch selbst erfinden und erfahren zu können: „Wer bin ich?"

Das vermögt ihr nur zu ergründen, wenn ihr gewisse Bedürfnisse in euch tragt. Würdet ihr nach nichts mehr streben, wärt ihr nicht länger auf diesem Planeten, sondern schon längst heimgekehrt zu Gott, dem Großen Vater.

Die Wünsche, die ihr in euch tragt, dienen euch dazu, herauszufinden:

„Wer bin ich? Für welchen Weg entscheide ich mich? Welcher Seite möchte ich mich verschreiben? Was sind in diesem Leben meine Ziele?"

Das könnt ihr nur in Erfahrung bringen, wenn ihr euch Sehnsüchte vorstellen könnt und diese auch lebt.

Äußert sich in euch beispielsweise das Verlangen:

„Ich möchte gerne etwas essen",

dann setzt es um. Aber deswegen ist dieses Ansinnen kein schlechtes.

Jetzt könntet ihr sicherlich einwenden:

„Wenn ich etwas essen möchte, ist das ein Bedürfnis, denn wenn ich nichts esse, werde ich sterben."

Aber allein durch die Tatsache, dass ihr euch etwas wünscht, seid ihr doch bereit, auf diesem Planeten zu verbleiben, entschließt euch sozusagen dazu, Gottes Auftrag hier auf Erden zu erfüllen.

Genau das sind die Wünsche, die definieren, wer ihr seid, denn einzig und allein über diese vermögt ihr, das herauszufinden. Niemals ist es Sinn und Zweck, Enthaltsamkeit zu leben. Nein. Das wäre fatal.

Je weiter ihr auf eurem Weg voranschreitet, desto weniger werdet ihr materielle Wünsche verspüren. Irgendwann wird es nichts mehr geben, was ihr euch ersehnen könntet, weil ihr keinerlei Bedürfnis mehr in euch tragen werdet, etwas besitzen oder haben zu wollen.

Je mehr ihr euch der göttlichen Quelle nähert, desto mehr seid ihr sozusagen wieder heil und vollkommen.

Solange das jedoch noch nicht eingetreten ist, ist es völlig natürlich, dass ihr etwas begehrt.

Ihr alle tragt dieses Herzenssehnen in euch, und es machte keinen Sinn, es zu unterdrücken.

Was ist sinnvoll?

Wir möchten euch ein Beispiel nennen. Wichtig ist zu erklären:

„Ich hege einen Wunsch. Ich möchte im Café ein Eis essen.“

Dann zieht ihr los, genießt es und stellt fest, dass es euch schmeckt. Somit seid ihr glücklich und zufrieden. Wenn ihr bemerkt, dass es euch nicht mundet, habt ihr erneut etwas gelernt.

Es ist unerheblich, einen Wunsch in euch zu tragen oder auch nicht, sondern der höhere Sinn und Zweck ist es, Erfahrungen zu sammeln.

Dafür sind euch diese gegeben. Und nur über sie könnt ihr Einsichten gewinnen.

Stellt euch vor, ihr ersehnt euch nichts. Was wäre die Folge? Ihr würdet nichts mehr in die Wege leiten und unternehmen und somit weniger Erfahrungen sammeln.

Das würde euch davon abhalten, zu Gott, dem Großen Vater, zurückzukehren, denn das ist nur möglich, wenn ihr viele Erkenntnisse gewinnt und hierüber eure Themen erkennen, bearbeiten und erlösen könnt. In dem Maße, in dem ihr diese Aufgabenstellungen verarbeitet und verändert habt, lösen sich eure Bedürfnisse auf. Dann habt ihr sie einfach losgelassen.

Aber es war wichtig, dieses Ansinnen einmal zu formulieren, und soweit es euch möglich ist, danach zu streben und es zu erfüllen.

Es wird von ganz alleine geschehen, dass ihr keinerlei Sehnsüchte mehr verspüren werdet.

Begreift, es ist nicht Sinn und Zweck eures Menschseins, Wünsche zu unterdrücken. Sie dienen euch dazu, um euch selbst erfahren zu können. Wie ihr diese gewonnene Erkenntnis umsetzt, ist wiederum eure Angelegenheit.

Lasst eine Begierde los, wenn ihr erfasst habt:

„Ich benötige nicht mehr, was ich mir noch zuvor erträumt habe."

Damit seid ihr um einen Wunsch freier. Und das ist wunderbar. Habt ihr hingegen herausgefunden:

„Das hat mir gefallen. Das möchte ich noch einmal erleben",
ist auch das in Ordnung und nichts Schlimmes oder Falsches.

Jede Erfahrung bringt euch zurück auf den Weg zu Gott, dem Großen Vater. Warum nicht eure Wünsche?

☆☆☆

Wünsche manifestieren

Ihr geliebten Kinder, seid achtsam bezüglich eurer Gedanken, denn diese bergen eine immens große Kraft in sich, manifestiert zu werden.

Das bedeutet, wenn ihr durch euer Leben wandelt und euch jeden Tag wünscht:

„Ich möchte Leichtigkeit und Freude leben“,

dann wird euch euer Ansinnen auch erfüllt werden. Handelt umsichtig, denn es ist möglich, dass euch dieses auf gänzlich andere Art und Weise zuteilwerden wird, als ihr es euch möglicherweise ausgemalt habt.

Ihr ersehnt euch dieses beispielsweise in eurem Berufsleben. Doch anstatt es euch im Detail formuliert zu wünschen, erbittet ihr lediglich Freude und Leichtigkeit. Folglich wird euch diese möglicherweise binnen der nächsten fünf Minuten geschenkt werden.

Habt ihr das bedacht?

Daher reflektiert nochmals eingehend über diese Informationen und begreift ihren Ausmaß.

Achtet auf alle eure Gedanken. Begreift, jeder einzelne von ihnen birgt eine gewaltige Kraft in sich, die künftig stetig anwachsen und zusehends schneller manifestiert wird.

Das bedeutet für euch:

Handelt sehr verantwortungsbewusst! Wendet dieses Wissen an und nutzt eure Verantwortung, denn ihr habt nun erkannt, welch enorm starkes Potenzial eure Gedankengänge in sich bergen. Und anstatt undefinierte Wünsche zu äußern oder unachtsam durch euer Leben zu schreiten, denkt doch viel lieber an alles, was sich für euch positiv, freudvoll und aufbauend anfühlt.

Wünscht euch Frieden und Leichtigkeit für euer Herz, für euer Leben, für alle eure Lebenssituationen oder, einfacher ausgedrückt:

„Ich wünsche mir Frieden in dem Sinne, wie Gott, der Große Vater, es mir nun antragen möchte."

Mit dieser Gedankenform, diesem Gebet, könnt ihr niemals falsch liegen.

Sobald ihr diese Formulierung verwendet, erbittet ihr alles, was euch zuträglich ist. Dann wird ER entscheiden, ob und in welchem Maße, in welcher Art und Weise ihr in diesen Herzensfrieden geführt werdet oder euch andere, weitere Wünsche erfüllt werden.

Aber niemals mehr werdet ihr mit einer solchen Formulierung etwas, das euch nicht zuträglich ist, herbeiführen können.

Bedenkt, etwas „Falsches" existiert nicht. Es sind lediglich unterschiedliche Wege vorhanden, die euch auf euren Lebenspfaden und somit in eurer Entwicklung fördern, die möglicherweise etwas umständlich, aber zielgerichtet sein können.

Wer hindert euch daran, alles in Gottes Hände zu übergeben? Es liegt ausnahmslos in eurer Eigenverantwortung, euch etwas zu wünschen und euch darüber klar zu werden, was ihr wollt. Doch wenn ihr das so vorgenommen habt und nach diesem Ersuchen und euren Entscheidungen tatsächlich alles in Gottes Hände abgebt und IHM überlasst, ob er dem entsprechen möge, und wenn das der Fall ist, wann und auf welche Art und Weise, wird für euch daraus niemals mehr etwas Negatives erwachsen oder etwas, was nicht für euch angedacht war.

Und so erkennt in diesen Worten die enorme Kraft, die eure weiteren Lebenswege mit großer, immenser Leichtigkeit versehen darf. Denkt darüber nach! Begreift, welch wundervolles Geschenk diese Informationen für euch in sich bergen.

Wann auch immer ihr das Gefühl verspürt, jene Eigenschaften, von denen wir gerade berichtet haben, würden euch fehlen, denkt an diese Worte und bittet darum, dass sie im gleichen Moment in euch aktiviert werden dürfen. Dann geduldet euch einige Sekunden, eventuell den einen oder anderen kurzen Augenblick. Wenn ihr möchtet, begebt euch in das Gebet, schließt eure Augen und stellt euch alles vor, was euch in die Ruhe führt. Und ihr werdet erfassen können, wie ihr in recht kurzer Zeit durch euer Bemühen diese Ruhe und Leichtigkeit, den Frieden, die Freude und ebenso die Kraft in euch aktiviert habt.

☆☆☆

Die Bitte, Karma aufzulösen

Ein großer Ball der Verformung ist nun bereit, euren Planeten umzuwälzen. Eine riesige Schar von Engelwesen, geistigen und inkarnierten Meistern und sehr weit und hoch entwickelten extraterrestrischen Planetenbewohnern, die sich teilweise hier auf diesem Planeten befinden, aber ebenso außerhalb dieses Planetensystems, sind hierhergekommen, um eure Erde und diese Umformung zu unterstützen.

Die Umstrukturierung ist unabdingbar, um den gesamten Kosmos zu stützen, aufzubauen, zu motivieren, um alles, was an negativen Lichtenergien notwendig ist, zu transformieren, umzuwandeln und umzupolen in positive, lichtvolle Energien.

Das Gleichgewicht hat sich wieder einzupendeln und einzustellen. Daher werden nun alle abträglichen Energien, Strukturen, Muster, alles Alte sowie viel Karmisches aus diesem Planeten, aus den Zellen der Menschen und anderer Lebewesen herausgelöst werden müssen.

All das muss und darf nun endlich in Positives umgewandelt werden, ihr geliebten Kinder des Lichts und der Liebe.

Hört und lest diese Worte: Es darf gelöst werden!

Über Äonen waren diese veralteten und überholten Muster und abträglichen Energien in den Zellstrukturen gespeichert, weil sie nicht herausgelöst werden durften, damit der Mensch erkennen konnte, wie schädlich seine Gedankenstrukturen und Handlungen sein können.

Die kleinste Maßnahme, der winzigste Gedanke kann sich negativ auswirken. Das hat der Mensch erfahren müssen, weil er hierüber in die Erkenntnis gefunden hat.

Alle Seelen, die bereit waren, das zu lernen und zu begreifen, die auch jetzt noch bereit sind, das zu erleben und umzudenken, werden sich bewusst, wie kostbar das Leben ist. Sie werden weiterhin verstehen, wie wertvoll es ist, darum zu bitten, in die Veränderung geführt zu werden.

Ihr könnt sehr viel Positives für die Menschen, aber genauso für euch und eure Nachkommenschaft anstoßen, ihr geliebten Gotteskinder. Bittet, und euch wird gegeben. Das ist ein Versprechen der Liebe.

So dürft ihr endlich, nach so langer Zeit, Gott, den Großen Vater, darum ersuchen, dass Karma aufgelöst wird – nicht nur von euren Mitbrüdern und Mitschwestern, nein, sondern von allen Lebewesen, die bereit waren, dieses aufzunehmen, da euer Planet Erde eine solche Masse an karmischen Energien nicht mehr tragen konnte.

Entrichtet eure Fürbitten stellvertretend für alle anderen Lebewesen, die sich nicht auf eurem Heimatplaneten aufhalten, dass aus ihnen jenes Karma herausgelöst und gelöscht werden darf.

Bittet jetzt, in dieser Sekunde darum!

Wisst, gleichzeitig findet ein großes Aufatmen im gesamten Universum statt. Spürt die Energie, die euch aus der großen Liebe all jener Lebewesen nun zufließt. Nehmt die Umarmungen wahr, die euch jetzt dafür geschenkt werden. Fühlt die Liebe, die Dankbarkeit und die Erleichterung dafür, dass es nun hat geschehen dürfen.

Zögert nicht mehr, ihr geliebten Gotteskinder, dieses regelmäßig umzusetzen.

Prüft, ob ihr willens seid, es ausschließlich aus eurem großen Herzen heraus durchzuführen, nämlich diese Bitte an uns und an Gott, den Großen Vater, zu entrichten, oder ob ihr es aus einem anderen Motiv heraus vornehmt.

Wenn es nicht eurem Herzen entspringt, sorgt euch nicht weiter darum und tretet folglich nicht in das Gebet ein.

Berichtet uns von euren Wünschen, damit alles in die Wege geleitet werden darf, was im Sinne des Lichts und der Liebe ist. So wird es dann geschehen.

Wenn ihr euch in der hohen Anbindung zu Gott, dem Großen Vater, befindet, bittet um Auflösung all es uralten Karmas, das sich in euch und ebenso in Mutter Erde über Äonen angesammelt und festgesetzt hat.

Erklärt euer Ansinnen, dass es nicht nur aus SEINER Gnade und Liebe heraus herausgelöst und neutralisiert, sondern darüber hinaus aus allen jemals existierenden Zellen herausgelöscht und mit Liebesenergien und liebevollen Erfahrungen aufgefüllt werden darf.

Ersucht auch darum, ihr geliebten Kinder, dass alles, was nun aus Gottes Gnade heraus in Positives umgewandelt wird und von dem ihr entbunden werdet, tatsächlich so geschehen darf. Ihr dürft und sollt von nun an noch nachdrücklicher darum bitten, dass dies so vorgenommen wird und eure Lebensthemen erlassen und gelöst werden.

Das eine oder andere Mal mag es vorkommen, dass daran anschließend in euch intensive Prozesse stattfinden.

Es könnten beispielsweise heftige körperliche Reaktionen auftreten, oder ihr könntet scheinbar die Nerven verlieren, weil eure Nervenstränge das zunächst einmal verkraften müssen.

Gönnt euch in diesen Momenten die nötige Ruhe, um es verarbeiten zu können, und durchlauft es mit größtmöglicher Entspannung und Gelassenheit. Ermuntert euch:

„Alles ist gut. Das sind die Transformationsprozesse, von denen die Geistige Welt gesprochen hat. Und ich habe jetzt mindestens zwei geistig geschulte Heiler an meiner Seite, die sich

darum kümmern, dass sich diese Erstverschlimmerung, die ich derzeit durchlaufe, schnellstmöglich legen wird und ich meiner Arbeit wieder nachgehen kann."

Gönnt euch diese ein, zwei oder drei Tage Ruhepause, wie lange auch immer es andauern möge, und widmet euch erneut mit großer Kraft eurer Arbeit.

Bittet darum, dass alle Aggressionen kontinuierlich abgebaut werden und alle Menschen mit der Natur und den vorhandenen Strukturen, so, wie sie derzeit noch vorherrschen, in Einklang gelangen, in der Akzeptanz und im Wissen, dass sich diese verändern werden und sich letzten Endes alles wieder im Sinne des Lichts und der Liebe fügen wird.

☆☆☆

Umwandlungsprozesse

Ihr geliebten Kinder des Lichts und der Liebe, es beginnt eine Neue Zeit. Die Ära ist in ihren ersten Zügen bereits eingeleitet. Sie wird euch viel Freude bringen, und damit werden zahlreiche Wunder einhergehen.

Es handelt sich nicht nur um Wunder der Heilung, sondern auch um solche, durch die ihr fortan mannigfaltige Fähigkeiten erhaltet, sodass ihr frohen Mutes voranschreiten dürft und neue, großartige Veränderungen in eurem Leben stattfinden. Viel Freudvolles, Positives wird sich in eurem Leben erkennbar ereignen.

Eure Wünsche werden mehr und mehr von Gott, dem Großen Vater, erhört, denn ihr befindet euch in einer Zeit der Gnade. Es handelt sich aber auch um ein Zeitgeschehen, in dem ER euch in Hülle und Fülle Geschenke überreichen wird, da ER aus der Güte SEINES Herzens heraus eure Herzenswünsche anerkennt und euch diese wie erbeten erfüllt.

Darum seid achtsam, ihr geliebten Kinder! Seid euch dessen bewusst, was ihr euch ersehnt, denn es könnte der Fall eintreten, dass euch wirklich jedes Herzenssehnen, das ihr beständig über einen längeren Zeitraum hinweg hegt, gestillt und erfüllt wird. Hierfür habt ihr dann die Konsequenzen zu tragen.

Habt Obacht, ihr geliebten Kinder, achtet noch mehr auf jeden Gedanken, den ihr tagtäglich formuliert!

Dieses möchten wir euch ans Herz legen, denn jeder Einzelne von euch stellt eine Schwingung, eine Energieform dar, die sich umso schneller manifestieren wird, je öfter ihr diesen hegt. Ihr tragt diese Fähigkeiten in euch.

Wir möchten euch hierzu ein kleines Beispiel nennen:

Je öfter ihr denkt: „Die Welt ist schlecht“, desto eher wird sich das nach eurem Vorstellungsbild darstellen. Jedes Mal füttert ihr diesen Gedanken mit reichlich negativer Energie, sodass sich diese mit ähnlichen niederen Energieschwingungen verbinden kann, sich immer mehr verdichten und materialisieren wird, die sich dann an andere Menschen anheften kann, um sie in ihrem Wirken, Handeln sowie in ihren Gedanken zu beeinflussen. Das wird bei euch nicht eintreten.

Habt keiner Angst! Es soll euch lediglich aufzeigen, dass es möglich ist.

Es gibt durchaus Menschen, die willensschwach oder in ihrem Energiekleid nicht so stabilisiert sind wie ihr. Ihnen stehen in diesem Fall keinerlei Möglichkeiten zur Verfügung, sich vor unguten energetischen Einflüssen genügend abzuschirmen, weil ihnen das Wissen um Schutz und Eigenverantwortung fehlt, über das ihr bereits verfügt.

Es ist doch lohnenswerter – und dem widmet euch von nun an pausenlos –, euch an allem zu erfreuen, was Gott, der Große Vater, euch geschenkt hat und euch Mutter Natur jeden Tag präsentiert. Beherzigt das unentwegt.

Atmet die Luft ein, dank der ihr leben dürft. Tragt eure Kleidung in dem Wissen, dass die Natur die hierfür benötigten Rohstoffe erzeugt und geliefert hat.

Schöpft tief Atem in dem Wissen:

„Es ist nicht einfach nur Luft, sondern Gottes Odem, der sich hierin präsentiert und den ich aufnehmen darf. Ich darf Gott, die Göttlichkeit, einatmen, damit sie sich auch in mir fortan verstärkt manifestiert."

Genießt, was euch in eurem Leben zur Verfügung steht. Findet Gefallen an Kleinigkeiten, euren Freunden und Familienmitgliedern, am Dach über eurem Kopf. Seid begeistert über Prüfungen, die ihr in eurem Leben bereits erfolgreich bewältigt habt, bei denen ihr glaubtet, verzweifeln zu müssen.

Es tat sich beispielsweise ein großes Problem aufgetan. Hat es sich nicht trotzdem gelöst? Erinnert euch. Eine Menge habt ihr bereits in eurem Leben erreicht! Das haltet euch stets vor Augen! Lobt euch für den Mut, den ihr in diesen Situationen bewiesen habt, und für eure Standhaftigkeit, weil ihr nicht verzweifelt, sondern eurem Weg treu geblieben seid, teilweise auch ohne Hoffnung. Zollt euch Anerkennung dafür, weil ihr es geschafft habt, diese Situationen zu meistern – wohl wissend, in jeder Situation, die ihr bewältigt habt, wart ihr permanent von einer stattlichen Heerschar geistiger Wesenheiten begleitet. Das vergesst niemals mehr, ihr geliebten Kinder des Lichts und der Liebe!

Sobald ihr erneut eine Prüfung im Großen oder im Kleinen zu meistern habt, steht euch jedwede Hilfe zur Verfügung, derer ihr hierbei bedürft!

Hunderte von Engelwesen wandeln an eurer Seite, stehen Schlange, um euch zu helfen und zu unterstützen, oft direkt neben euch, und möchten euch in inniger Liebe, Freude und Hingabe eure Aufgaben und Probleme erleichtern. Es bedarf eines einzigen Gedankens von euch, um diesen Beistand zu aktivieren, und dann darf viel Positives für euch in Bewegung gesetzt werden, auch in der neuen Ära, dem Goldenen Zeitalter.

Wisst, ein großer Veränderungsprozess ist jetzt im Begriff, sich zu offenbaren, speziell und konkret in eurem Leben.

Viele Menschen, die ihr kennt oder noch kennenlernen werdet, werden euch begegnen und auf eine Art und Weise reagieren, die euch aufhorchen und nachdenken lässt:

„Was ist mir gerade widerfahren? Was möchte mir diese Person mitteilen?“

Vielleicht wird sie sich anders als erwartet verhalten, beispielsweise aggressiv oder in Tränen ausbrechen. Hier sind keinerlei Grenzen gesetzt.

Jedenfalls wird sie ab und an ungewohnter reagieren, als es üblich wäre.

Genau in solchen Momenten erinnert euch an diese Worte, dass derzeit ein Umwandlungsprozess stattfindet! Das bedeutet, dass unzählige alte Muster, Strukturen und negative Erinnerungen, die in den Zellen eures Körpers gespeichert sind, herausgelöst werden dürfen. Hierbei handelt es sich um Erinnerungen und Erfahrungen aus vielen früheren, bereits gelebten Leben. Freut euch darüber!

Beachtet, sie könnten in jenem Moment noch einmal hervorbrechen. Die Folge wäre, ihr selbst möchtet dann manches Mal weinen oder schreien. Dann beachtet diese Emotionen einfach nicht, durchlauft sie und segnet diesen Prozess.

Sprecht aus und erinnert euch daran, ihr geliebten Gotteskinder:

„Es ist Gottes Wunsch, dass dieses nun in mir aufgelöst wurde. Und ich freue mich, dieses Geschenk von Gott, dem Großen Vater, erhalten zu haben."

Großartiges wird mit euch geschehen. Nicht nur Altes wird aus euch herausgelöst werden, weil es für euch nicht mehr von Nutzen ist. Oh nein. Auch reichlich Neues, viel Licht, Liebe und Christuslicht wird in eure Zellen integriert werden, damit ihr noch beharrlicher den Weg des Lichts und der Liebe entlangwandeln könnt, so ihr euch dafür entscheidet.

Es ist für uns ein großartiges Geschenk zu wissen, dass jeder von euch diesem göttlichen Pfad in seiner ganz eigenen und persönlichen Art und Weise bereits folgt und mancher noch, alle Erwartungen übertreffend, außerordentlich wird voranschreiten dürfen, weil er bereit ist, sich zu verändern. Solches wird nun uneingeschränkt von euch eingefordert!

Durchleuchtet eingehend euer Leben, euer Umfeld, eure Handlungen und euer Wirken, aber ebenso und vor allem eure Gedanken, denn mit ihnen beginnt alles. Dann hinterfragt euch:

„Ist das noch sinnvoll? Entspricht das dem Sinn des Lichts und der Liebe? Stimmt das mit meinem inneren Fühlen, meinen Wünschen und Wertvorstellungen überein?“

Wenn dem nicht so ist, dann tretet in Aktion, verändert, seid vor allem besonnen und mutig und überwindet eure Ängste!

Wir wissen, ihr geliebten Gotteskinder, das ist nicht immer leicht. Aber wenn ihr Mut beweist, wird dieser belohnt. Ihr werdet feststellen, wie ihr mit großer Stärke und Freude aufgrund eures Handelns eure Angst überwunden habt.

Und wahrlich, wie überschwänglich könnt ihr in diesem Prozess wachsen! Dieses haltet euch immer vor Augen.

Nicht oft genug können wir euch ermutigen, so zu verfahren.

Und wisst, jeder, der bereit ist, seine Furcht zu besiegen, wird belohnt, denn das ist Gottes Wunsch für euch. Ihr sollt in Leichtigkeit und Freude eurem Lebensweg folgen.

Es liegt an euch, dieses umsetzen, damit ihr es zunehmend leben dürft. Beginnt bei euch, bei euren Gedanken und Handlungen!

Und so möchten wir euch nun darum bitten, ihr geliebten Kinder des Lichts und der Liebe, euer großes Herz noch tiefgreifender für das Licht und die Liebe Gottes zu öffnen, aber auch für die großartige, euch befreiende und göttliche Veränderung.

☆☆☆

Die Zeit der Gnade

Ihr seid Gottes Kinder. Und nicht nur das, nein, ihr habt auch die Fähigkeiten erhalten, alles in die Wege zu leiten, was ER durch euch bewerkstelligen möchte.

Zweifelt weder daran, wer ihr seid noch was ihr könnt. Oft vermögt ihr so viel mehr Positives zu bewirken, als ihr euch zutraut. Daher möchten wir euch nachdrücklich ermuntern:

Glaubt noch tiefgreifender an euch und eure Talente! Lasst euch nicht durch das verunsichern, was ihr vollbringt, sprecht oder möglicherweise nicht berichtet! Nein.

Seid noch mutiger und offener für alles, was durch euch vollbracht werden möchte.

Wir helfen euch, ohne dass ihr das vielleicht manches Mal bewusst wahrnehmen könnt. Oft erreichen wir euch und können damit durch euch Wundervolles bewirken:

Den Menschen und dem Planeten helfen, um gewisse Energiestrukturen auflösen zu können, was unabdingbar ist. Wir können dadurch aber ebenso euch und andere in noch höhere Bewusstseinssphären anheben.

Und ihr, ihr geliebten Kinder des Lichts und der Liebe, handelt überaus wundervoll jeden Tag, an dem ihr bereit seid, zu sein, euer Leben in die Hand zu nehmen und eure Grenzen zu setzen, weil ihr euer klares Ja und Nein sprecht.

Sobald ihr euch mit einem anderen Menschen austauscht oder an ihn denkt, sendet ihr in diese Situation Energie hinein.

Ist es nicht schön zu wissen, dass liebevolle, aufbauende Gedanken, die ihr jemand anderem zukommen lasst, diesen in Form von segensreichen, positiven Energien erreichen? Wenn er dafür offen ist, helfen sie ihm sogar dabei, diese zu empfangen und somit seinen Tag ein wenig fröhlicher zu gestalten.

Unzählig Wohltuendes und Förderliches könnt ihr über diese Art und Weise bewirken.

Deshalb, ihr geliebten Gotteskinder:

Traut euch noch mehr zu!

Die Fähigkeiten, die ihr in eurem Leben erhalten habt, mögen sich weit umfassender entwickeln und euch üppig Kraft und Freude schenken. Euer Weg wird ein freudvoller, ein noch lichtvollerer sein und euch mit Talenten und Gaben bespickt an die Hand gegeben. Und diese nutzt für euer Leben!

Es ist grandios, wenn ihr sie anwendet. Ihr sollt diese jedoch nicht ausschließlich für andere verwenden.

Widmet euch doch einmal diesen Geschenken und Gottesgaben. Ersucht Gott, den Großen Vater, um Gnade. Wenn ihr der Meinung seid, ein bestimmtes Krankheitsbild oder karmisches Thema mitgebracht zu haben, bittet für euch um Erlösung.

Entsendet IHM den Wunsch nach dieser Erlösung, um Erleichterung für alle eure Probleme, die euch begegnen, zu erfahren und Menschen an die Seite gestellt zu bekommen, die euch auf euren Wegen begleiten und unterstützen.

Beauftragt uns, euch kleine Freuden für den Alltag zukommen zu lassen. Tretet für alles und jeden ins Gebet, das oder der euch am Herzen liegt.

Wenn ihr das so vornehmt, wird bei uns, in der Geistigen Welt, ein wahrlich ausgelassener Freudentanz vollführt, denn wir erkennen dadurch, dass ihr euch wertschätzt und beschenkt.

So möchten wir euch jetzt auffordern, all dies für euch in die Wege zu leiten.

Denkt beispielsweise an einen geliebten Menschen, der sich gerade in Nöten befindet oder sich vor einiger Zeit in einer solchen befunden hat, der euch um Hilfe ersucht hat oder in diesem Augenblick darum bittet. Fühlt, was ihr ihm aus eurem großen Herzen heraus, bereit seid zu gewähren und welch übermäßige Liebe hier fließen möchte.

Seid ihr es wert, euch selbst diese Liebe und Wertschätzung zukommen zu lassen?

Ihr seid es wert! Ihr steht anderen Menschen in nichts nach! Ihr seid es wert, diese Geschenke der Liebe zu erhalten!

Wann immer ihr möchtet, ihr geliebten Kinder, bittet darum. Entrichtet an uns eure Gebete und seid offen für alles, was euch im Rahmen dieser erfüllt werden möchte.

Formuliert eure Gesuche aus eurem Herzen heraus. Begreift, wenn es für euch in eurem Seelenplan vorgesehen ist, wird ihnen entsprochen werden. Daher nehmt diese Bitten offenen Herzens und voller Freude in Angriff.

Seid euch bewusst, im gleichen Moment, in dem ihr eure Wünsche vortragt oder in Gedanken formuliert, wird ihnen entsprochen.

Führt es folgendermaßen aus:

„Ich glaube daran, dass mir mein Ansinnen erfüllt wird. Und wenn es nicht so sein soll, dann wird es seinen Grund haben. Aber dann hat Gott für mich etwas Besseres vorgesehen."

Genauso wird es sein, ihr geliebten Gotteskinder. Alle euch zuträglichen Bitten werden erhört. Sollten sie nicht erfüllt werden, dann seid euch gewiss, dass sie in etwas viel Schöneres umgewandelt werden dürfen, das vielleicht noch ein wenig warten muss, bis es in euer Leben treten darf. Das geschieht, damit ihr dann dieses Geschenk ausgiebig genießen könnt.

Wir möchten euch folgende Botschaft mit auf den Weg geben: Ihr werdet über alle Maßen geliebt!

Diese tiefe, unermessliche Zuneigung möchten wir euch erweisen, indem wir jetzt jedem von euch spezielle, euch fördernde Energien zufließen lassen, die gleichzeitig Altes oder Schmerzhaftes aus euch herauslösen.

Lasst diese über euren Körper hinab in die Erde abfließen und füllt ihn gleichzeitig wieder mit Liebes- und Kraftenergien auf.

Ihr sollt vor Kraft strotzen und euch voller Stärke, Mut, Zuversicht und Tatendrang euren Herausforderungen stellen. Diese gebündelte Lebensenergie flutet augenblicklich durch euren Körper und euer gesamtes Sein. Sie reaktiviert all eure Kraft, euer Sein und alles, was in diesem Moment notwendig ist.

Nehmt wahr, wie sie euch komplett durchflutet und erfüllt und badet darin.

Und so werden diese Energien weiterhin etwas verändert und angepasst, manches herausgezogen, anderes in euch integriert und das eine oder andere an neuen Informationen in euch gespeichert.

Eure Zellen werden dahingehend umgewandelt, dass Altes, nicht mehr Benötigtes, und alte, vergangene, schmerzhafte Erfahrungen herausgelöscht werden. All das darf euch nun aus SEINER, aus Gottes unermesslichen Liebe und Gnade heraus erlassen werden.

Wenn ihr möchtet, bedankt euch für diesen Prozess und für eure Bereitschaft, dieses so zu erfahren, da ihr willens wart, dadurch zu lernen, in die Kraft und die Erkenntnis zu finden.

All dies setzt bitte um und dankt für die durchlaufenen Erfahrungen, denn hinter allem liegt ein höherer Sinn und Zweck. Wenn ihr diesen einmal nicht erkennen könnt, erinnert euch daran, dass es ihn dennoch gibt, denn genauso ist es für euch vorherbestimmt. Wenn die Zeit reif ist, werdet ihr das begreifen können.

Wir möchten euch noch ein kleines Geschenk überreichen. Stellt euch Folgendes vor:

Wenn ihr heute Abend zu Bett geht, legt euch einen Herzenswunsch an eure Seite, den ihr schon über einen längeren Zeitraum hinweg hegt und von dem ihr meint, dass er euch in die Erfüllung und in die Freude führen wird.

Legt ihn euch ganz bewusst im Geistigen zurecht, bittet darum, dass er erfüllt wird, und übergebt ihn in die Hände eines Engels, der an eure Seite treten, ihn nehmen und an Gott, den Großen Vater, übermitteln wird.

Wir bitten euch, dermaßen zu verfahren.

Ihr werdet erkennen, viele eurer Wünsche dürfen in den nächsten Zeiten in Erfüllung gehen. Darauf freut euch, ihr geliebten Kinder des Lichts und der Liebe!

Wenn es sich für euch stimmig anfühlt, wiederholt das gerne regelmäßig.

☆☆☆

Themen werden erlassen

Ihr geliebten Kinder Gottes, des Großen Vaters, ihr lebt in einer überaus bedeutsamen Zeit. Jeder darf in seinen Schwingungen angehoben werden. Jedem Einzelnen von euch darf aus Gottes Gnade heraus manches Thema erlöst werden, sodass ihr es in diesem Leben nicht mehr werdet bearbeiten müssen.

Werdet euch bewusst, was das für euch bedeutet.

Ihr habt dieses Geschenk erhalten. Und auch anderen auf diesem Planeten wird es dargeboten werden. Es ist für alle vorgesehen, die dieser Hilfe bedürfen, um noch mehr an ihren Aufgaben wachsen zu können, oder die, lasst es uns einfach einmal in euren menschlichen Worten ausdrücken, es „verdient" haben, die noch bewusster, noch bereitwilliger sind, diesen lichtvollen, göttlichen Pfaden zu folgen.

Wir möchten euch dieses Präsent heute und hier überreichen. Empfangt es mit offenen Armen. Freut euch darüber, ihr geliebten Kinder. Lasst Jubelschreie ertönen und seid euch bewusst, dass hier das ein oder andere Thema nicht nur ge- und erlöst werden darf, sondern damit einhergehend auch manche Problematik in eurem Leben. Eine Menge hinderlicher Steine werden aus euren Wegen gerollt, damit ihr sie noch müheloser, in großer Leichtigkeit und überwältigender Freude beschreiten könnt, denn es ist unser Bemühen, euch hierbei zu helfen, soweit wir dieses zu bewerkstelligen vermögen.

So gebt nun ab all die Lasten, die auf euren Schultern ruhen mögen. Lasst alle Themen, von denen ihr euch nun lösen möchtet, los und schiebt sie von euch weg. Legt sie vor euch auf den Boden. Versinnbildlicht euch, um welche Herausforderungen und Lasten es sich handelt und was euch am meisten

Schwierigkeiten bereitet oder ihr aus eurer Freude heraus gerne aufgelöst haben möchtet.

Betrachtet diese vor euch liegenden Themen. Das eine ist etwas größer, das andere etwas kleiner, eins davon ist dunkel, schwarz oder pechschwarz und das nächste in einer anderen Farbe, vielleicht ockerfarben.

Erkennt, was sich sinnbildlich vor euch manifestiert, und nehmt wahr, wie nun eine Wesenheit vor euch niederkniet, eure Füße, Knie und Hände küsst und dann weiter hinauf, bis zu eurem Scheitel. Nehmt zur Kenntnis, wie sie zwar nicht alle, aber einige dieser Bürden von euch an sich nimmt und sich dankend vor euch verbeugt, weil ihr bereit wart, diese endgültig loszulassen. Danach verabschiedet sich die Wesenheit wieder.

Das ist ein Geschenk an euch, weil ihr euch dazu entschlossen habt, euch noch ausgiebiger dem Licht und der Liebe zu öffnen.

Denkt immer wieder an diese Prozession, die soeben hat stattfinden dürfen.

Lasst noch mehr los!

Das ein oder andere wird jetzt und gleichfalls im Laufe der nächsten Tage noch nachdrücklicher aus euch herausgeschüttelt, damit die Themen, die ihr jetzt oberflächlich habt entlassen dürfen, vollständig aufgelöst werden können und dürfen.

Es benötigt schlichtweg Zeit, bis manches komplett herausgelöst sein wird. Aber so wird es sein.

Freut euch vor allem auch auf eure Aufgaben. Mancher steckt in diesen bereits mittendrin. Ein anderer wird in diesem Augenblick darauf vorbereitet. Der Nächste kann gespannt sein, seinen göttlichen Auftrag in der nächsten Zeit zugeführt zu bekommen. Daher seid beglückt ob allem, was euch im Rahmen dieser Aufgabe noch geschenkt werden möchte.

Oft werdet ihr Menschen an die Seite gestellt bekommen, die euch helfen, euren Weg zu erleichtern und ihn in Freude gehen und die Geschenke des Lebens noch mehr wertschätzen zu können. Frohlockt ob all dieser Dinge.

Zieht eure Gedanken von allem ab, was euch Probleme bereitet und aus der Mitte wirft.

Wir möchten euch bitten, die Gedankenhygiene noch intensiver zu betreiben, noch vehementer Gedankenkontrolle zu üben, euch fortwährend in eure Stabilität zurückzubefördern und euch allem zu entziehen, das euch daran hindert, in die innere Mitte und euren Herzensfrieden zu gelangen.

Lasst die Emotionen von euch abperlen.

Wenn ihr euch nicht wohlfühlt, bittet pausenlos darum, dass sie abfließen dürfen. Denkt an etwas Schönes. Stellt euch vor, wie euch Gold durchflutet oder ihr einen euch wichtigen Menschen an eure Seite nehmt, der euch streichelt, euch etwas Nettes oder gar Lustiges zuflüstert, sodass ihr ins Lachen geführt werdet.

Stellt euch möglichst viel Freudvolles vor:

Denkt an die Zukunft, wie sie sich gestalten wird, mit all dem Herrlichen und Wundervollen, das ihr noch erleben werdet, wie die Sonne zum Beispiel zunehmend den Frühling hervorlockt.

Lasst euch etwas einfallen. Und dann spürt, wie nach und nach die Freude wieder in eurem Herzen Einzug hält.

So viele Möglichkeiten stehen euch zur Verfügung. Doch oft seid ihr nicht bereit, diese als solche wahrzunehmen.

Wir fragen euch: Warum?

Hin und wieder ist es bequem für euch, sich im Leid zu suhlen und nicht in Aktion treten zu müssen. Aber ist es nicht wesentlich erbaulicher, berichten zu können:

„Es war schwierig, mich aus diesen negativen, abbauenden Emotionen zu befreien. Aber ich habe es aus eigener Kraft geschafft. Darauf kann ich stolz sein. Und wenn ich das gemeistert habe, bin ich beim nächsten Mal wieder erfolgreich und vielleicht sogar bereit, meinen Freunden und Bekannten davon zu berichten, dass auch sie das erreichen können."

Ihr müsst hierbei nicht unbedingt über Spirituelles sprechen. Aber erklärt ihnen doch:

„Hör mir bitte zu. Hast du dir einmal überlegt, dich mit etwas gänzlich anderem zu befassen und bewusst die Freude zu leben, wenn du dich unwohl fühlst? Du könntest dir beispielsweise eine Tasse Kaffee aufbrühen, ihn in aller Ruhe genießen und in diesem Moment an nichts anderes denken als an den Genuss, den er dir bereitet."

Das sind Beispiele, mit denen ihr arbeiten könnt.

Übt. Trainiert, damit ihr wieder in die Lebenslust und Leichtigkeit geführt werdet. Gebt dieses Informationsmaterial gerne weiter und verbreitet es. Ihr sollt ausprobieren und spielerisch ans Werk gehen.

Jeder von euch möge hier testen, was sich für ihn stimmig anfühlt und was vielleicht nicht, was eventuell teilweise überhaupt nicht funktioniert. Das ist nicht schlimm. Aber wir möchten euch bitten, es auszuprobieren.

Ihr werdet erkennen, wie viele eurer Wege auf den Erfolg ausgerichtet sind. Und wenn ihr das eine oder andere Mal geübt habt, werdet ihr es in der nächsten Zeit schneller bewerkstelligen können, und dieses Ergebnis wird sich immer rasanter in euch manifestieren.

Es wird ein Zeitpunkt kommen, an dem ihr keinerlei Probleme mehr damit habt, eine Situation, die euch aus eurer inneren Mitte katapultiert hat, derart zu verändern, dass ihr im nächsten Moment wieder in der Glückseligkeit schwebt.

Ist das nicht etwas Wunderschönes, Erstrebenswertes?

Darum übt, ihr geliebten Gotteskinder. Scheut euch nicht davor, erneut Eigenverantwortung für euch und euer Leben zu übernehmen.

Wir werden euch Unzähliges in mannigfacher Weise als Geschenk zurückgeben dürfen. Dessen seid euch gewiss!

Denkt permanent daran: Ihr könnt niemals etwas verlieren oder falsch machen.

Gebt nicht der Angst nach, etwas Falsches in die Wege zu leiten. Ihr könnt euch dabei helfen und euch erneut in die positiven, aufbauenden und euch zuträglichen Energien und Schwingungen zurückführen. Bereits euer Versuch genügt. Denkt immer daran.

Es ist uns wahrlich eine große Freude, mit welch offenem Herzen ihr wieder zugegen wart.

Lasst uns jetzt noch einmal in einem Freudenchor jubeln und einen Freudentanz vollführen. Betrachtet mit geschlossenen Augen, wie sich dieser Raum mit Hunderten von Engeln und Wesenheiten füllt, die tanzen, das Tamburin schwingen, die vielleicht den ein oder anderen Tanz aufführen, wie sie singen und lachen.

Und alles nur, weil ihr anwesend seid und eure Herzen öffnet, weil ihr bereit seid, den Pfad des Lichts und der Liebe zu beschreiten, zu verändern und Gottes Wegen zu folgen.

Unterschätzt niemals mehr eure Gedankenkraft!

Unterschätzt niemals mehr jedes einzelne Gebet von euch!

Unterschätzt niemals mehr eure eigene Kraft!

Göttliche Qualitäten vorleben

Ihr geliebten Gotteskinder, wisst, jeden von euch zeichnet eine besondere Qualität aus. Jeder von euch ist einzigartig in seinem Sein. Ihr seid etwas ganz Besonderes.

So verfügt ihr über vorzügliche Eigenschaften und Fähigkeiten, die euch charakterisieren. Diese unterschätzt niemals mehr, denn sie sind sehr außergewöhnlich.

Die Zeit würde nicht ausreichen, um auch nur einen einzigen von euch mit all seinen Anlagen zu beschreiben.

Überlegt, was das bedeutet. Habt ihr euch schon einmal verdeutlicht, wie wundervoll und besonders ihr seid? Mag das nicht die eine oder andere Frage aufwerfen:

„Trage ich tatsächlich diese wundervollen Qualitäten in mir?"

Ja, ihr verfügt über diese!

Oft wendet ihr eure Qualitäten sehr unbewusst an und begreift in jenem Augenblick gar nicht, dass ihr sie einsetzt. Wir möchten euch hierfür ein Beispiel geben:

Ihr befindet euch in einer Zeit, da allerlei auf euch einwirkt und zahlreiche Menschen etwas von euch einfordern möchten. Und ihr erwidert:

„Nein. Deiner Bitte werde ich jetzt nicht entsprechen. Ich habe jetzt meine Arbeit zu erledigen und kann mich im Moment nicht um deine oder eure Anliegen kümmern. Aber später werde ich darauf zurückkommen."

Was wird damit aufgezeigt? Fällt euch auf, dass ihr bereits mit diesen gesprochenen Worten etliche eurer Qualitäten eingesetzt habt?

Was ist damit gemeint?

Ihr wart euch und dem anderen gegenüber wahrhaftig, indem ihr auf eure innere Stimme gehört, ihr vertraut und mitgeteilt habt:

„Augenblicklich fehlt mir die Zeit, mich um deinen Wunsch zu kümmern."

Zum Zweiten bringt ihr dem anderen zum Ausdruck, dass ihr wahrhaftig und achtsam geantwortet und ihm euren Respekt erwiesen habt. Ihr habt ihm nämlich unmissverständlich zu verstehen gegeben, dass ihr euch derzeit nicht um sein Anliegen kümmern könnt oder wollt, aber auch, dass ihr seine Sorgen und Nöte ernst genommen habt und später darauf zurückkommt. Ihr habt ihm klar aufgezeigt, das wahrgenommen und nicht vergessen zu haben und dass ihr zu einem späteren Zeitpunkt darauf Bezug nehmen und ihm eure Achtung entgegenbringen werdet.

Schließlich und endlich habt ihr eure Liebe zum Ausdruck gebracht. Ihr steht für euch ein, offenbart aber auch dem anderen Liebe, indem ihr für ihn da seid und euch zu einem späteren Zeitpunkt wieder an ihn wendet.

Ihr vermittelt dem anderen eure Liebe, Achtung und Wertschätzung, wenn ihr eine gewisse Weile, vielleicht einige Stunden oder nur wenige Minuten, habt verstreichen lassen, euch währenddessen euren eigenen Angelegenheiten gewidmet habt und hiernach auf jenen zurückgekommen seid und ihm erklärt habt:

„Jetzt habe ich für dich Zeit. Was möchtest du mit mir besprechen? Worum geht es? Wobei kann ich dir helfen?"

Damit seid ihr offenen Herzens auf diesen Menschen zugegangen.

Daher scheut euch nicht mehr davor, anderen klar eure Grenze aufzuzeigen und zu entgegnen:

„Jetzt fehlt mir die Zeit für dich. Aber sobald es mir möglich ich, komme ich auf deine Anfrage zurück."

Denkt über eine solche Situation einmal nach.

Was bedeutet es für euch, wenn euch solch ein Mensch begegnet und erwidert:

„Ich kann mich jetzt nicht um dein Anliegen kümmern, aber heute Abend werde ich mich bei dir melden."?

Fühlt ihr euch damit nicht wertgeschätzt?

Welchen Nutzen hätte es, wenn sich diese Person, der die Zeit fehlt, die gestresst ist und sich gedanklich mit anderen Dingen beschäftigt, euch zuliebe nachgibt:

„Es ist in Ordnung. Worum geht es?"

Ihr berichtet von eurer Thematik, von eurer Problematik, die euch so schwer auf dem Herzen liegt. Aber sie ist geistesabwesend und unaufmerksam.

Fühlt ihr euch dann nicht missachtet? Sicherlich habt ihr zwar euer Herz ausgeschüttet, aber was ihr mitgeteilt habt, hat euer Gesprächspartner nur ansatzweise wahrgenommen.

Es ist doch wesentlich erbaulicher zu wissen:

„Ich muss zwar jetzt eine gewisse Weile warten, aber danach ist er/sie bereit, sich mir uneingeschränkt zu widmen, so, wie es ihm/ihr eben möglich ist."

Das ist doch wundervoll.

Möchtet ihr nicht ebenso behandelt werden oder auf diese Art und Weise anderen begegnen?

Denkt darüber nach, was das bedeuten mag.

Es hat für euch zuallererst den Sinn:

Ihr steht für euch und das ein, was ihr fühlt und denkt. Ihr seid nicht mehr zwiegespalten, denn ihr habt klar verdeutlicht:

„Ich habe jetzt keine Zeit. Aber ich komme auf dich zurück."

Geht im umgekehrten Fall folgendermaßen vor:

Euch liegt etwas auf dem Herzen. Ihr möchtet euch darüber austauschen und spürt, dass der andere momentan zu beschäftigt oder dem nicht gewachsen ist. Dann bietet ihm an:

„Ich spüre, du bist nicht ganz bei dem Thema oder bei mir. Möchtest du vielleicht zu einem späteren Zeitpunkt darüber sprechen?"

Damit bietet ihr diesem Menschen die Gelegenheit, kurz darüber nachzudenken. Dann hat er die Verantwortung übernommen, in diesem Moment eine Entscheidung zu treffen.

Aber führt euch vor Augen, dass ihr in solchen Momenten eine beachtliche Eigenverantwortung und vor allem auch die Selbstliebe euch gegenüber lebt, denn ihr seid für euch eingetreten.

Lasst uns ein weiteres Beispiel nennen:

Es ist derzeit nicht stressig. Ihr habt Ruhe und Zeit.

Der Mensch ist oft so veranlagt, dass er sich erinnert:

„Ich habe noch Verschiedenes zu erledigen, muss ein wenig aufräumen, spülen und meine Kinder von der Schule abholen."

Halt! Denkt nicht nur intensiv daran, was ihr bewerkstelligen **müsst**, sondern daran, was ihr tun **wollt**.

Holt eure Kinder nicht deswegen von der Schule ab, weil es eine Verpflichtung ist. Ändert den Gedanken um und sagt stattdessen:

„Ich darf meine Kinder nach dem Unterricht abholen und mit ihnen Zeit verbringen. Zahlreichen Eltern sind hieran gehindert, weil sie übermäßig in ihre Arbeit eingebunden oder vielleicht ernsthaft erkrankt und nicht mehr dazu fähig sind, ihre Sprösslinge nach Hause zu begleiten. Doch ich darf das. Ich darf sie begrüßen und bin der Erste, der ihnen nach Unterrichtsschluss begegnet, der sie fragen kann: „Wie geht es dir? Wie war dein

Tag? Hat es dir gefallen?" Dadurch kann ich mit meinen Kindern kommunizieren und mich mit ihnen austauschen. Vielleicht werden sie mich ebenfalls fragen, wie mein Arbeitstag war."

Verändert eure Gedanken! Folgt nicht mehr dem alten, überholten Muster, übermäßig viel arbeiten zu müssen! Überlegt euch stattdessen: Wie könnt ihr profitieren und euch etwas Gutes gönnen, wenn ihr beispielsweise euren Haushalt erledigen müsst?

Jetzt werdet ihr vielleicht denken:

„Das ist doch wohl eine Pflicht, die ich jeden Tag in irgendeiner Art und Weise zu bewerkstelligen habe."

Beginnt doch einmal wie folgt vorzugehen:

„Wenn ich jetzt meine Wohnung aufräume, Geschirr wegspüle oder das Essen zubereite, dann bietet sich mir die Möglichkeit, erneut einige meiner negativen, abbauenden Energien in positive, aufbauende umzuwandeln."

Bittet doch in dem Moment, in dem ihr eure Wohnung reinigt, darum, dass auch gleichzeitig alle euch nicht zuträglichen Gedanken gereinigt und transformiert werden und ihr sozusagen im energetischen Sinn einen Hausputz vornehmt.

Denkt auch daran, wie grandios es sich anfühlen wird, wenn ihr auf diese Art und Weise verfahren seid, denn dann wird von Neuem ein tiefer, umfassender Friede und überschwängliche Leichtigkeit in euch und in eurem Zuhause einkehren können.

Sehr viel Licht, Leichtigkeit und freudvolle Energien könnt ihr damit bei euch manifestieren, wenn ihr euch von dem überholten Gedankenmuster abwendet:

„Ich muss schon wieder mein Haus aufräumen".

Verändert eure Gedanken dahingehend, dass ihr diese beständig positiv und aufbauend ausrichtet:

„Ich darf wieder das Licht und die Sauberkeit in meine Wohnung einladen. Und hinterher werde ich mich wohlfühlen, weil ich erneut einen Teil der häuslichen Pflichten erledigt habe. Dann darf ich mich ausruhen."

Veranschaulicht euch, was euch diese Arbeiten Positives einbringen. Belohnt euch dafür. Startet bereits im Vorfeld voller Absicht und Klarheit mit solchen Belohnungsgedanken, und ihr werdet feststellen, dass euch das bei all euren Aktivitäten beflügeln wird, und die Zeit, die ihr mit verschiedensten Arbeiten verbringt, wird oft blitzschnell verfliegen.

Hegt daher beharrlich positive, freudvolle Gedanken!

Malt euch beständig aus, was euch diese vollbrachte Verrichtung an Ruhe und freudvollen Gedanken bringen wird. Genießt diese Überlegungen auch, während ihr eure Tätigkeit erledigt.

Das sind wundervolle Qualitäten, die ihr immer wieder so ausleben könnt, denn ihr habt absichtlich eure Denkweise Erfolg versprechend verändert.

Wie viel befreiender ist doch euer Tagewerk, wenn ihr euch dabei vergegenwärtigt:

„Wie schön werde ich es nachher haben, wenn alles aufgeräumt ist."

Wie viel unangenehmer fühlt es sich an, wenn ihr die Arbeit beginnt und ausführt und gleichzeitig denkt:

„Jetzt muss ich schon wieder aufräumen."

Erkennt ihr den Unterschied?

Denkt doch einmal über die verschiedenen Aussagen nach. Ihr werdet den Unterschied fühlen können.

Allein diese Gedanken vermögen bereits eure Energien zu beeinflussen. Wirkt doch stattdessen selbst förderlich auf euch ein. Wenn es euch nicht gelingt, überlegt euch einen anderen Anreiz. Lenkt euch ab! Dreht die Musik lauter! Singt mit!

Diese Werkzeuge können euch dabei helfen, in positive Gedanken und Energien hineinzufinden, wenn ihr wieder einmal etwas zu erledigen habt, das euch weniger Vergnügen bereitet.

Selbst wenn ihr das nicht erreicht, klopft euch zumindest dafür auf die Schulter oder lobt euch für den Versuch und euer Bemühen, denn es ist viel wert, dass ihr bereit wart, diese Arbeit trotz eures Widerstands auszuführen.

Habt ihr einmal darüber nachgedacht, wie bedeutsam das ist?

Wenn nicht, führt es jetzt bitte aus, sinnt darüber nach, beschäftigt euch eingehend mit dieser Frage.

Es gibt genügend Menschen, die sich vor Arbeiten drücken, di e ihnen keine Freude bereiten und erklären:

„Das bereitet mir keinen Freude. Also lass ich es bleiben."

Aber ihr wart bereit, euch genau diesen unangenehmen Situationen zu stellen.

Dabei muss es sich nicht immer um Hausarbeit handeln. Es kann auch ein Thema sein, das euren Mut fordert, um eben unmissverständlich euer Ja oder Nein auszusprechen.

Habt ihr euch auch lobend auf die Schulter geklopft, als ihr ganz mutig gewesen seid, eure Wahrhaftigkeit gelebt und Grenzen gesetzt habt?

Wenn nicht, ihr geliebten Kinder, wir sind es! Wir sind stolz auf jeden Einzelnen von euch und auch darüber, was ihr alltäglich bezüglich eurer Wahrhaftigkeit und euren Mut in Angriff nehmt.

Zollt euch fortwährend für euer Handeln Anerkennung! Verabschiedet das überholte Muster: „Eigenlob stinkt!", sondern lobt euch ohne Unterlass, denn das wird euch aufbauen und in eurem göttlichen Wachstum fördern.

Wir ermuntern euch, das immer wieder vorzunehmen, denn es wird euch nicht nur in eurem Wohlbefinden stärken, sondern euch ebenso viel Freude bereiten und in eurem Selbstwert stärken.

Wir bestärken euch, das pausenlos vorzunehmen und euch gerade für solche Kleinigkeiten zu loben. Das setzt bitte um! Ihr seid es wert!

☆☆☆

Gottes Herrlichkeit

Nehmt die Herrlichkeit Gottes wahr, die bereits in euch gewachsen ist, die ihr lebt, der ihr euch weiterhin hingeben sollt und die sich noch in und aus euch heraus entwickeln möchte. Erkennt immer mehr an, wer ihr seid.

Im Grunde genommen seid ihr nicht nur SEINE Kinder, Gottes Kinder, sondern ihr steht IHM auch in nichts nach. Genau das gilt es für euch erneut zu entdecken.

Das bedeutet für euch, nun zusehends vorbehaltlos zu akzeptieren: Ihr seid Licht! Ihr seid Liebe, und ihr könnt alles vollbringen, was ER zu tun vermag, wenn ihr den festen Glauben daran hegt.

Dieser, ihr geliebten Gotteskinder, möchte in euch noch ausgeprägter entwickelt und intensiviert werden, indem ihr euch eurem Alltag widmet.

Traut euch noch viel mehr zu!

Gottes Wege mögen euch von nun an fortwährend offenstehen. Nie wieder sollt ihr eine Tür zuschlagen müssen, weil ihr glaubt, es nicht wert zu sein.

Euch allen stehen wundervolle Wege bevor. Im Prinzip handelt es sich um solche, die euch zu großem Wachstum verhelfen können. Und jeder von euch kann jederzeit in seinem Leben entscheiden, ob er bereit ist, durch diese geöffnete Tür hindurchzuschreiten oder nicht.

Wenn ihr euch dazu entschließt, diesen Durchgang zu passieren, ohne über die Kenntnis zu verfügen, was euch dahinter erwartet, dann seid gewiss, dass euch zahlreiches Erquickliches erreichen wird, das euch nicht nur in eure Kraft und in euer Wachstum führen wird, sondern darüber hinaus viel Positives, Aufbauendes, mit dem ihr nicht rechnet. Gott, der Große Vater, stellt für euch mannigfach und reichlich Überraschungen und Geschenke bereit. Aber nur wenn ihr willens seid, diese anzunehmen, darf und wird ER euch diese bescheren.

Oft zögert ihr, etwas zu empfangen, weil ihr der Meinung seid, es nicht wert zu sein, in der Schuld zu stehen oder es nicht verdient zu haben.

Aber seid ihr nicht der Überzeugung, es liegt in Gottes Ermessen festzulegen, ob euch ein solches zuteilwerden soll und darf oder auch nicht? Seid ihr nicht der Ansicht, es liegt an IHM, das zu entscheiden?

Gott, der Große Vater, weiß genau, welche Wahl ER trifft! Und jedes Geschenk, das ihr von IHM empfangt, überreicht ER jedem Einzelnen mit SEINER unermesslich großen Liebe.

Solltet ihr ein solches erhalten, zögert niemals mehr, es anzunehmen und dann in all seiner Fülle zu leben! Nutzt dieses Präsent! Erfreut euch daran und wisst: Es hat seinen Zielort erreicht, weil es genau beim richtigen und vorgesehenen Empfänger angekommen ist, nämlich bei euch.

Ihr dürft und sollt dieses nutzen und euch darüber freuen!

Grübelt nicht so sehr darüber nach, was es für euch bedeuten soll! Zweifelt nicht an euch! Macht euch auch niemals mehr die Gedanken anderer Menschen zu eigen, die die euch erwiesene Anerkennung vielleicht nicht wertschätzen und womöglich versuchen, euch ein schlechtes Gewissen einzureden.

Lasst sie stehen! Das ist in diesem Fall wiederum das Ego dieser Seelen, weil sie glauben, ihr besitzt etwas, das ihnen bislang verwehrt blieb.

Und dann segnet diese Gotteskinder und freut euch über euer Präsent! Stellt euch vor, wie ihr es in euren Armen haltet, durch die Straßen lauft und jubelt:

„Ich habe von Gott etwas Einzigartiges erhalten! Das ist

mein Geschenk von IHM. Und ich bin es in jedem Fall wert, es zu empfangen! Ich bin es wert! Das habe ich mir verdient!"

Und dann erfreut euch daran und nutzt es! Niemand sollte euch davon abhalten.

Solltet ihr einmal ein solches Präsent zurückweisen, dann wisst, es benachteiligt euch nicht. Denn Gott, der Große Vater, weiß, dass eine solche Reaktion ab und an euren Ängsten entspringt und ihr aus eurem Menschsein heraus manches nicht annehmen möchtet oder könnt, obwohl es euch zuträglich wäre.

Deshalb wird ER euch zu einem anderen Zeitpunkt erneut fragen, ob ER euch jene Gabe überreichen darf. In dem Moment seid ihr wieder aufgefordert, euch zu entscheiden:

„Möchte ich es dieses Mal in Empfang nehmen?"

Dann zögert nicht!

Wenn ihr erneut zaudert und es ablehnt, wird es einen weiteren, späteren Zeitpunkt geben, an dem euch diese Frage wiederholt gestellt wird, denn ist ausschließlich von Wichtigkeit, zu lernen:

„Ich darf etwas annehmen! Ich soll in meinem Leben Freudvolles erhalten! Und mir wird ein Geschenk von Gott, dem Großen Vater, überreicht."

Ihr seid es wert! ER liebt euch über alle Maßen! ER liebt DICH unermesslich!

Daher nehmt diese Symbole tiefer Zuneigung und Liebe an, ihr geliebten Kinder. Unzählige mehr stehen für euch bereit.

Wenn ihr wüsstet, um welche Überraschungen es sich handelt, ihr würdet vor Freude und Lachen außer euch sein! Ihr würdet mit weit geöffneten Händen jauchzend darauf zugehen und wissen, was sie in eurem Leben noch bewirken, wie sie sich auswirken und wie viel leichter euer Leben werden kann.

Aber ein jeder von euch ist in einer solchen Situation gefragt:

„Bin ich bereit zu springen? Entschließe ich mich dazu, meinen eigenen Wert, den ich repräsentiere, zu schätzen?“

Und dann prüft euch:

„Akzeptiere ich mich sowie die Tatsache, dass ich etwas erhalte, das mir riesige Freude bereitet?“

Stellt euch folgende Situation vor:

Ihr erhaltet jetzt das Geschenk, dass euch einige eurer Lebensthemen durch SEINE Gnade erlassen werden, weil Gott, der Große Vater, euch innig liebt.

Seid ihr bereit, das zu empfangen? Denkt darüber einmal nach.

Wenn ihr die Bereitschaft erklärt, dieses Geschenk wahrhaftig aus eurem großen, liebevollen Herzen heraus ohne Schuldgefühle oder Angst anzunehmen und ohne das Gefühl:

„Nein, das bin ich nicht wert. Will ER mir das wahrhaft schenken?“,

dann nehmt es in Empfang! Und zwar jetzt, in diesem Augenblick!

Hierbei handelt es sich um einen großartigen, einzigartigen Liebesdienst, den wir euch nun darbringen dürfen.

Jeder von euch möge sich in dieser Sekunde mit seinem Herzen verbinden und Gott-Vater, Gott-Mutter, anschließend folgende Antwort übermitteln:

„Ja, ich bin bereit, DIR einige meiner Lebensthemen zu überlassen. Löse DU sie für mich auf. Das ist DEIN Geschenk an mich. Und wenn DU mir dieses nun darbieten möchtest, dann werde ich es ohne zu zögern freudig und voller Dankbarkeit annehmen.“

Ihr geliebten Kinder, wir möchten euch nun darum bitten, mit eurer erhaltenen Gabe auch auf eine Art und Weise zu verfahren, die euch stets daran erinnert:

Dieses Geschenk hat ER euch aus SEINER unendlich großen Liebe heraus überlassen.

Geht weise damit um! Erinnert euch jederzeit daran, aus welchem Grund ihr es erhalten habt: Weil ihr es wert seid!

Denkt ebenso darüber nach, wie viel Verantwortung erneut für euch dahinter verborgen ist. Denn auch euch steht die Möglichkeit offen, solche Präsente anderen Menschen darzubieten. Das führt ihr aus, indem ihr ein Gebet der Liebe sprecht. Diese Fürbitten für andere Menschen sind gleichermaßen großartige Geschenke. Verdeutlicht euch: Jeder Einzelne von euch birgt eine große Kraft in sich.

Immer wieder könnt ihr Gott darum ersuchen, gewisse Lebensthemen zu erlösen, aufzulösen und in die Heilung zu führen, Geschenke zu überreichen, Schmerz zu lindern und zu lösen oder etwas Positives zu bewirken.

Wahrlich alles könnt ihr über ein solches Gebet vornehmen.

Bittet, und euer Begehren wird erhört!

Ob dieser Bitte dann tatsächlich entsprochen wird, das überlasst Gott, dem Großen Vater, denn ER überschaut, was ER in die Wege leiten kann und sinnvoll ist.

Gott kennt alle eure Seelenpläne und weiß, welchen Weg ihr zu gehen ihr euch ausgewählt habt.

Und alles, was euch erlassen werden darf, wird ER euch aus SEINER großen Liebe heraus abnehmen.

Das ist ein Versprechen, das wir, die Geistige Welt, euch geben dürfen. Jedes geäußerte Herzenssehnen, das eurem Wachstum dient, darf gestillt werden. Daher tragt achtsam und wohlüberlegt eure Bitten vor, denn oft werden sie euch erfüllt.

Wenn euch anschließend euer Wunsch gewährt wird, seid ihr häufig der Ansicht:

„Darum habe ich doch gar nicht gebeten."

Doch, ihr geliebten Kinder des Lichts und der Liebe! Genau so lautete euer Ersuchen! Aber ihr wart nicht so klug, euer Sehnen klar und detailliert zum Ausdruck zu bringen, sondern habt allgemein gesprochen.

Wir nennen euch ein Beispiel:

„Ich wünsche mir einen Pullover."

Daraufhin hat euch Gott einen grünen Pullover geschenkt. Aber eigentlich wolltet ihr einen gelben erhalten, weil er besser zu eurem Teint passt.

Begreift, je präziser ihr bittet, desto genauer darf dem Wunsch entsprochen werden. Daher legt euer Augenmerk besonders auf eure klare Ausdrucksweise.

Ersucht uns, die Geistige Welt, um Licht, Liebe und derlei mehr. Aber überprüft euer Anliegen und ob es letzten Endes auch das ist, was euch auf dem Herzen liegt, denn einer Bitte kann sehr schnell entsprochen werden.

Wisst zudem: Für euch ist gesorgt!

Schreitet in noch größerem Glauben und Vertrauen durch diese Welt. Seid bereit, mutig zu sein, euren Impulsen zu folgen und eure Ängste zu überwinden.

Wisst auch darum, dass die Furchtsamkeit, die in der nächsten Zeit vermehrt in euch zu Tage gefördert werden könnte, ein letztes Mal betrachtet werden möchte.

In diesen Momenten wird viel Altes aus euch und euren Zellen herausgelöst. Das bedingt, dass in euch noch einmal das ein oder andere an Emotion, Schmerz oder Traurigkeit hervorgeholt wird. Ihr habt vielleicht das Gefühl, plötzlich in diese unangenehmen Empfindungen hineingestellt worden zu sein. Begreift jedoch, dabei handelt es sich lediglich um Lichtprozesse, um euch auf den göttlichen Weg der Leichtigkeit zu führen.

Dann segnet diesen Schmerz, die Traurigkeit und die Angst in dem Wissen, es wird vorübergehen. Denn so wird es sein!

☆☆☆

Liebe

Was ist Liebe? Was bedeutet es, geliebt zu werden? Habt ihr schon einmal darüber nachgedacht, was ihr darunter versteht?

Ihr werdet feststellen, dass Liebe ein großartiger Begriff ist, der Verschiedenes enthalten kann.

Zunächst wird damit zum Ausdruck gebracht, dass ihr euch Liebe entgegenbringt, wisst, wer ihr seid, und euch auch so annehmen könnt, wie ihr seid.

Sicherlich seid ihr euch häufig dessen nicht bewusst, dass es ferner bedeutet, auch das an euch anzunehmen und wertzuschätzen, was ihr nicht seid.

Daraus ergeben sich folgende Fragen:

Liebt ihr euch für eure vermeintlichen Unzulänglichkeiten sowie für euer Nicht-perfekt-Sein?

Habt ihr darüber einmal nachgedacht? Denn auch dafür solltet ihr euch Anerkennung zollen.

Wir tun es und ebenso euer göttlicher Vater, eure göttliche Mutter! ER nimmt euch ohne Vorbehalt an für das, was ihr seid und euch auszeichnet.

Gerade eure Schwächen, die euch noch prägen, sowie eure vermeintlichen Fehler charakterisieren euch.

Welch höherer Sinn steckt hinter diesen?

Ihr könnt euch auf diesem Planeten zum Ausdruck bringen, lernen, euch entwickeln und über euch hinauswachsen sowie euch und eure Einzigartigkeit noch umfassender ausdehnen. Liebt euch doch dafür, ihr geliebten Kinder! Das ist etwas Wundervolles, insbesondere um herauszufinden: „Was zeichnet mich aus?“

Ihr könnt euch selbst erfahren, indem ihr euch folgende Fragen stellt und beantwortet:

„Wer bin ich? Was möchte ich vollbringen und was nicht? Wo liegen meine Grenzen? Was gefällt mir und was nicht? Was erfordert mehr Mut von mir? Wo muss ich eine größere Kraft aufwenden, was hingegen fällt mir leicht?"

Darüber denkt doch bitte hin und wieder nach.

Werdet demütig und akzeptiert, nicht perfekt zu sein.

Ein jeder von euch leidet an einem vermeintlichen Mangel. Dieser kann sehr viel Positives bewirken. Ist euch schon einmal in den Sinn gekommen, dass es sich vorteilhaft für euch auswirken kann, nicht genügend Liebe zu erfahren?

Wir möchten euch dies anhand eines Beispiels verdeutlichen:

Ihr trefft auf einen Menschen, der euch feindlich gesinnt ist, und begegnet ihm wenig liebevoll, reagiert abweisend und vielleicht sogar etwas hartherzig. So könnte es den Anschein erwecken. Dafür verurteilt ihr euch hin und wieder.

Ist das sinnvoll? Erkennt ihr darin nicht das wundervolle, großartige Wachstumspotenzial?

Zum einen habt ihr dem anderen gespiegelt, was er in diesem Moment selbst gelebt hat oder gelebt haben könnte, zum anderen habt ihr ihm gleichzeitig aufgezeigt:

„Werde dir gewahr, wie du anderen Menschen gegenübertrittst und wie kaltherzig dein Verhalten erscheinen kann."

Dadurch habt ihr selbst möglicherweise im gleichen Moment begriffen, ebenfalls ähnliche Verhaltensmuster zu leben. Ihr habt euch zwar nicht bewusst dazu entschieden, aber auf die energetische Ausstrahlung des anderen reagiert. Vielleicht wart ihr in jenem Augenblick unzureichend geschützt und habt euch von den negativen Energien und Emotionen eures Gegenübers beeindrucken und beeinflussen lassen.

Hättet ihr euch in eurer inneren Mitte befunden und euch geliebt, wäre eure Reaktion eine völlig andere gewesen, ihr hättet nämlich jene Person vermutlich in ihren Gefühlsausbrüchen und der Wut stehen lassen, ihr zugelächelt, einen schönen Tag gewünscht und entgegnet:

„Ach, nimm das nicht so tragisch! Das geht vorüber. Kümmere dich nicht weiter um deine derzeitigen negativen Empfindungen. Ich unterstütze dich gerne, soweit es mir möglich ist. Ich bin allerdings weder bereit, mit dir weiterhin über dieses Thema zu diskutieren, noch mich mit deiner Wut und deinen Gefühlswallungen auseinanderzusetzen.“

Führt euch vor Augen: Wenn ihr nicht geschützt und in eurer Stabilität seid, übernehmt ihr blitzschnell und im gleichen Augenblick die Emotionen des anderen. Meistens seid ihr euch dessen überhaupt nicht bewusst.

Es handelt sich für euch um einen Liebesdienst, dem ausgesetzt zu sein, um euch darauf aufmerksam zu machen:

„Erneut war ich nicht sorgfältig genug abgeschirmt, stand weder in der Kraft noch in meiner inneren Mitte und habe mich von äußeren Geschehnissen beeinflussen lassen, die mir nicht zuträglich waren. Das habe ich jetzt erkannt, und bei nächster Gelegenheit reagiere ich anders.“

Das ist ein großartiger Liebesdienst, den ihr euch jederzeit selbst erweisen könnt. Daher nehmt alles noch bewusster wahr, was euch im Leben begegnet, und hinterfragt noch genauer:

„Was will mir das zeigen? Habe ich wahrlich wahrhaftig gehandelt, oder habe ich mich hier ein wenig von anderen Menschen, deren Denken und Erwartungshaltungen beeinflussen lassen?“

All das könnt und solltet ihr überprüfen. Wenn ihr in die Stille geht, über den höheren Sinn nachdenkt und es von allen Seiten beleuchtet, dann eröffnen sich hierdurch für euch wahrlich meisterhafte, großartige Wachstumsmöglichkeiten, und euch wird gegebenenfalls ein Liebesdienst erwiesen.

Es ist unwichtig, ihr geliebten Gotteskinder, innerhalb kürzester Zeit in die Erkenntnis zu finden. Wichtig ist einzig und allein, darüber nachzudenken.

Manches Mal ist es überaus sinnvoll, dass ihr nicht bereits beim ersten Anlauf zum gewünschten Ergebnis gelangt, weil dadurch eine Kette verschiedenster Reaktionen in euch ausgelöst wird. Das bedeutet, dass wir in jenen Momenten mit euch arbeiten und nur die Informationen vermitteln, die ihr verantwortungsvoll umsetzen könnt, damit ihr dann in der Lage seid, im entsprechenden Maße zu verändern.

Oft werden in diesem Augenblick vielen von euch solche Hinweise gegeben. Damit liegt es in eurer Verantwortung, ob ihr bereit seid, diese Impulse und Eingebungen in einer nächsten, ähnlichen Situation zum Einsatz zu bringen.

Nur wenn ihr die Bereitschaft lebt, werdet ihr dieses Wissen erhalten und dann entscheiden müssen, ob ihr es anwendet. Damit steht ihr in der Kraft, diesem nachzukommen.

Das ist eine Empfehlung von uns, der Geistigen Welt, an euch.

Ihr tragt alles Notwendige in euch. Lasst ihr euch mit eurem großartigen Herzen auf solche Erfahrungen ein, werdet ihr feststellen, dass euch Zahlreiches, was euch vermeintlich schwierig erscheint, leichter fällt.

Denkt daran, ihr habt eine Vielzahl Helfer an eurer Seite, die euch in hohem Maß Liebe entgegenbringen.

Liebe kann weiterhin bedeuten, euch auf etwas aufmerksam zu machen und ein Lernthema aufzuzeigen, das euch im ersten Moment unangenehm ist.

Lasst es uns an einem Beispiel beschreiben:

„Du bist weder gut noch liebevoll genug“ oder „du bist zu weich und zu weichherzig. Manches Mal sprichst du nicht dein Nein.“

Ab und zu missfallen euch diese Hinweise. Dann zetert und zögert ihr oder verfallt in Schuldgefühle und seid der Ansicht, falsch gehandelt zu haben. Aber so soll es nicht sein!

Sie dienen euch dazu, noch umfassender in eure Kraft und Stabilität zu gelangen und aufzuzeigen, wo ihr wachsen und euch selbst in eure Liebe führen könnt. Wenn ihr all das gelernt und umgesetzt habt, könnt ihr diese Selbstannahme weitervermitteln, vorleben und die Menschen dazu animieren, eurem Beispiel zu folgen.

Bereits jetzt seid ihr wundervolle Wegbereiter der Neuen Zeit und sehr bestrebt, zu verändern und bewusst durch euer Leben zu schreiten. Noch ausdrücklicher fordern wir euch auf, das umzusetzen!

Im Laufe der Zeit werden euch noch unzählige solcher Vorkommnisse ereilen. Der Sinn liegt nicht darin, euch zu testen, sondern euch die Möglichkeit der Erkenntnis, der Veränderung und des Wachstums zu schenken.

Vergesst nie: Eine vermeintlich unangenehm dargebotene Situation, die euch Probleme bereitet, dient nicht dazu, euch am Voranschreiten zu hindern. Nein. Sie soll euch vielmehr fördern: Was bereits in euch schlummert, soll wieder aktiviert werden!

All das möchten wir in eurem Herzen verankern. Spürt die unendliche Liebe, die wir euch schenken, die Kraft, die Stärke und auch den Mut, ebenso den tiefen Frieden, nach dem ihr euch so sehr sehnt. Und so möchten wir, die Geistige Welt, diese Gelegenheit nutzen, die Licht- und Liebesenergien fließen und zirkulieren zu lassen.

Unentwegt bauen wir den innigen Kontakt zu euch auf. Das geschieht beispielsweise, indem ihr die Gegenwart von uns Engeln fühlen könnt oder indem wir fügen, dass euch ein Mensch begegnet, der euch einen überraschenden Liebesgruß überbringt. Dadurch wird ermöglicht, dass sich in eurem Leben etwas Positives ereignet.

Achtet in der nächsten Zeit verstärkt hierauf. Häufig werden wir euch ein Geistwesen oder einen Engel schicken, um euch zu trösten, zu lieben, zu halten, zu beschützen oder einfach an die Hand zu nehmen und mit euch gemeinsam den Tag zu begehen.

Es bereitet uns eine immens große Freude, euren Weg mit euch teilen zu dürfen. Das ist ein Geschenk für uns, denn wir dürfen miterleben, wie sehr ihr wachst und reift, wie groß eure Bereitschaft ist, euch zu verändern, positiv zu entwickeln, stets mutig zu sein und ins Vertrauen zu gehen.

Und so möchten wir euch noch darum bitten, ihr geliebten Kinder des Lichts und der Liebe:

Öffnet euer Herz! Seid, wer ihr seid! Seid mutig. Legt euer Augenmerk nicht mehr allzu sehr auf die Erwartungshaltungen der anderen.

Seid ihr selbst! Seid göttlich, indem ihr einfach nur ihr selbst seid!

☆☆☆

Der Engel der Weisheit

Ihr geliebten Kinder, ein ganz besonderer Engel, der Engel der Weisheit, der der Hohen Geistigen Bruder- und Schwesternschaft angehört, befindet sich nun bei euch. Er ist euch jetzt als Lehrmeister zur Seite gestellt worden.

Was steht nun vermehrt an, um von euch durchlebt oder erlernt zu werden?

Es ist die Erkenntnis, die ihr immer wieder in eurem Herzen bereit seid zu leben und zu erfahren, nach der ihr tagtäglich sucht.

Was bedeutet es, diese Erkenntnis zu leben?

Darunter ist zu verstehen, ohne Unterlass euch selbst treu zu sein, ausnahmslos jeden Schritt, den ihr geht, zu überprüfen, ebenso jede Handlung und jeden Gedanken, den ihr hegt, zu durchleuchten und euch dessen bewusst zu werden:

„Entspricht das, womit ich mich gerade beschäftige, meinem Wünschen und Wollen?"

Von großer Bedeutung ist es, darüber nachzudenken, in euer Herz zu fühlen und in die Erkenntnis zu gelangen, ob ihr derart handeln und denken möchtet oder eben nicht.

Das ist der erste Schritt der Erkenntnis, den ihr auf diese Weise bewältigen könnt und sollt, denn damit fangt ihr an, euch selbst zu leben und auszuleben. Damit tragt ihr die Kunde nach außen:

„Das bin ich! Das ist meine Persönlichkeit, indem ich jetzt genau das ausdrücke, worüber ich gerade nachdenke."

Ist es nicht so, dass die meisten von euch jeden Tag immer wieder bestimmte Handlungen vornehmen oder unterlassen, eigene Vorstellungen haben, die sie nicht derart aussprechen, wie es sich für sie stimmig anfühlt, weil sie der Meinung sind, so verfahren zu müssen, weil die Gesellschaft oder die Person, die ihnen gegenübersteht, es erwartet oder weil sie dem Irrtum erlegen sind, nicht ihrem Wunsch gemäß handeln zu dürfen, weil sie den anderen damit verletzen könnten?

Welche Konsequenz hat das in jenem Moment für euch?

Ihr handelt euch zuwider und widersprüchlich zu dem, was ihr mit eurem Herzen in Einklang bringen könnt. Das bedeutet: Ihr verleugnet euch.

Aber warum solltet ihr das tun? Ist es nicht viel sinnvoller, wenn ihr euren eigenen Weg geht?

Lasst doch die anderen so sein, wie sie sind. Wenn ihnen nicht gefällt, wie ihr handelt, können sie daraus lernen. Dann habt ihr ihnen die wundervolle Möglichkeit geboten, ihnen ihr Lernthema zu spiegeln und darüber nachzudenken, damit sie hierüber in die Einsicht finden, nämlich zu begreifen:

„Ich reagiere darauf und in solchen Situationen emotional. Das bedeutet, ich sollte daran arbeiten, um mit mir selbst in Einklang und den inneren Herzensfrieden zu finden."

Denkt abermals darüber nach, welch wundervolle Geschenke ihr den anderen Menschenkindern damit erweisen könnt, wenn ihr euch vorrangig lebt und eure Gedanken beherzt aussprecht.

Legt es ohne weitere Scheu darauf an, genau eine solche Reaktion beim anderen herbeiführen. Und dann denkt nicht:

„Oh je. Wie reagiert er jetzt auf mich? Ist er nun erzürnt? Will er mich deswegen nicht mehr sehen? Wirft er das Geschirr nach mir?"

Geht spielerisch damit um. Entlockt und kitzelt diese Emotion aus dem Partner heraus, mit dem ihr gerade in ein Gespräch vertieft seid. Hernach verdeutlicht euch:

„Wenn ich das jetzt erreicht habe, bin ich wahrlich ein Meister, der den anderen in die Erkenntnis geführt hat. Denn ich habe ihm einen Liebesdienst erwiesen, ihm die Möglichkeit geboten, sich mit sich selbst und seinen Lernschwerpunkten auseinanderzusetzen und dadurch wieder in die Ruhe und innere Mitte, in das Herz und den Herzensfrieden zu finden."

Das ist ein außerordentlich großartiges Geschenk, das ihr eurem Gegenüber erweisen könnt. Wir möchten sagen, je intensiver die Reaktion, desto wundervoller.

Daher seid nicht mehr so lieb und nett zu den anderen, sondern vielmehr zu euch! Bringt eure Wahrheit klar zum Ausdruck! Das möchte von euch noch nachdrücklicher gelebt werden.

Erkenntnis bedeutet weiterhin anzuerkennen und zu akzeptieren, was ihr denkt und fühlt und dementsprechend zu verfahren. Es ist unsinnig zu festzustellen:

„Ich möchte das jetzt auf diese Art fühlen oder auf jene Weise handeln. Aber ich traue mich nicht, meinem Wunsch zu verwirklichen."

Nein. Darunter ist vielmehr zu verstehen, eure inneren Herzensbedürfnisse grundsätzlich auszuleben, sich mit der Lernaufgabe auseinanderzusetzen, denn wenn ihr demgemäß handelt, euch damit befasst, setzt ihr einen weiteren Prozess in Gang, der euch wesentlich tiefgreifender in euer Wachstum führt. Folgt ihr euren Herzensimpulsen, stellt euch euren Ängsten und seid mutig, könnt ihr lernen, dass es häufig weniger beschwerlich und problematisch ist, wie ihr euch das vielleicht vorgestellt habt. Ihr erkennt überdies:

„Es fühlt sich gar nicht so unangenehm an. Mir ist nichts Nachteiliges widerfahren, obwohl ich diesen Gedanken ausgesprochen habe. Wie geht es mir doch gut. Ich fühle mich erleichtert."

Dieses Ergebnis sollte euch am Herzen liegen, nämlich das Empfinden:

„Ich fühle mich sorglos und unbekümmert, denn ich war wahrhaftig und habe meine persönliche Wahrheit zum Ausdruck gebracht."

Hierbei handelt es sich sozusagen um die Folgeerkenntnis dessen, was ihr zuvor begriffen habt.

Wir möchten das gerne noch einmal zusammenfassen. Ihr solltet euch darüber gewahr werden:

„Wo liegen meine Lernthemen? Was fühlt sich für mich stimmig an und was nicht? Wie möchte ich jetzt reagieren?"

Unerheblich ist die Frage:

„Wie sollte ich mich verhalten?"

In einem weiteren, zweiten Schritt solltet ihr dementsprechend handeln, um eben die Erkenntnis zu erhalten:

„So tragisch war das gar nicht."

Das wird es euch erleichtern.

Zu Anfang mag euch das noch große Mühe bereiten. Aber was sollte sich Negatives daraus für euch entwickeln? Es kann euch doch nichts passieren, was nicht im Sinne des Lichts und der Liebe für euch vorgesehen ist.

Seid ihr der irrigen Meinung verfallen, jemand würde euch stets beobachten, euer Verhalten beurteilen und euch dafür gegebenenfalls rügen?

So wird es nicht sein. Ihr seid ängstlich und manches Mal nicht bereit, diese Angst zu überwinden. Ihr behindert euch damit selbst, aber niemals den anderen.

Seid doch einmal mutig! Nehmt genau das in Angriff, wovor ihr euch fürchtet! Ihr werdet häufig erkennen, wie überflüssig eure Befürchtungen waren.

Habt ihr das nicht oft genug in eurem Leben erfahren? Denkt zurück an bereits durchlebte, herausfordernde Zeiten. Erinnert euch an Menschen, die euch begegnet sind, die euch um etwas gebeten haben, denen ihr manches Mal ein Nein als Antwort habt geben müssen, einfach weil ihr nicht in der Lage wart, ihnen eure Hilfe zu gewähren. Auch dort hattet ihr doch Angst.

Aber ist euch oder dem anderen etwas Negatives daraus entstanden?

Nein. Ihr wart wahrhaftig und habt ihm klar dargelegt:

„Ich kann dich derzeit nicht unterstützen“,

weil das so war. Damit habt ihr erneut eurer Wahrhaftigkeit entsprochen und eure Eigenverantwortung übernommen.

Was ist daraus Positives gewachsen? Ihr seid mutig, auch künftig womöglich euer Nein zu sprechen, wenn ihr abermals um Beistand gebeten werdet.

Dann seid ihr eben verschiedentlich gefragt, ob ihr bereit seid, eure Unterstützung zu verweigern, wenn ihr diese zwar leisten könnt, aber nicht möchtet, oder weil es euch zwar euer Verstand rät, euch euer Herz jedoch etwas anderes empfiehlt.

Hört daher noch öfter auf eure innere Stimme!

Oft verweigert ihr euch diesem Vorgehen, weil sich daraufhin abermals euer Verstand meldet und zu verstehen gibt:

„Ach, das stimmt doch gar nicht. Wenn du alles durchdenkst, dann musst du jetzt seinem Wunsch entsprechen.“

Aber nein. Diesen kurzen Moment, in dem ihr den Impuls verspürt, dem Verstand zu folgen, solltet ihr verstärkter nutzen.

Wir, die Geistige Welt, werden euch dabei sehr gerne und mit inniger Liebe unterstützen. Bittet uns darum, wenn ihr es möchtet. Dann werden wir alles in Bewegung setzen, um euch noch mehr solche kleinen Begebenheiten in euren Lebensweg zu stellen, damit ihr es lernen könnt.

Seid gewiss, wann immer ihr möglicherweise das Gefühl verspürt, eine scheinbare Fehlentscheidung getroffen zu haben, ist dem keinesfalls so. Gerade dann, wenn ihr eine vermeintlich falsche Wahl getroffen habt, war es dennoch eine richtige, weil euch das aufgezeigt hat:

„Ich habe hier aufs Neue in meine Erkenntnis finden dürfen und begriffen, meinem Gefühl nicht vertraut zu haben. Künftig verfahre ich anders."

Diese Vorgehensweise ist unsere Empfehlung.

Verurteilt euch nicht allzu sehr für das, was ihr euch vorgenommen oder unterlassen, was ihr vielleicht nicht hundertprozentig im Sinne des Lichts und der Liebe bewerkstelligt habt. Wird das von euch verlangt? Wer schreibt euch das vor? Im Grunde genommen könnt es doch nur ihr selbst. Daher verabschiedet euch noch mehr von euren hohen Ansprüchen euch selbst gegenüber.

Was nutzt es euch? Es setzt euch doch ständig unter einen selbst verursachten enormen Druck.

Ist es nicht wesentlich erfreulicher, sich dem Leben in möglichst großer Leichtigkeit zu stellen und zu betonen:

„Ich gebe mein Bestes und lasse mich jetzt in diese Begebenheit hineinfallen. Ich setze um, was und soweit ich es vermag, und lasse mich dabei ausschließlich von meinem Herzen leiten. Und wenn es nicht funktioniert, steckt dahinter ein höherer Sinn und Zweck. Aber selbst in diesem Fall wird Gott, der Große Vater, alles Weitere für mich fügen."

Denkt hierüber einmal nach.

Ihr seid niemals auf euch alleine gestellt! Schreitet voran, bis ihr an eure scheinbaren Grenzen stoßt, ihr geliebten Kinder, und übergebt alles Weitere in Gottes Hände.

ER, Gott-Vater, Gott-Mutter, wartet nur darauf, dass ihr solchermaßen handelt, denn nur wenn ihr wirklich bereit seid, eure Last abzugeben, kann ER euch helfen. Das ist manches Mal die notwendige Voraussetzung dafür, diese Unterstützung erhalten zu dürfen.

Denn wenn ihr kundtut:

„Ich halte an dieser fest. Ich schaffe das",

selbst wenn ihr gegebenenfalls das Gefühl in euch tragt, an diesem immensen Druck zu zerbrechen, kann euch diese Hilfe nicht zuteilwerden, weil ihr sie nicht abgebt.

Also lasst doch einen kurzen Moment los. Hierbei sind bereits folgende kurzfristigen Überlegungen ausreichend:

„Ich lasse jetzt los. Übernimm DU für mich. Weise DU mir den Weg und lege DU mir die Lösung in mein Herz oder führe mir jemanden zu, der mir umgehend dabei hilft."

Wenn ihr dermaßen handelt, könnt ihr gewiss sein, dass euch die gewünschte Unterstützung gewährt wird. Es mag sein, dass sie nicht sofort wirkt, und das ist im Einzelfall verschieden, sondern möglicherweise erst am nächsten Tag oder auch eine Woche später. Aber sie wird euch zuteilwerden.

Der eine oder andere von euch wird zudem in das Vertrauen geführt, ob ihr ernsthaft darauf vertraut, dass euch dieser Beistand gewährt wird. Aber wir versichern euch, dem ist so! In dem Moment, in dem ihr darum bittet, wird euch dieser niemals versagt. Das ist ein Versprechen der Liebe, das wir euch aussprechen dürfen.

Nutzt zuhauf die Unterstützung des Engels der Weisheit. Ruft ihn, wenn ihr Hilfe benötigt. Legt ihm euer Thema, euer Problem dar. Sprecht offen und ehrlich mit ihm, denn im Grunde genommen ist es bedeutsam, alle eure Sorgen und Ängste offen auszusprechen. Das könnt ihr auch gerne gedanklich vornehmen.

Schafft euch hierzu einen Raum, in dem ihr euch sicher und geborgen fühlt, in dem euch nichts und niemand stört.

Dann sprecht mit diesem Engel. Bittet ihn um seinen Beistand und seid gewiss, er wird euch zuhören und euch auf seine ganz eigene Art und Weise helfen.

Lasst euch überraschen, ihr geliebten Kinder des Lichts und der Liebe, wie es in die Wege geleitet wird. Ihr werdet feststellen, es wird eine wunderbare Kommunikation zwischen euch hergestellt werden. Der Engel der Weisheit würde sich sehr darüber freuen, wenn ihr diese voller Absicht regelmäßig aufbaut.

Es ist nicht notwendig, dies tagtäglich vorzunehmen, aber wendet diese Zeremonie an, sobald ihr hierzu das Bedürfnis verspürt. Dann ruft ihn. Nutzt diese Möglichkeit.

Und wenn ihr möchtet, ihr geliebten Gotteskinder, dann legt nun in Gedanken alle eure Sorgen in eine Schale aus Gold, die wir jedem von euch in diesem Augenblick auf seinem Schoß platzieren oder in eure Hände legen, wo auch immer sie sich befinden mag. Legt alle Lasten und Probleme, die euch beschäftigen, in dieses Gefäß hinein und betrachtet, wie sie darin liegen.

Ist es nicht ein befreiendes Gefühl, sie nicht mehr tragen zu müssen? Fühlt, wie alles für diesen Moment von euch abfließt.

Dieses Behältnis füllt sich beständig mit all euren Problemen und Ängsten, negativen Gedanken und Emotionen. Gleichzeitig fließt alles ab und wird aufgefüllt mit positiven, lichtvollen, aufbauenden und kräftigenden Energien.

Ein weiterer Engel wird sich hinter euch stellen, seine Hände auf eure Schultern legen und euch mit seiner Liebe fluten, einfach nur fluten.

Öffnet euer großes Herz für alles, was noch geschehen mag.

Beobachtet, wie ein weiterer Engel die goldfarbene Schale von euch nimmt, sie leichten Herzens fortträgt und sie emporstreckt und wie Gott, der Große Vater, das Gefäß anschließend in eine gleißend helle Lichtflamme hineinstellt. So werden alle Emotionen, die ihr dort hineingepackt habt, sich mit einem Verpuffen auflösen dürfen. Diese Sorgen sind beseitigt, ihr geliebten Kinder! Sie können euch nicht mehr belasten.

Wisst darum, alle Sorgen, die ihr aus euren Ängsten heraus eventuell neu erschafft, könnt ihr ebenfalls in dieses Behältnis hineingeben. Nutzt es und legt alles dort hinein. Ruft den Engel, der hier zugegen war, damit er es abermals emporhebt zu Gottes Händen, um diese Sorgen erneut auflösen zu können.

Das möchten wir euch jetzt als Geschenk mit auf den Weg geben, um alle Befürchtungen und Probleme, die euch in eurem Leben bedrücken, stets aufs Neue in Positives umzuwandeln.

Das bedeutet nicht, dass es ausnahmslos derart geschehen darf, einfach weil ihr möglicherweise das eine oder andere Thema zu bearbeiten habt, um es selbst erlösen zu dürfen und weil ihr über die notwendige Kraft und Macht verfügt. Aber wisst, es wird stets behoben, egal, auf welche Art und Weise.

Doch ihr seid der Schlüssel zur Macht, das auch selbst bewerkstelligen zu können. Und daran glaubt.

Wir möchten euch noch einmal mitteilen:

Alles, was ihr lest oder hört, auch von jedem anderen Menschen, der euch begegnet, überprüft es grundsätzlich und fortwährend. Manches, das euch mitgeteilt wird, ist nicht immer das, was für euch stimmig zu sein hat. Prüft hier gleichfalls:

Welche Informationen und Mitteilungen möchtet ihr ungeprüft als eure Wahrheit übernehmen?

Manches Mal ist es notwendig, anders wie üblich zu handeln. Aber das könnt ihr problemlos üben.

Wenn ihr einmal nicht allzu viel zu arbeiten habt, sucht bewusst das Gespräch und stellt zu einem für euch interessanten Thema Fragen, über das ihr euch möglicherweise noch keine Meinung gebildet habt. Lasst es euch erklären, und dann fühlt in euch hinein:

„Kann ich das, was mir gerade gesagt wurde, mit meinem Herzen als stimmig akzeptieren? Oder bemerke ich ein kleines Unwohlgefühl, dass etwas nicht stimmt?"

Überlegt euch sodann anschließend:

„Wäre ich bereit, eine andere Meinung zu vertreten?"

Das ist eine kleine Hausaufgabe, die wir euch mit auf den Weg geben. Bitte übt und trainiert sie, wenn ihr zum Beispiel in einem Café sitzt oder in öffentlichen Verkehrsmitteln unterwegs seid und euch keiner Aufgabe widmen müsst, oder ihr euch im Sommer auf eine grüne Wiese setzt und mit anderen Menschen unterhaltet. Aber übt und trainiert!

Es wird ein Zeitpunkt eintreten, an dem euch diese Praxis sehr zum Wohle gereichen wird. Das möchten wir euch schon jetzt wissen lassen.

Aber verinnerlicht: Bei allem, was ihr vornehmt, seid ihr geschützt, gehalten und geliebt von Gott, dem Großen Vater, und von uns, der Geistigen Welt.

Ihr seid niemals allein! Jeder von euch hat Schutzengel, einen Geistführer und ein großes Team an geistigen Wesenheiten an seiner Seite, die euch dabei helfen, euren Alltag zu meistern, auch wenn ihr sie nicht permanent hören oder fühlen könnt. Sie sind unentwegt bei euch und haben euch zu keiner Zeit verlassen. Und so lassen sie euch nun ihre besten Grüße ausrichten, fluten euch mit ihrer innigen Liebe und berühren euch an der einen oder anderen Stelle, um euch zu zeigen:

Wir sind da! Wir sind da, um euch zu dienen. Unsere Aufgabe ist es, euch zu lieben, zu begleiten und stets an eurer Seite zu wandeln.

Dem geben sie sich hin mit einer immens großen Liebe und Demut für euch. Sie ehren euch. Daher segnet sie, wenn ihr möchtet, denn das ist ein Geschenk an sie.

☆☆☆

Der Schutzmantel

Ein Engelregen kommt hernieder, um euch jetzt, in den nächsten Tagen, Wochen und gar Monaten zu begleiten und zu unterstützen. Jedem von euch werden in diesem Augenblick einige Engel zur Seite gestellt, um euch durch diese Zeit hindurchzuführen und euch zu dienen, denn wir wissen, es könnte manchem von euch schwierig fallen, dies alles ohne Beistand zu bewältigen. Und so ist es Gottes Wunsch, dass ihr diese Hilfe nun erhaltet.

Ihr geliebten Gotteskinder, es ist wichtig, dass ihr euch fortan unablässig schützt. Übernehmt bewusst Verantwortung für euch und bittet um Schutz. Es ist wichtig, dass ihr das von nun an jeden Tag vornehmt, denn wenn ihr diesen Schutz nicht aufbaut, könnte es geschehen, dass ihr in ein emotionales Tal abrutscht, das euch nicht zuträglich ist und aus dem ihr euch aus eigener Kraft kaum noch befreien könnt.

Das ist nicht Sinn und Zweck und auch nicht gewollt, weder von uns, der Geistigen Welt, noch von Gott, dem Großen Vater.

Es ist SEIN Wunsch, dass es jedem Einzelnen von euch wohl ergeht, soweit es eben möglich ist.

Diese Veränderungen, die sich nun abzeichnen, bedingen, dass ihr euch nun noch intensiver abschirmen solltet.

Begebt euch in die Meditation, gönnt euch diese Zeit, diese Minuten und Stunden, die ihr damit verbringen werdet. Wir empfehlen euch, eine Weile lang morgens, mittags und abends in die Meditation zu gehen.

Nicht jeder von euch wird das benötigen. Fühlt hier bitte in euer Herz, ob ihr dieses Ritual der Kontemplation oder des Gebets benötigt, ob ihr vielleicht ein wenig länger als üblich meditiert, um Schutz bittet oder ob es so ausreichend ist, wie ihr es bisher ausgeübt habt. Das wird bei jedem Einzelnen unterschiedlich sein.

Wichtig ist, ihr geliebten Kinder des Lichts und der Liebe, dass ihr um Schutz und uns Engel hierbei um Unterstützung ersucht. Denn nur wenn ihr bittet, wird euch gegeben werden.

Und diese Abschirmung besteht. Dieser Beistand, diese Hilfe möchte von uns gewährt werden.

Doch uns sind die Hände gebunden, wenn ihr uns nicht darum ersucht. Wisst, wir freuen uns jedes Mal über alle Maßen, wenn ihr euch an uns wendet. Und so richtet eure Wünsche und Bedürfnisse an uns, ihr geliebten Gotteskinder.

Niemand von euch wird in den Situationen, in denen ihr euch gerade befindet, allein gelassen! Keiner von euch ist hilflos!

Ihr meint so oft, ohne jegliche Unterstützung zu sein und euch bezüglich eines Handlungswegs nicht entscheiden zu können. Aber alle Antworten, nach denen ihr sucht, sind euch auf den Weg mitgegeben worden. Oft verschließt ihr davor noch die Augen, weil ihr nicht hinschauen wollt, euch anderen Dingen zuwendet oder einfach zu verbohrt und zu verschlossen seid, euch eine Lösung zu erarbeiten und vor lauter Gedankenkreisen die vor euch liegende Antwort nicht wahrnehmt. Darum ist es wichtig, dass ihr uns um Unterstützung bittet wie auch darum, in die Leichtigkeit und Klarheit geführt zu werden und diese anzunehmen.

Ersucht uns, die Geistige Welt, um Klarheit, ihr geliebten Kinder des Lichts und der Liebe. Dann wird euch vieles von dem, wonach ihr sucht, in den Schoß fallen und leichter von der Hand gehen.

Wir bemühen uns fortwährend, euch in die Leichtigkeit, aber ebenso in die Klarheit zu führen. Ihr sollt mehr und mehr erkennen, wohin euch euer Weg führt, aber auch, welche Lernlektionen euch gerade aufgezeigt werden, um verändern und dann umfassender wachsen zu können.

Je mehr ihr voranschreitet und je entschiedener ihr bereit seid, euch zu verändern, desto besser können wir an und mit euch im Sinne des Lichts und der Liebe arbeiten. Das wiederum bedeutet: Ihr könnt noch schneller den Lichtweg beschreiten und durch die Prozesse hindurchgleiten wie eine Feder, die sanft durch den Himmel schwebt, in dem Wissen, dass sie genau dort landet, wo es für sie vorgesehen ist, und zwar zum für sie vorbestimmten Zeitpunkt.

Vertraut darauf und akzeptiert zunehmend, euch am richtigen Platz und an der richtigen Stelle zu befinden.

Vergesst niemals mehr, dass ihr auch dann agiert, wenn ihr scheinbar nichts vollbringt, dass ihr auch dann wachst, wenn ihr euch in einem vermeintlichen Stillstand befindet. Denn auch dieser ist oft für euch wichtig, um gelernte Lektionen nochmals zu verarbeiten und Prozesse von unserer Seite aus abschließen zu können. Das ist von großem Nutzen, um neue Kraft zu tanken für die Dinge, die sich in eurem Leben noch ereignen werden.

Wir möchten euch wissen lassen:

Jeder von euch bekommt nun einen besonderen Mantel des Schutzes und der Liebe umgelegt, den ihr bitte jeden Tag in voller Klarheit und Absicht anzieht.

Wendet ihn mehrmals täglich an, indem ihr ihn euch vor Augen führt. Legt ihn euch ganz bewusst um, denn das wird euch sehr nützlich sein, ihr geliebten Kinder. Es wird euch oft regelrecht aus einer Depression und aus Emotionen herauskatapultieren.

Und dann atmet tief weißes Christuslicht ein. Lasst es permanent in euch ein- und ausströmen, ein und aus.

Tut das auch jetzt, damit wir noch verstärkter an euch arbeiten können. Atmet nun dieses weiße Christuslicht ein und aus, und im gleichen Moment werden wir damit beginnen, alte Prozesse, überholte Strukturen und nicht mehr benötigte Muster aus euch herauszulösen und sie durch neue ersetzen. Nehmt euch nun einige Zeit, um es auszuführen.

Und so nehmt wahr, ihr geliebten Kinder des Lichts und der Liebe, euch wird in diesem Moment das Licht Gottes, des Großen Vaters, in euer Herz gelegt, das darin erstrahlen möchte, ebenso in eurem Leben und darüber hinaus im Leben aller anderen Menschen, die euch noch begegnen werden.

Nutzt es!

Erinnert euch stets daran:

„Ich trage das Licht Gottes in mir. Und wenn es in mir scheint, was kann mir dann Negatives widerfahren? ER selbst ist es, der SEINEN göttlichen Funken in mich gesetzt hat. Deshalb wird ER auch dafür Sorge tragen, dass es mir gut geht. Es wird vielleicht nicht immer einfach sein, aber ER wird wissen, was ER damit bezweckt und dass ich gestärkt mit neuem Mut, neuer Kraft und neuer Hoffnung daraus hervorgehe."

Daran haltet euch fest.

☆☆☆

Energien transformieren

Eine überwältigende Liebe ist herniedergekommen, um euch die nächsten Zeiten zu behüten, einzuhüllen und zu beschützen.

Jedem Einzelnen von euch ist in diesem Augenblick ein spezieller Engel an die Seite gestellt worden, der sich nun um eure Bedürfnisse kümmert, sowie das eine oder andere himmlische Wesen mit der Aufgabe, euch in die Heilung zu führen oder einfach nur, um für euch da zu sein und euch liebevoll mit seinem innigen Herzen und all seiner Hilfe zu umarmen, denn mancher von euch benötigt diese Liebe, weil er sie momentan im weltlichen Sein nicht erhält. Aber wisst: Auch das wird sich ändern!

Dann wiederum gibt es einen weiteren Engel, der euch Informationen in euren Kopf einsetzt. Das können sowohl rein weltliche, als auch spirituelle Informationen sein, eben das, was ihr im Moment benötigt. Dieser wird seine Aufgaben variieren und anpassen und genau das in die Wege leiten, was ihr derzeit braucht.

Und so ladet dieses himmlische Wesen augenblicklich dazu ein, euch zu begleiten und sich mit eurem Herzen zu vereinen. Wenn ihr mögt, fragt es nach seinem Namen, damit ihr es herbeirufen könnt, wann immer euch danach ist.

Wisst, ihr seid beschützt und behütet, denn ihr seid mit Gott, dem Großen Vater, ewiglich verbunden.

ER hält auch jenseits eurer göttlichen Wege stets eure Hand, geleitet und umsorgt euch und wiegt euch sanft in seinen Armen, wenn ihr euch traurig, unwohl oder verletzlich fühlt, aber ebenso, wenn ihr einmal wütend seid. Scheut euch nicht, diese Emotionen auszuleben, denn alles ist ein Erfahrungs- und Lernprozess.

Begreift, dass diese Aggressionen, die ihr hin und wieder lebt, ausgedrückt werden sollen.

Welchen Nutzen hat es für euch, diese Emotionen zu unterdrücken? Sie sammeln sich doch dann als Energieform in euch an. Was hält euch davon ab, diese aufzulösen?

Brüllt doch einmal kräftig, selbst wenn ihr dazu eine Toilette aufsuchen müsst, weil ihr euch gerade auf eurer Arbeitsstelle befindet und es eigentlich nicht umsetzen könnt. Begebt euch an einen Ort, an dem ihr meint, alleine zu sein.

Wenn das nicht funktioniert, weil ihr wisst, jemand befindet sich in eurer Nähe, der euch hören könnte, scheut euch nicht davor, beispielsweise ganz fest mit den Füßen aufzustampfen. Aber es ist wichtig, dieser Wut, dieser Emotion und auch allem anderen freien Lauf zu lassen, denn nur so kann es abgebaut werden.

Wisst zudem, ihr geliebten Kinder des Lichts und der Liebe: Nicht immer ist diese Empörung selbst erschaffen. Mancher reagiert sehr feinfühlig und nimmt die unguten, negativen Energien wahr, die aus Mutter Erde gelöst worden sind, nimmt diese auf und transformiert sie. Und so erweist er diesem Planeten einen großartigen Liebesdienst, indem er sie auslebt, umwandelt und quasi in Luft auflöst.

Viel Aufbauendes könnt ihr für eure Erde bewirken, indem ihr durch ein solch lichtvolles Verhalten den negativen Energieüberschuss entweichen lasst.

Stellt es euch so vor, als hättet ihr eine Mineralwasserflasche, die zu lange geschüttelt worden ist. Es tritt ein Zeitpunkt ein, da sie dem erhöhten Druck nicht länger standhalten kann. Dann stellt sich euch die Frage: Seid ihr bereit, den Deckel in dem Wissen zu öffnen, dass sich als erstes die gewaltige, aufgestaute Kraft entlädt?

Es mag sein, dass sich das im ersten Moment für euch als äußerst unangenehm darstellt. Aber wie schön ist es zu wissen, dass im Anschluss daran der Druck aufgelöst ist, und zwar ein für alle Mal.

So schüttelt symbolisch sämtliche Mineralwasserflaschen, also die belastenden, unguten Energien, aus der Erde heraus. Lasst sie emporsteigen. Verwandelt sie in positive, indem ihr darum bittet, in gleicher Weise, wie ihr es in mancher Hinsicht bereits tut. Und wenn es nicht anders funktioniert oder möglich ist, dann lebt diese Druckenergien schlichtweg aus und denkt daran, was ihr damit alles Gutes und Förderliches für euren Planeten bewirken könnt.

Wir möchten euch dazu auffordern, euer Herz weit zu öffnen! Dann darf viel Positives für euch vorgenommen werden und ebenso reichlich Liebe in euer Herz fließen. Diese Liebe wird übergreifen auf euren gesamten Körper und auf eure Bewusstseinsebene, die hierdurch wiederum angehoben werden darf.

Nehmt zur Kenntnis: Über eure Worte und Taten werdet ihr ebenfalls andere Menschen anregen und ihnen die Liebe, die ihr erhalten habt, zukommen lassen.

☆☆☆

Seelenkontakt aufnehmen

Die Seele ist der göttliche Funken in jedem Menschen, der beständig gelebt und zum Ausdruck gebracht werden möchte. Sie offenbart sich über eure Persönlichkeit und euer Bauch- oder Herzensgefühl.

Ihr geliebten Gotteskinder, ihr knüpft den Kontakt mit eurer Seele, sobald ihr unaufhörlich ihr selbst seid und euren göttlichen Funken lebt. Das bedeutet, ihr habt wieder zu lernen, sowohl im seelischen, als auch im körperlichen Sinne in euer Gleichgewicht zu finden. Nicht länger soll die Seite des Verstandes vorherrschen, sondern ausschließlich euer Herz beziehungsweise euer Bauchgefühl die Führung übernehmen.

Euer Verstand und euer Gefühl sollen nun stetig miteinander in Einklang gebracht werden, der Mensch noch entschiedener auf die göttlichen Impulse hören und sich noch bereitwilliger den hohen göttlichen Schwingungen des Lichts und der Liebe öffnen. Er soll einzig und allein aus seinem Herzen heraus handeln und Vertrauen in sein Wirken und seine Entscheidungen leben, ohne darüber nachzudenken und sich zu sorgen, welche Vor- und Nachteile sich daraus für ihn ergeben könnten. Letzten Endes steckt dahinter der höhere Sinn und Zweck, in euer ursprüngliches Sein, die Göttlichkeit, zurückzukehren.

Wenn ihr euer Herz- oder Bauchgefühl und eure innere Wahrhaftigkeit noch kontinuierlicher lebt, dann seid ihr eure Seele und drückt euch durch diese aus. Dann ist es nicht mehr allzu sehr von Bedeutung, einen bestimmten Kontakt mit ihr herstellen zu wollen, weil dieser ohne Einschränkung vorhanden ist.

Die Aufgabe eures gegenwärtigen Seins besteht darin, euer Ego zu überwinden, also jenen Teil, der nicht eurer Seele angehört, weil er die Emotionslosigkeit lebt und versucht, euch vom allumfassenden, uneingeschränkten, Ausdruck eurer Seele abzuhalten.

Wenn ihr gelernt habt, die Einflüsterungen des Egos von eurem Herzensgefühl zu unterscheiden, erreicht ihr einen Punkt, an dem ihr ausschließlich eure Seele verkörpert. Sie wird sich erneut grenzenlos entfalten, und ihr werdet wieder sein, was ihr von Anfang an gewesen seid. Das ist das Ziel, zu dem ihr hingeführt werdet. Ihr sollt wieder das leben, was ihr als Seele bezeichnet.

Wir empfehlen euch daher, beständig in eure Wahrhaftigkeit sowie in eure Liebe und Herzensöffnung zu finden.

☆☆☆

Der Mensch als Schöpfer

Ihr göttlichen Kinder des Lichts und der Liebe, warum lest ihr diese Worte?

Ihr tut es, um SEIN Licht durch euch wirken zu lassen und vermehrt zu erkennen, wer ihr seid, welchen Ursprung ihr habt und welche Begabungen ihr in euch tragt.

Es ist unser Ziel, eure Qualitäten zunehmend wie einen Rohdiamanten zu schleifen und zum Vorschein zu bringen, so möchten wir es einmal ausdrücken. Weiterhin ist es unsere Intention und unsere Aufgabe, aber ebenso unser Wunsch, euch von allem zu befreien, was ihr mit euch tragt, euch belastet und daran hindern könnte, in die Fülle, die Leichtigkeit, die Liebe und die Freude zu finden. Es obliegt uns, das für, aber auch mit euch zu bewerkstelligen.

Was bedeutet es, wenn wir berichten:

Es ist unsere Bestimmung, eure Fülle noch verstärkter zum Glanz, zum Vorschein zu bringen und die Freude und Leichtigkeit in euer Leben anwachsend integrieren zu dürfen.

Das hat zur Folge, dass ihr aufgefordert seid, jeden Tag eure Schritte vorzunehmen, eure Verantwortung zu übernehmen, zu denken, zu handeln und zu wirken. Wir empfehlen euch, noch entschiedener in eure Selbstständigkeit zu gelangen und für euch einzustehen, mutig zu sein und eure Grenzen zu setzen. Ihr seid aufgerufen, euer Ja und euer Nein zu sprechen und gerade das in Angriff zu nehmen, was euch Angst bereitet, von dem ihr jedoch wisst:

„Das ist mein Weg. Gott, der Große Vater, wird das nun von mir einfordern. Ich fürchte mich, es zu vollführen. Allerlei Widrigkeiten könnten mir begegnen, wenn ich diesen Schritt mutig wage."

Aber seid euch gewiss, gerade weil ihr bereit seid, eure Angst zu überwinden und den Mut und die Wahrhaftigkeit zu leben, werden zahllose dieser Widrigkeiten, die ihr zu meistern habt, von euch genommen und aus dem Weg geräumt, weil ihr bereit seid, in SEINEM Sinne zu handeln.

Erkennt, welch wundervolles, einzigartiges Geschenk das ist, denn ihr könnt daraus folgende Konsequenz für euch ableiten:

Wenn ihr bereit seid, mutig zur Tat zu schreiten, in SEINEM Namen und ausschließlich aus eurem Herzen heraus, werdet ihr hierfür belohnt und gefördert, und es werden euch Geschenke in Hülle und Fülle überreicht. Hierbei handelt es sich um solche, die ihr anderenfalls in dem Maße, in der Anzahl und vielleicht auch in der Qualität nicht erhalten könntet.

Also, wovor habt ihr Angst?

Ihr fürchtet euch vor dem Ungewissen, der Unsicherheit, aber ebenso vor Leid und Schmerz.

Ist es nicht etwas äußerst Wundervolles zu erklären:

„Ich bin bereit, diesem Kummer, der mir nicht unbedingt begegnen muss, beherzt meine Stirn zu bieten. Ich entschließe mich außerdem dazu, alle Herausforderung anzunehmen, denn ich weiß, Gott, der Große Vater, wandelt an meiner Seite. ER hält meine Hand, ist für mich da und hätte mir diese Aufgabe nicht gestellt, wenn ich nicht die notwendige Stärke und die Fähigkeit hätte, diese nach meinen Kräften und meinem Ermessen zu bearbeiten. Also kann mir mit dieser Herausforderung letzten Endes nichts Negatives widerfahren."

Seid couragiert!

Nehmt eure Prüfungen und Lebensthemen stets mit den folgenden Worten sowie dem Wissen in Angriff:

„Nichts Abträgliches kann und wird mir daraus erwachsen."

Möglicherweise mag es vorkommen, dass gelegentlich die Lebensfreude hemmende Emotionen in euch hervorbrechen. Aber das geschieht doch nur aus dem Grund, um euch zu kräftigen und zu stärken und euch dahin zu führen, dass ihr fortwährend derartige Schwierigkeiten mit großer Gelassenheit begegnen könnt.

Maßgeblich ist, euch fortwährend zu euch selbst, zu eurer eigenen Göttlichkeit zurückzuführen und euch zu festigen, damit ihr später, wenn die Zeit reif ist, diese Hilfe nicht mehr benötigt. Dann werdet ihr glasklar aus euch heraus entscheiden:

„Ich trage diese notwendige Kraft in mir, um mich dieser Herausforderung in Leichtigkeit stellen zu können."

Dann werdet ihr diesen Beistand nicht mehr benötigen. Aber solange das noch der Fall ist, werden wir euch tatkräftig zur Seite stehen.

So möchten wir dieses auch hier und heute für euch vornehmen.

Wir werden euch nicht nur begleiten, nein, sondern euch außerdem das ein oder andere Geschenk überreichen.

Einige von euch erhalten Wissen, wie sie in der Zukunft vorgehen und welche Wege sie beschreiten können. Hierbei handelt es sich darum, was sie umzusetzen haben und ihnen geschenkt werden wird. Anderen werden diese Präsente dargebracht und in ihnen integriert, ohne dass sie sich dessen bewusst sind. Ihr seid es wert, diese zu erhalten!

Bittet doch schon jetzt darum, ihr geliebten Kinder des Lichts und der Liebe. Überlegt, was euch am Herzen liegt.

Handelt es sich um einen besonderen Menschen, dem ihr viel Positives und Heilung wünscht, weil er sehr krank ist, viel durchlebt und erlitten hat?

Existiert ein Herzenswunsch, den ihr euch seit etlichen Jahren erfüllen möchtet, aber bisher noch nicht in der Lage dazu wart? Was ist euer Herzensbegehren? Denkt darüber einmal nach.

Wir möchten euch dazu auffordern, in diesem Augenblick aus der Tiefe eures Herzens heraus einen ganz besonderen Wunsch für euch oder auch für jemand anderen an Gott, den Großen Vater, zu übermitteln. Legt all eure Liebe hinein und entsendet ihn mit wundervollen Gedanken, aber auch mit Dank, Anerkennung und Freude.

Bedankt euch nun in vollem Bewusstsein dafür, dass eurem Wunsch entsprochen wird, und verschwendet keine weiteren Gedanken daran, wann er sich erfüllen wird. Aber wisst, dass er euch und euren Lieben gewährt wird, wann auch immer das der Fall sein mag.

Bedankt euch bei den Engeln und bei Gott, dem Großen Vater, dafür, dass diese alles in Bewegung setzen, was ihnen möglich ist, damit euer Sehnen gestillt wird.

Und so wird es sein.

Setzt das um, sobald ihr das Gefühl in euch tragt, nicht mehr weiter zu wissen oder euch für einen Menschen besonders einsetzen zu wollen, der eurer Hilfe bedarf und vielleicht nicht selbst in der Lage ist, es für sich zu erbitten.

Wenn ihr solche Wünsche in euch wahrnehmt, begebt euch grundsätzlich in das Gebet und sprecht gleichzeitig euren Dank aus. Denn wisst, im gleichen Moment, in dem ihr bereit seid, dem zu folgen, tragt ihr mannigfache positive, liebevolle Energien und Schwingungen dort hinein. Das kann dazu führen, dass sich euer Begehren noch leichter und schneller manifestiert. Begreift: In diesem Augenblick seid ihr schöpferisch tätig.

Ihr seid Schöpfer! Seid euch darüber im Klaren, dass ihr hierdurch sehr viel Positives bewirken könnt. Bedenkt, das kann in dem Moment ebenfalls bedeuten, dass ihr bereit seid, beispielsweise für andere, die Erde und damit für alles, was ebenfalls in der Veränderung steht, zu bitten, ebenso für die Abmilderung der Folgen sich bereits ereigneter Naturkatastrophen oder die noch stattfinden werden. Hegt Gebete auch für jene, die sterben werden, die viel Leid und Schmerz erfahren, weil sie geliebte Menschen loslassen müssen. Ersucht für all diese grundsätzlich um Erleichterung und legt ebenfalls Fürsprache bei Gott, dem Großen Vater, ein, dass den Menschen Pein und Mühsal erlassen werden, sie Leichtigkeit und Freude erfahren dürfen, aber auch Hoffnung schöpfen können.

Wenn ihr in jenem Moment bereit seid, euch gleichzeitig mit euren Anrufungen in das Dankgebet zu begeben, darf sich einiges im Sinne des Lichts und der Liebe zum Positiven verändern.

Unterschätzt niemals wieder die Kraft eurer Gedanken!

Ihr könnt wahrlich endlos viel bewegen und dazu beitragen, dass sich die Waagschale nun unweigerlich dem Licht und der Liebe zuwendet und alle Naturkatastrophen, auch das Leid und das Elend, sehr stark abgemildert werden. Das könnt ihr bereits dadurch erreichen, indem ihr euch schon jetzt für Gottes Gnade, für SEINE Hilfe, aber ebenso für alles bedankt, was hier im Sinne des Lichts und der Liebe geschehen darf, für alle Geschenke, die euch und den Menschen übergeben werden, die diese benötigen, und für all die Hoffnung, die auf diesem Planeten sowie im gesamten Universum gesät werden darf.

Dankt darüber hinaus den Sternengeschwistern, die bereit sind zu helfen und euch bereits in der Vergangenheit oft unterstützt haben. Nehmt euch alles vor, was euch auf dem Herzen liegt, was ihr euch wünscht.

Hegt solche Gedanken noch häufiger und tretet in das Dankgebet ein. Dann habt ihr wahrlich viel Positives in Bewegung gesetzt.

Und so möchten wir, die Geistige Welt, euch dafür danken, dass ihr bereit wart, euer Herz zu öffnen und an euch arbeiten und verändern zu lassen.

Es wird nicht ausnahmslos leicht werden. Eine Menge wird in den nächsten Zeiten aus euch herausgelöst. Aber freut euch darüber, ihr geliebten Kinder des Lichts und der Liebe. Viel Altes, ungezählte Altlasten, so möchten wir es einmal ausdrücken, dürfen durch euch aufgelöst werden, weil ihr euch dazu entschieden habt, zu verändern und euch dem Licht und der Liebe, den göttlichen Energien, zu öffnen und euch zu leben. Dafür seid ihr geehrt und geliebt. Ihr seid geschätzt, und wir danken euch, dass ihr bereit seid, dies vorzunehmen. Wir lieben euch dafür unermesslich!

Wisst, ihr könnt uns jeden Moment eures Lebens erreichen, richtet ihr beharrlich eure Bitten und Herzenswünsche an uns, die Geistige Welt, oder an Gott, den Großen Vater. Bleibt im Vertrauen, dass eure Wünsche und Gebete erhört werden. Nicht immer können oder dürfen wir euch diese erfüllen. Aber sie werden ohne Ausnahme wahrgenommen. Und alles, was ihr aus eurem Herzen heraus an uns und an IHN herantragt, wird in die Wege geleitet, soweit es für euch zuträglich und stimmig ist.

Verdeutlicht euch zudem:

Ein Wunsch, den ihr hegt, wird möglicherweise nicht derart in Erfüllung gebracht, wie ihr es euch vorstellt. Vielleicht wird er euch in anderer Art und Weise erfüllt. Dann seid ihr eventuell im ersten Moment etwas enttäuscht. Aber freut euch darüber, denn es hätte sein können, dass ihm überhaupt nicht entsprochen wird.

Wir dürfen euch dergestalt zur Seite stehen und helfen, dass wir viele eurer Wünsche tatsächlich verwirklichen dürfen. Seid vorsichtig damit, worum ihr bittet. Es könnte sich um ein Ansinnen handeln, das euch nicht sonderlich zum Wohl gereicht.

Noch einmal möchten wir euch daran erinnern, dass ihr alle Wünsche, die ihr in diesen oder in vergangen Zeiten gehegt habt und die nicht eurem Seelenheil dienen, nicht im Sinne des Lichts und der Liebe sind, mit einem Gedanken aufzulösen vermögt.

Bittet IHN, Gott-Vater, Gott-Mutter, schlichtweg darum, dass diese gelöscht werden dürfen, damit nur die Wünsche, die euch letzten Endes förderlich sind und euch zum Wohl gereichen, erfüllt werden. Das nehmt auch gerne für die Menschen vor, die nicht darum wissen.

Öffnet euch und euer Herz noch inniger für diese hoheitsvollen, göttlichen, lichtvollen Energien und für alles, was durch und mit euch geschehen möchte. Denn wisst, ihr geliebten Kinder des Lichts und der Liebe, wirklich viel Positives darf für euch im Sinne des Lichts und der Liebe vorgenommen werden.

Wir verneigen uns vor euch und danken euch für eure Liebe, die ihr bereit seid, für euch, aber auch für Gott, den Großen Vater, zu leben.

Seid geehrt, ihr geliebten Söhne und Töchter Gottes. Ihr seid unermesslich von uns, der Geistigen Welt, sowie von Gott, dem Großen Vater, jeden Tag eures Lebens geliebt. Und so wird ER immer an eurer Seite wandeln.

☆☆☆

Lichtweg

Es ist eure Aufgabe, ihr geliebten Gotteskinder, dieses Licht und diese allumfassende Liebe mit dem Herzen und in großer Freude und Dankbarkeit anzunehmen, denn ihr erhaltet als Geschenk mannigfach Licht und Liebe – nicht nur in diesem Moment, sondern auch zu anderen, besonderen Gelegenheiten, in denen ihr durch euer Leben wandelt.

In großer Intensität erleuchtet SEIN Licht euren Lebensweg, um diesen und eure Aufgabe etwas zu erleichtern und angenehmer sowie mit reichlich Liebe zu gestalten. Jede Menge fürsorgliche Unterstützung steht euch zur Verfügung.

Begreift, diese Hilfe war euch immer gegeben, niemals wart ihr ohne sie. Gerade dann, wenn ihr der Ansicht seid, die schwersten Hindernisse überwinden und Probleme bearbeiten zu müssen und eine Lösung vermeintlich in weiter Ferne liegt, habt ihr ein ganzes Team von Engeln und geistigen Wesen an eurer Seite, die euch dabei unterstützen, diese schneller zu durchlaufen und euch die Mittel und Wege näherbringen, damit ihr sie erkennen könnt und um manche Herausforderungen und Schwierigkeiten aus eurem Weg zu räumen.

Denkt allezeit an diesen Beistand, besonders dann, wenn es euch einmal schwer fällt, nach einer Lösung oder dem Licht im Dunkeln zu suchen. Erinnert euch, dass ihr niemals allein seid und sich alles, was ihr euch ausgesucht habt, selbst die Probleme oder Schwierigkeiten, sich letzten Endes in Wohlgefallen auflöst.

In welchem Zusammenhang steht das mit euch?

Es handelt sich um Lern- und Wachstumsaufgaben. Ihr lernt nicht nur daran, oh nein, sondern ihr könnt anderen Menschen aufgrund der durchlebten Erfahrungen vieles weitergeben. Hierdurch ist es euch möglich, ihnen zu helfen, ihren göttlichen

Weg einfacher zu gehen, weil ihr ihnen berichten könnt:

„Ich habe ihn bereits beschritten, sah mich mit demselben Problem konfrontiert und hatte auch diese Schwierigkeit zu bewältigen. Ich war nicht allein, sondern hatte stets Hilfe an meiner Seite. Und auf diese oder jene Weise habe ich nicht nur diese Herausforderung gelöst, überwunden und erneut in die Leichtigkeit gefunden, sondern sie in ihrer Gesamtheit erlöst und sie dadurch wieder in mein Leben zurückgeholt."

Noch mehr möchte gelebt werden: Die Bewusstheit ob all dieser Geschehen und Erfahrungen und dass ihr dieses nicht nur für euch lernt, sondern gleichfalls für eure Kinder und Kindeskinder sowie für alle Menschen, die euch noch zugeführt werden und die um eure Hilfe bitten.

Wann immer ihr euch in einer solchen Situation befindet, führt euch vor Augen, wie hilfreich es ist, jemanden zu kennen, der eine solche oder ähnliche Erfahrung bereits durchlaufen hat. Gerade wenn es so gravierend ist, dass ihr euer inneres Gleichgewicht verliert oder einige Tage schwer daran tragt.

Denkt in jenen Momenten an diese Worte und wisst, ihr könnt davon nur profitieren. Für alles, was ihr zu durchlaufen, zu erfahren oder zu lernen habt, habt ihr einst bereits eine Lösung in euren Rucksack „eingepackt" oder an die Seite gestellt bekommen. Diese wartet nur darauf, von euch wahrgenommen zu werden.

Bittet permanent um Hilfe, Klarheit und Reinheit, um die Lösung so schnell wie möglich zu erkennen. Sodann möchten wir, die Geistige Welt, euch diesen Weg sehr gerne ebnen.

Ihr wisst, wenn ihr bittet, wird euch gegeben. Und je öfter ihr das vornehmt, desto schneller dürfen wir es euch erfüllen.

Nicht jedes Mal wird eurem Ansinnen entsprochen. Aber das liegt dann ausschließlich daran, dass es nicht mit eurem

Seelenplan übereinstimmt oder nicht im Sinne des Lichts und der Liebe ist oder ein höherer Sinn dahinter steckt.

Durch das Nichterfüllen durchlauft ihr andere Erfahrungen, die für euch oder für andere Menschen immens wichtig sind.

Vielleicht glaubt ihr in diesen Momenten, von Gott, dem Großen Vater, verlassen zu sein, fühlt euch ohnmächtig und hilflos und seht keinen Ausweg. Doch wenn ihr diesen Prozess durchlaufen habt – und das werdet ihr ausnahmslos, ihr geliebten Kinder des Lichts und der Liebe –, werdet ihr das Große Ganze erkennen und welch wahres Meisterstück ihr vollbracht habt, welche Lehren ihr daraus habt ziehen können und wie viel ihr daran gewachsen seid.

Wann auch immer ihr der Meinung seid, das Licht ist der Dunkelheit gewichen, ihr den Wald vor lauter Bäumen nicht mehr seht oder nicht mehr in eurer Mitte steht, wie auch immer, hadert nicht mehr so sehr!

Denkt stets an diese Worte und ebenso daran, dass ihr an allem wachsen könnt.

Wir bitten euch, das tief in eurem Herzen zu verankern, es zu öffnen, Licht und Liebe einzulassen und uns Engel gerne dazu einzuladen, mit euch zu arbeiten, denn wir möchten euch mit großer Freude reichlich Licht und Liebe zukommen lassen und in euch integrieren.

☆☆☆

Lichtkleid

Ihr geliebten Sternenkinder, eine große Anzahl geistiger Wesenheiten hat sich bei euch eingefunden, um euch zu unterstützen und behilflich zu sein, aber auch teilweise einfach nur, um euch beizustehen, euch bei den hohen, göttlichen Schwingungen helfend zur Seite zu stehen, diese anzuheben und, vor allem, sie zu verfeinern.

Was bedeutet es, wenn die Schwingungen veredelt werden dürfen, die ihr zum Teil schon in euch tragt, die aber darüber hinaus weiterhin in alle eure Körper integriert wurden und werden?

Wir möchten euch noch umfassender in die Entspannung und Leichtigkeit führen, damit ihr jetzt eine Art Ruhephase erlebt, da in diesem Moment beziehungsweise in diesem Zeitrahmen, in dem ihr diese Worte lest, allerhand an Altlasten von euren Schultern genommen werden darf.

Spürt und nehmt währenddessen wahr, was das in euch auslöst, wie euch nun und am Ende dieses Kapitels zumute ist, sofern ihr euch dann noch daran erinnert. Wiederholt es zu einem späteren Zeitpunkt, und ihr werdet den Unterschied feststellen.

So ihr nun erlaubt, ihr geliebten Kinder des Lichts und der Liebe, werden wir damit beginnen, an und mit euch in dem Sinne zu arbeiten, dass manches sowie einige eurer Altlasten von euch gelöst und aufgelöst werden dürfen.

Sofern ihr es wünscht, werden wir euch dabei helfen, in diese Inkarnation mitgebrachte Lernthemen zu erlösen. Eventuell dürft ihr von Sorgen, Ängsten und Zweifel befreit oder manche Frage, die ihr derzeit in euch tragt, beantwortet werden.

Dann kann es geschehen, dass sich einiges, was euch auf dem Herzen liegt, später völlig anders und leichter anfühlen wird. All das möchten wir für euch in die Wege leiten.

Nehmt den hoheitsvollen Schutz an, den wir euch nun zur Verfügung stellen, und lasst euch weiterhin von den geistigen Wesenheiten begleiten, die zu diesem Zweck zu euch geeilt sind.

Das soll und wird für euch kein einmaliges Erlebnis sein. Eine ganz besondere Engelschar weilt an eurer Seite, die euch auf allen euren Wegen begleiten wird.

Das bedeutet: Zahlreiche eurer mitgebrachten und selbst ausgesuchten Lernthemen dürfen von euch genommen und müssen nie wieder bearbeitet werden.

Diese Engelschar besteht ebenso aus geistigen Meistern, die herbeigeströmt sind, um euch zu helfen und zu unterstützen, denn ihr sollt zu keiner Zeit allein sein. Macht euch bewusst: Ihr seid niemals allein!

Wir werden uns noch intensiver bemühen, die Sonne in eurem Herzen aufgehen zu lassen sowie das Licht darin erneut zu entzünden.

Oft seid ihr sehr in euren Gedankenstrukturen verfangen. Hierdurch wird sich manches Mal dieses strahlende Leuchten verdunkeln, das sich in euch befindet. Das soll nicht ausdrücken, dass ihr auf einem dunklen Weg wandelt. Oh nein! Das bedeutet es wahrlich nicht.

Vielmehr möchten wir euch damit aufzeigen: Wenn ihr bewusst oder unbewusst eure Themen und Läuterungsprozesse durchlauft, seid ihr teilweise stark im Gedankenkreisen verfangen. Hierdurch können sich manche, euch nicht zuträgliche Energiestrukturen an euren Körper anheften, was bedingt, dass das in euch leuchtende und ewig in euch integrierte Licht nicht so hell zu erstrahlen vermag, wie es eigentlich sein könnte.

Wir, die Geistige Welt, sind euch an die Seite gestellt worden, um uns darum zu kümmern, dass so etwas niemals mehr geschieht. Selbst wenn ihr Lern- und Loslösungsprozesse durchlauft, gestresst seid oder das Gefühl habt: „Ich weiß nicht mehr, wo mir der Kopf steht", werden wir sicherstellen, dass dieses göttliche Licht, das in jeder Sekunde eures Lebens in euch erstrahlt, niemals mehr erlischt. Dafür werden wir Sorge tragen.

Wir möchten es anhand eines Beispiels verdeutlichen:

Das Feuer in der Asche wird immer glühen, denn wir werden Holzscheite und Papier nachlegen, die sich leicht entzünden lassen.

Genauso werden wir es für euch vornehmen und euch Energien, aber auch Menschen zur Seite stellen, ihr geliebten Kinder des Lichts und der Liebe, die euch dabei unterstützen, diese Flamme am Lodern zu halten und niemals verlöschen zu lassen.

Ihr benötigt diese Hilfe nicht, weil ihr es alleine nicht bewerkstelligen könntet, sondern weil ihr euch dazu entschieden habt, einen Weg zu beschreiten, der oft mühevoll ist und manche Hindernisse in sich birgt. Diese Beschwerlichkeiten dienen euch jedoch einzig und allein herauszufinden, dass ihr die benötigte Kraft und Stärke in euch tragt, ihn tatsächlich auch meistern zu können.

Begreift, was wir damit ausdrücken wollen!

Mehr oder weniger bedeutet das nichts anderes, als dass für euch keine Hindernisse existieren.

Eine solche Situation soll euch verdeutlichen:

„Hier steht eine Aufgabe vor mir, ein Lernthema, eine Situation, die versuchen möchte, mich von meinem Lebensweg abzuhalten."

Aber führt euch vor Augen, ihr tragt alle Fähigkeiten in

euch, um euch dieses zu betrachten, glasklar zu entscheiden und zu bekunden:

„Auch wenn du mir als Hindernis erscheinst, stellst du für mich keins dar, sondern bist lediglich eine Prüfung. Du möchtest mich davon abhalten, meinem Seelenplan zu folgen. Möglicherweise erweist du mir einfach einen Liebesdienst, denn du führst mich in meine Kraft, in meine Stärke, in mein Vertrauen und, vor allem, in meinen Glauben.“

Um nichts anderes handelt es sich!

Für euch existieren keine Hindernisse, das ist nur scheinbar so. Und wann immer euch solche begegnen, denkt daran, dass sie nur Projektionen in eurem Kopf sind. Was euch als Erschwernis erscheint, kann schon morgen für euch beseitigt werden.

Wenn ihr das Gefühl habt, es dauert noch einige Wochen oder sogar Monate, bis sich dieses scheinbare Problem verflüchtigt, dann widmet euch diesem mit folgenden Überlegungen:

„Jetzt rufe ich meine geistige Engelschar herbei. Ich nehme sie links und rechts an meine Seite. Einige geistige Meister stelle ich hinter mich, um mir den Rücken zu stärken, und Erzengel Michael und seine Legionen ganz bewusst vor mich. Er möge mit seinem Schwert der Wahrheit vorangehen und mein Hindernis so bearbeiten und meinen Weg ebnen, damit es mir leichterfällt, es zu überwinden. Und wenn er voranschreitet und die Schritte als Erster vornimmt, kann ich die Beeinträchtigung gelassener und müheloser überwinden oder selbst beseitigen.“

Das wird euch die Möglichkeit eröffnen, ein scheinbares Hindernis, das gegebenenfalls einige Monate andauern könnte, innerhalb weniger Tage oder Wochen aufzulösen. Dann habt ihr es durchschritten, indem ihr festgestellt habt:

„Ich bin bereit, es zu meistern, und dabei bin ich nicht allein. Ich habe Helfer, Engel, geistige Wesenheiten und Meister an meiner Seite, aber ebenso liebevolle Menschen, die mich dabei unterstützen und mir helfen, dieses scheinbare Problem mit mir oder auch für mich zu lösen."

Dieses Werkzeug steht euch grundsätzlich zur Verfügung, um euch euren Lebensweg leichter zu gestalten.

Ihr habt jederzeit Mittel und Instrumente an der Hand, um eure Lebensthemen zu vereinfachen und sollt außerdem die Möglichkeit haben, euer Leben selbst zu bestimmen.

Es mag sicherlich sein, dass ihr viele eurer Aufgabenstellungen vor eurer Inkarnation ausgesucht und beschlossen habt:

„Diese Angelegenheit möchte ich unbedingt lernen. Und egal, wie sehr ich zetere und bettle, gleichgültig, wie unwohl ich mich dabei fühle, wenn ich darum bitte, diese aufgelöst zu bekommen, lasst es mich bitte bis zum Ende durchschreiten."

Aber wir können euch berichten, dass bereits vor jener Zeit erörtert wurde und wir euch mitgeteilt haben:

„Was du eben zu uns gesprochen hast, möchten wir akzeptieren. Aber wisse auch, mein geliebtes Kind, wenn deine Not am größten und dein Glaube tief ist, wirst du in diesem Moment die Hilfe erhalten, nach der du suchst. Niemals soll das, was du mitgeteilt hast, zu hundert Prozent feststehen müssen. Du sollst das Geschenk und vor allem das Versprechen überreicht bekommen: Wenn du etwas wahrlich aufgelöst haben möchtest, wenn es eine Bitte gibt, die deinem großen Herzen entspringt, dann sollst du die Möglichkeit haben, dass deinem Bittgebet entsprochen wird. Dir wird stets die Option offen stehen, Hilfe zu erhalten."

So wird es sein! Daher gebt getreulich eure Sorgen, Nöte und Zweifel in Gottes Hände ab. Bittet für euch und eure Liebsten. Ersucht uns, die Geistige Welt, und Gott-Vater, Gott-Mutter, um Erlösung und Gnade, ebenso um Licht, Liebe und Erkenntnis. Und, vor allem: Vergesst nie wieder die Fürsprache, dass der Strahl der Liebe euer Herz noch weiter wird öffnen dürfen, denn ihr könnt vieles Positives und euch Förderliches damit erreichen.

Indem ihr das beherzigt, seid ihr nicht nur bereit, das Licht und die Liebe Gottes, des Großen Vaters, anzunehmen, sondern gleichzeitig für IHN als Kanal zu fungieren. Denn wenn ihr darum bittet, dass SEIN Licht und SEINE Liebe euer Herz noch intensiver berühren darf, und das wird geschehen, dann bedeutet es, dass ihr willens seid, fortschreitend die Demut zu leben. Ist das nicht etwas Wundervolles?

Ihr bewirkt außerordentlich viel Positives für euch, wenn ihr noch verstärkter die Fügsamkeit und die Akzeptanz lebt, sobald ihr einverstanden seid, einfach nur SEIN Licht in euch aufzunehmen oder aber auch erklärt:

„Was auch immer mir gerade als Situation präsentiert wird, hat einen höheren Sinn und Zweck. Selbst wenn ich es nicht verstehe, bin ich bereit, mich dem zu stellen, denn ich weiß, ich habe mannigfaltige Hilfe an meiner Seite. Und wenn es der richtige Zeitpunkt für mich ist, werde ich sie mit großer Stärke gelöst haben."

Mit jedem gehegten Gedanken könnt ihr wieder ein Stück mehr in eurem Wachstum reifen, erfolgreich und zielgerichtet voranschreiten und es beschleunigen. Das bedeutet, ihr geliebten Gotteskinder, dass ihr mit jeder solchen Feststellung: „Ich bin bereit, dieses zu akzeptieren", erneut in eurem Bewusstsein und ebenso in eurem Vertrauen und Glauben wachst.

Wenn das euer Wunsch ist, setzt es immer wieder um. Wir werden euch gerne dabei unterstützen.

Sofern es für euch in Ordnung ist, knien wir jetzt vor euch nieder. Wir danken euch für eure Bereitschaft, euer Herz hier und jetzt sprechen zu lassen, und dafür, eure Energiekleider waschen und reinigen zu dürfen, denn ihr, die ihr diese Zeilen lest, sollt und dürft heute ein völlig neues Kleid erhalten.

Es mag sich für euch in den nächsten Zeiten so anfühlen, dass ihr Schüttelfrost bekommt oder vielleicht das ein oder andere Mal Müdigkeit oder Kraftlosigkeit verspürt. Aber dann begebt euch voller Absicht in den Gedanken:

„Das hängt mit meinem neuen feinstofflichen Umhang zusammen. Mein alter wird nun abgelegt, und ich erhalte einen neuen, strahlenden, lichtvollen und liebevollen. Er wird mir helfen, meine nächsten Schritte noch klarer, leichter und herzlicher zu setzen."

Das ist Gottes Geschenk an euch.

Es ist für uns erfreulich zu beobachten, wie ihr euch zunehmend dem Licht, der Liebe und den göttlichen Schwingungen öffnet und dadurch beständig die Bereitschaft lebt, eure eigene Göttlichkeit anzunehmen.

Ihr habt schon Überwältigendes in Hülle und Fülle in eurem Leben erreicht: Ihr habt Klippen überwunden, die nicht leicht zu bewältigen waren. Das hat mit dazu geführt, dass ihr auf eurem Lebensweg einen großen Schritt vorangekommen seid.

Könntet ihr diesen betrachten, so, wie es uns möglich ist, würdet ihr staunen, euer gesamtes Handeln hinterfragen und voller Überzeugung erklären:

„Ich war äußerst wagemutig und habe zahlreiche Erfolge zu verzeichnen!"

Keinerlei Zweifel wären in euch. Ihr würdet nicht mehr denken:

„Wie klein oder wie unvollkommen ich bin. Überall entdecke ich Fehler."

All das würdet ihr nicht mehr wahrnehmen, sondern ausschließlich die Liebe, die ihr euch in all euren Lebenssituationen geschenkt und die Herausforderungen, die ihr wundervoll gemeistert habt, und ebenso, welche positive Konsequenzen sich dadurch für euch ergeben haben, selbst wenn ihr einmal etwas ausgeführt habt, was ihr aus eurem persönlichen Blickwinkel heraus möglicherweise als weniger positiv empfunden habt. Dennoch habt ihr euch dafür eine unermesslich riesige Liebe zuteilwerden lassen, denn ihr habt daraus gelernt. Das ist überaus großartig und eindrucksvoll, ihr geliebten Kinder des Lichts und der Liebe.

Uns ist es stets eine Freude, euch wiederholt solche Situationen aufzuzeigen, Lernthemen an die Hand zu geben und euch zu fragen:

„Seid ihr bereit, euch nochmals einer ähnliche Herausforderung zu stellen? Wir, die Geistige Welt, wandeln permanent an eurer Seite. Und wisst, jeder Schritt, den ihr unternehmt, ist ein neuer, ein mutigerer, ein kräftigerer. Er wird euch noch tiefgreifender in die Leichtigkeit verbringen."

So vieles, euch Förderliches habt ihr für euch, aber auch für andere schon vorgenommen. Das führt euch klar vor Augen.

Mit jedem Schritt, den ihr tagtäglich voranschreitet, könnt ihr Mannigfaches im Sinne des Lichts und der Liebe bewirken. Damit meinen wir nicht nur physische mit euren Füßen, sondern darüber hinaus jede Entscheidung, die ihr trefft, und jeden gehegten liebevollen, verzeihenden Gedanken. Dadurch helft ihr mit, die Erde und das Universum zu verändern.

Bittet uns noch öfter darum, euch zur Seite zu stehen und zu helfen und ladet uns ebenfalls dazu ein, all jenen beizustehen, die nicht um unsere Anwesenheit wissen oder sich scheuen zu akzeptieren, dass wir existieren.

Überlegt euch, ob ihr das nicht ebenfalls bewirken möchtet.

Jede eurer Bitten wird euch gewährt, selbst wenn es nur ein Bruchteil dieses Wunsches ist, der euch erfüllt wird. Aber dadurch habt ihr die Möglichkeit, wahrlich Wunderbares zu bewirken.

Unterschätzt niemals eure Gebete! Worum auch immer ihr uns, die Geistige Welt, oder Gott, den Großen Vater, ersuchen möchtet, handelt entsprechend! Ihr könnt hierbei nichts falsch machen. Und wenn ihr der Auffassung seid, euer Bittgesuch sei nichtig und klein, lasst es stehen, denn das ist es niemals.

Jedes Gebet, das ihr hegt, wird sich letzten Endes erfüllen, selbst wenn es nur dieses ist:

„Ich wünsche mir für morgen Sonnenschein am Himmel."

Habt ihr darüber nachgedacht, ob dieses Ersuchen nicht dazu führen wird, dass vielleicht einige Regentropfen weniger auf diesen Planeten fallen werden?

Wir können euch berichten:

Jede Bitte wird etwas bewirken!

Ihr habt die Kraft, schöpferisch tätig zu werden. Daher seid euch eurer Gedanken noch bewusster. Geht mit ihnen sehr überlegt um: Bewusst, voller Obacht und Verantwortung. Aber ihr sollt mit großer Freude ans Werk schreiten und stets daran denken, wie viel Freudvolles und Erbauliches ihr hierdurch bewirken könnt. Das möchten wir euch noch mit auf den Weg geben.

Seid euch anschließend des Gefühls bewusst, das ihr nun in euch tragt, sowie all der Engel und geistigen Wesenheiten, die euch nicht nur in diesem Moment begleiten, sondern auch in den nächsten Tagen, Wochen und Monaten.

Ihr seid beschützt! Ihr seid behütet! Ihr seid vor allem unermesslich geliebt, und zwar so, wie ihr seid, denn ihr seid göttlich!

Das Regenbogenkleid

Ihr geliebten Kinder des Lichts und der Liebe, ihr tragt in eurem großen Herzen ein bezauberndes, wundervolles Licht, das in schillernden Farben erstrahlt. Je mehr ihr bereit seid, euer Herz zu öffnen, desto glanzvoller, schimmernder und funkelnder wird es.

Könntet ihr sehen, wie weit dieses Licht in den Kosmos hinein leuchtet, ihr würdet jubilieren, lächeln und funkelnden Herzens tagelang beschwingt durch diese Welt wandeln.

Wisst darum: Jeder von euch trägt ein wundervolles, einzigartiges, nennen wir es Regenbogenkleid. Das ist ein Gewand aus schillernden, irisierenden Farben, ein Glitzerkleid, ein strahlendes, weit ins Universum leuchtendes Kleid. Zahlreiche Menschen könnt ihr damit in ihrem Inneren berühren, ebenso feinstoffliche Wesenheiten.

Nehmt zur Kenntnis: Jeder von euch hat unzählige davon in seiner Gefolgschaft. Das bedeutet, ihr habt manches Mal Erzengel an eurer Seite sowie Schutzengel, geistige Führer, geistige Meister und noch scharenweise mehr, die euch in eurem Leben begleiten.

Zögert nicht, diese Wesenheiten stets aufs Neue um Hilfe zu bitten. Lasst euch von der geistigen Führerschaft dahingehend leiten, um auch einmal nachzufragen:

„Wer befindet sich in meiner Gefolgschaft? Wer ist für welche Aufgaben zuständig? Wen kann ich gezielt anrufen?“

Probiert es einfach aus. Nicht immer dürfen euch die gewünschten Antworten gegeben werden, denn ihr seid gefragt, Verantwortung zu übernehmen und entsprechend zu handeln. Darüber könnt ihr allerlei erfahren, insbesondere über euch und eure Wünsche.

Je mehr ihr bereit seid, neugierig zu erforschen, desto eher könnt ihr herausfinden, wer ihr seid. Und ihr, ihr geliebten Kinder des Lichts und der Liebe, ihr seid göttlich!

☆☆☆

Lichtstürme

Spürt in euch hinein, in welcher Hülle und Fülle momentan Licht auf diesen Planeten einströmt. Ihr alle könnt das in der einen oder anderen Form wahrnehmen und habt es bereits als ungute, abbauende Emotionen bemerkt, die euch oder auch andere durchschütteln und durchrütteln. Ihr erlebt diese in Form von Verhaltensweisen, die von den Menschen in der Regel nicht in dieser Art und Weise gelebt werden oder in Form von Sinneswahrnehmungen, die ihr sonst nicht zur Kenntnis nehmt. Das kann sich ebenfalls durch körperliche Gebrechen, Schmerzen oder Albträume bemerkbar machen.

Manches ereignet sich, weil dieses göttliche Licht auf die Erde gesendet wird. Begreift, es ist notwendig, um zu läutern, zu reinigen und alles mit neuen, sehr hohen, bewusstseinserhöhenden, lichtvollen, liebevollen und klaren Energien auffüllen zu können, bis in der Zukunft sämtliche Läuterungsprozesse ein Ende gefunden haben.

Diese Vorgänge gehen ineinander über. In mancher Hinsicht wird jetzt in euch dahingehend eine gewisse Veränderung vorgenommen, dass Altes aus vergangenen und eurem derzeitigen Leben aus euch, eurem Sein und euren Körperzellen herausgelöst wird. Teilweise werdet ihr daran anschließend direkt mit neuen Informationen durchflutet.

Daher gönnt euch und eurem Körpern möglichst viel Ruhe, wenn ihr wieder einmal das Gefühl in euch tragt, etwas erschöpft zu sein oder eine Zeitlang alleine sein zu wollen. Nehmt euch diese Verschnaufpause. Es ist wichtig.

Wenn ihr bereit seid und die Möglichkeit habt, euch Auszeiten zu nehmen, können diese Prozesse wesentlich schneller und vor allem leichter in euch verarbeitet werden. Damit werdet ihr nicht so sehr überfordert, als wenn ihr nach alten, gewohnten Mustern euer tägliches Sein lebt und eure wiederkehrenden Arbeiten erledigt.

Wir wissen, es ist euch nicht permanent möglich, euch diese Ruhezeiten zu gönnen. Daher denkt in jenen Augenblicken bewusst an Folgendes:

„Jetzt reagiere ich oder verhält sich der andere so, weil es sich erneut um Lichtprozesse handelt und ich derzeit meine täglichen Pflichten zu erfüllen habe. Das hat in diesem Moment zu geschehen. Daher werde ich mich bemühen, mir später Zeit zu nehmen, um ein wenig auszuspannen und die Seele baumeln zu lassen."

Geht wiederholt, vor allem bewusst in die Natur, ins Grüne. Verbindet euch mit Mutter Erde, um von Neuem mit ihr tiefen, innigen Kontakt herzustellen und alle negativen, abbauenden Energien abfließen zu lassen, die ihr im Laufe des Tages angesammelt habt, denn ihr seid in gewisser Art und Weise ein göttlicher Kanal und transformiert gerade solche Energien.

Das bedeutet: Manches Mal seid ihr bereit, euch nicht zuträgliche Energien aus Mutter Natur aufzunehmen, damit diese sozusagen durch euch gereinigt und umgewandelt werden können.

Wenn ihr euch unwohl fühlt, bittet stets aufs Neue für euch um Reinigung. Dann habt ihr Verantwortung übernommen, nicht nur für euch, sondern im gleichen Maße für euren Planeten, mithin für das gesamte Universum. Damit bewirkt ihr sehr viel Positives im Sinne des Lichts und der Liebe. Daher bittet pausenlos um Reinigung und Schutz.

Wisst, alle eure Gebete, die ihr geäußert habt und auch immer wieder entrichtet, erreichen fürwahr das Herz Gottes, des Großen Vaters, und vermögen die Welt zum Wohl für euch alle zu erschüttern. Begreift die Bedeutung dieser Worte.

Alles, worum ihr bittet, birgt eine immens große Kraft in sich. Mit jedem weiteren Tag, den ihr verlebt, wird diese wachsen, weil ihr die Bereitschaft lebt, so gut wie möglich eure Transformationsprozesse zu durchlaufen. Ihr erhaltet zudem weitere, zusätzliche Fähigkeiten, Kraft und Stabilität, da ihr vermehrt geläutert werdet.

Aber auch der Glaube und das Vertrauen werden euch umfassender zugeführt werden. Hierfür müsst ihr selbst nur wenig beitragen. Es gilt einzig und allein eure Bereitschaft zu leben, den Tag so gut und so leicht wie möglich zu durchlaufen. All das ist von euch gefordert. Nicht mehr und nicht weniger.

Bleibt jedoch gelassen bei den derzeit stattfindenden und bewusstseinserweiternden Prozessen, die auch in der nächsten Zeit teilweise an Stärke und Intensität zunehmen, aber ebenso wieder abflauen werden. Sie stellen für euch alle ein Übungsfeld dar.

Ihr gehört zu denjenigen, die als Erste diesen Bewusstseinsanhebungsprozess durchlaufen haben werden. Dann vermögt ihr mit immenser Kraft, starkem Willen und unbeschreiblicher Stärke, aber außerdem mit tiefem Vertrauen, anderen Menschen zu helfen, ihn gleichfalls zu durchschreiten.

Ist es nicht wunderbar, dann berichten zu können:

„Ich kann nachvollziehen, welche anstrengenden Herausforderungen du gerade zu bestehen hast. Ich habe das auch schon erlebt. Und siehe, mir geht es gut. Dadurch habe ich eine Menge Kraft gewonnen und hatte dabei viel Unterstützung an meiner Seite, um diese Prozesse durchstehen zu können. Daher biete ich dir meine Hilfe an.“

Führt euch permanent vor Augen: Auch ihr habt stets Hilfe an eurer Seite.

Nicht jederzeit wird sie so gewährleistet werden können, wie ihr es euch wünscht. Aber sie wird immer gegeben werden. Das ist ein Versprechen der Liebe Gottes, des Großen Vaters, das euch allseits auf euren Wegen begleitet hat und auch weiterhin begleiten wird.

Denkt immer wieder daran: Euch steht diese Hilfe zur Verfügung. Und vergesst niemals: Ihr seid es wert, sie zu erhalten!

Oft seid ihr so sehr in euren gewohnten Strukturen und Gedankenmustern verfangen, dass ihr das Gefühl in euch tragt, einer bestimmten Hilfe nicht bedürftig zu sein oder diese wegen mangelndem Selbstwertgefühl nicht erhalten zu dürfen.

Häufig vergleicht ihr euch mit anderen, euch bekannten Menschen, die sich vielleicht in einer ähnlichen oder noch schwierigeren Situation befunden haben.

Unterlasst das bitte.

Jeder hat doch in seinem Leben seinen eigenen Schwerpunkt. Ihr alle habt unterschiedliche Lernthemen und Herausforderungen, die zu bearbeiten sind. Deswegen beurteilt nicht, wer es wert ist, durch einen Menschen Unterstützung oder etwas anderes zu erhalten oder auch nicht.

Meint ihr nicht, ihr geliebten Kinder des Lichts und der Liebe, dass Gott, der Große Vater, euch diese Hilfe aus SEINEM Herzen heraus liebend gerne gewähren möchte?

Sooft ist ER bereit, euch zur Seite zu stehen und euch Leichtigkeit zu schenken. Leider müssen wir häufig erkennen, dass ihr diese aus eurem mangelnden Selbstwertgefühl heraus ablehnt.

Beginnt hier umzudenken. Wir werden euch gerne mit all unserer Liebe dabei unterstützen.

Ändert eure Gedanken! Verinnerlicht immer wieder:

„Ich bin es wert, einen leichten Weg beschreiten zu dürfen und zu können und mein Glück, meinen Frieden und alles, was

mir in meinem Herzen hierbei zuträglich ist, zu finden. Und alles, was mir geschenkt werden möchte, nehme ich an, denn ich war bereit, auf diesem Planeten zu inkarnieren."

Und das, ihr geliebten Gotteskinder, ist wahrlich eine großartige, ehrenvolle Aufgabe, die ihr erfüllt. Jeder von euch, der auf Mutter Erde lebt, trägt diese Kraft und Stärke in sich.

Viele Seelenwesen haben darum gebeten, auf dieser Erde zu inkarnieren. Aber Gott, der Große Vater, wusste, sie sind nicht stark genug. Doch ihr seid es. Daher ist ER bestrebt, euch noch ausgiebiger die Hilfe zukommen zu lassen, die ihr benötigt und die euch in eurem Herzen anrührt, um eurem Weg noch leichter zu folgen.

Also gebt all eure Sorgen ab! Entlasst, was euch belastet! Stellt euch vor, wie ihr sie unbeirrt zu euren Füßen legt, wie sie vor euch liegen und ein Engel sie an sich nimmt. Und dann nehmt wahr, wie diese Themen, Probleme und Emotionen, was auch immer euch belastet und euch abträglich ist, von euch fortgenommen und einfach weggetragen werden.

Nichts mehr sollte euch dann aufhalten, eure Leichtigkeit, eure Liebe und Gelassenheit zu leben und wieder vollkommen in eure innere Mitte zu finden. Nutzt das immerzu als Werkzeug, das wir euch an die Hand geben möchten.

Tragt diese Informationen auch von Herzen an andere Menschen weiter, als Bild, mit dem sie arbeiten mögen. Jeder kann und darf hierbei auch selbstverständlich seine eigene Kreation erschaffen. Aber stellt euch bitte regelmäßig vor, wie all diese Lasten von euch genommen werden.

Eine weitere Möglichkeit besteht darin, solche Themen, Probleme und Lasten gedanklich in einen See zu versenken oder einer großen violetten Feuerflamme zu übergeben, in der sie dann sofort gereinigt werden oder verpuffen, sich in Nichts auflösen. Und auch hier fühlt, wie erneut Leichtigkeit in euch einströmt.

Mancher von euch mag danach das Gefühl des Schmerzes oder der Trauer verspüren. Der Grund liegt einzig und allein darin, dass ihr diese Last endlich losgelassen habt. Dadurch wird in euch kurzzeitig ein Gefühl der Leere, aber auch des Schmerzes und der Trauer entstehen können. Folglich nehmt euch die notwendige Zeit, um diese Gefühle zu verarbeiten.

Aber bei alledem wisst und denkt daran: Der Zeitpunkt wird kommen, an dem erneut Freude und Leichtigkeit in euch und euer Herz einkehren sich verankern werden.

☆☆☆

Das Energiekleid reinigen

Immer häufiger auftretende und stetig heftigere Lichtstürme werden künftig auf diese Erde treffen. Das hängt mit den umwälzenden Lichtprozessen zusammen.

Es handelt sich um energetische Stürme und Orkanböen, sodass der ein oder andere aus dem seelischen Gleichgewicht fallen oder an sich verschiedene körperliche Symptome feststellen kann, wie zum Beispiel Übelkeit, Schwindel, Kopf- und Knochenschmerzen, grippeähnliche Symptome, Herzprobleme und anderes mehr.

Diese Lichtstürme nehmen noch verstärkt an Intensität zu. Bleibt jedoch gelassen. Alle Menschen durchlaufen diese Prozesse. Und ihr werdet es schaffen!

Habt ihr einmal darüber nachgedacht, wenn ihr euch unwohl fühlt, euch vorzustellen, dass alles Negative und Emotionale von euch abgewaschen wird wie durch einen Regenschauer, der auf euch herniederprasselt? Oder kam euch der Gedanke, euch mit einem lieben Menschen oder einem Engel zu unterhalten, der Positives, Freudiges und wieder vermehrt Licht in euer Leben bringt und euch dadurch ablenkt? Möchtet ihr das nicht einmal ausprobieren und euch absichtlich in eine solche Situation begeben?

Stellt euch alternativ eine vergangene, wunderschöne Zeit vor, die ihr einst erfahren habt und die euch viel Freude bereitet hat. Dann denkt an diese freudvollen Momente, sobald ihr euch unwohl fühlt. Erinnert euch daran, wie beschwingt und heiter ihr wart, wie leicht euer Herz war. Schwelgt in diesen Erinnerungen, und ihr werdet feststellen können, wie sich eure Wut, Aggressionen, Ängste und Zweifel Stück für Stück in Luft auflösen. Das möchte von nun an geübt werden.

Befreit euch von abbauenden Emotionen und negativen Gedankenstrukturen so gut ihr es vermögt, wenn ihr darin verfangen seid und es erst nach deren Eintreten bemerkt. Unwichtig ist, ob ihr euch selbst in solche habt bringen lassen oder es durch äußere Umstände bedingt war, weil ihr diesen Energiewirbelsturm nicht wahrgenommen habt.

Das stellt für euch ein Übungs- und Lernthema dar, das trainiert werden möchte. Möglicherweise werdet ihr euch noch des Öfteren in solchen Situationen befinden. Dadurch soll euch fortwährend bewusster werden:

„Das ist abermals eine mir schädliche Emotion, die ich derzeit lebe. Jetzt sollte ich zum Beispiel die Engel darum zu bitten, mich zu reinigen."

Dann setzt das um. Wenn es nötig ist, auch alle zwei, drei Minuten und so lange es erforderlich ist, denn auch die Geistige Welt, wir Engel, benötigen hin und wieder etwas Zeit, um eure Emotionen aufzulösen und euer Energiekleid zu klären, zu säubern und zu weiten, da sich daran einiges euch nicht Zuträgliches angehaftet hat.

Gebt uns daher die Möglichkeit, das vorzunehmen und stellt uns genügend Zeit zur Verfügung, um euch zu reinigen. Anschließend flutet euch bitte erneut mit goldenem Licht. Stellt euch hierzu in eine goldene Lichtsäule vor oder tretet beispielsweise in den Sonnenschein.

☆☆☆

Eine Lichterkette bilden

Ein Licht wird auf die Erde geschickt. Ein Licht Gottes, des Großen Vaters, um die Lichter der Welt zu erhellen. Ein Licht, das sich bereit erklärt hat, alle anderen Lichter, die noch im Dunkeln schweben, anzustupsen, sein Licht erstrahlen zu lassen, um alle anderen Lichter wissen zu lassen:

„Ihr seid nicht allein. Seht, wozu ihr fähig seid. Begreift, wozu ihr geboren seid, und erfasst, was ihr erschaffen könnt."

Solche Lichter, ihr geliebten Kinder des Lichts und der Liebe, seid auch ihr. Ein solches Licht seid ihr alle. So ist jeder Einzelne von euch dazu aufgerufen, immerzu dieses Licht erstrahlen zu lassen. Eure einzige Pflicht ist es, ihr selbst zu sein im Sinne des Lichts und der Liebe und Gottes Worten mehr und mehr zu folgen, SEINEN Botschaften zu lauschen, SEINE Aufgaben, die ER euch stellt, umzusetzen und euch euren Lebensherausforderungen zu stellen, indem ihr mutig und wahrhaftig seid und eure Göttlichkeit lebt. Als solches Vorbild werdet ihr sehr viele Menschen erreichen.

Eure Aufgabe ist es, euer Licht an alle anderen weiterzutragen und damit eine gemeinsamen Lichterkette zu bilden. Und jede neue Glühbirne, auf die ihr trefft, sollt ihr entzünden und dieser vermitteln:

„Dafür bist du geschaffen! Lass dein Licht erstrahlen und zeige anderen Menschenkindern, wie sie selbst leuchten können, damit am Ende dieser Lichterkette ein hell funkelnder Glanz auf dieser Erde erscheint, damit dieser Planet im Lichte Gottes, des Großen Vaters, erstrahlt."

Das Loslassen üben

Ein Lichtarbeiter hat mannigfaltige Aufgaben zu erledigen. Er hat sich aus freien Stücken bereit erklärt, Gott, dem Gro-ßen Vater, zu dienen, sei es nun im Großen oder im Kleinen. Die Göttlichkeit wieder zu leben bedeutet, Hingabe, Demut und Liebe zu leben. Damit ist ausgedrückt:

„Ich gebe mich IHM hin. Wie lautet SEIN Wille? Und wenn es SEIN Wunsch ist, dass ich jetzt über eine Pfütze springe, dann führe ich das aus, gleichgültig, ob ich hinter ihr vielleicht in eine Grube falle oder der Weg möglicherweise begrünt ist, ob er mit Stolpersteinen versehen ist, wie auch immer. Aber ich springe, weil ER es von mir einfordert und ich tief in meinem Inneren weiß, wenn ER es so von mir wünscht, dann hat es einen höheren Sinn."

Das ist der erste Schritt, loszulassen und die Angst zu verabschieden:

„Mir könnte etwas Schlimmes widerfahren."

Das ist die Furcht, die ihr alle noch im Großen oder Kleinen in euch tragt. Eine solche könnte beispielsweise lauten:

„Wenn ich Gottes Ruf folge, könnte mir ein finanzieller oder auch materieller Verlust in dem Sinne drohen, dass die eine oder andere Partnerschaft zu Ende geht, weil mich mancher vielleicht für vollkommen verrückt hält."

Genau das ist der Punkt. Alle diese Ängste gilt es loszulassen, denn Gott, der Große Vater, ist allumfassende Liebe. ER ist euer Schöpfer, euer Erschaffer, und kennt den großen Plan, euren Seelenplan. ER überblickt das Große Ganze. Und wenn dem so ist, wird euch euer Vater niemals in das Verderben stürzen. Also wird Gott-Vater, Gott-Mutter, für euch einen Plan haben, der euch in die Freude, die Leichtigkeit und das Wachstum führt.

Warum solltet ihr nicht springen? Das ist also sozusagen das erste Mal, dass ihr loslassen müsst: Das Loslassen eurer Ängste.

Im nächsten Schritt verfahrt genauso mit euren Erwartungshaltungen, wie beispielsweise die, wie etwas zu sein hat oder eben nicht, wie sich andere Menschen verhalten müssen, weil ihr diesen oder jenen Schritt vornehmt oder weil ihr jetzt etwas Bestimmtes zum Ausdruck bringt oder eben auch nicht, beziehungsweise etwas unterlasst.

Von diesen Dingen befreit euch fortschreitend, denn je mehr ihr danach handelt, desto freier könnt ihr eurem Weg folgen. Ihr seid nicht nur ungezwungener in eurem Denken, Handeln und Wirken, sondern ebenfalls in euren Entscheidungen, weil ihr die Angstlosigkeit lebt. Damit seid ihr im Gesamten, sozusagen im Ganzen autarker.

Was ihr darüber hinaus entlassen könnt, sind Wünsche und Bedürfnisse, die ihr aus eurem Ego heraus glaubt umsetzen zu müssen, zum Beispiel:

„Ich möchte glücklich sein."

Glaubt ihr nicht, wenn Gott, der Große Vater, euch euren Weg vorbereitet hat, dass ER euch in euer seelisches Wohlbefinden führen wird?

Denkt nicht weiter darüber nach, wann dieser Zeitpunkt festzustehen hat. Meint ihr nicht, ihr habt in einer Skala von 1 bis 10 glücklich zu sein? Lebt doch einfach, vor allem und insbesondere, nicht mehr diese Emotionen.

Auch hier habt ihr zu lernen, alles loszulassen, was euch hindert und behindert. Es kann sich um Partnerschaften, sonstige Abhängigkeiten sowie Materielles handeln, da ihr beispielsweise das Gefühl verspürt:

„Ich bin auf meinen Arbeitsplatz, mein Auto angewiesen."

Überlegt, was ihr euch damit aufbürdet. Ihr verbaut euch

damit den Weg, wieder vielfältig zu denken und frei in euren Entscheidungen zu sein.

Lasst doch auch hier einmal los und zieht in Betracht:

„Kann ich nicht den Zug oder das Fahrrad nehmen?“

Es ist nicht Sinn und Zweck, diese Möglichkeiten auszunutzen, sondern euch dieser bewusst zu werden, zu erkennen, welch unzählige Möglichkeiten Gott, der Große Vater, euch an die Hand gegeben hat, um euer Ziel zu erreichen.

Diese Loslösungsprozesse sind gewichtig!

Dann existieren natürlich auch solche, die im Geistigen vorgenommen werden, im Sinne von Krankheiten oder sonstigen sich in euch befindenden Zell- und Erinnerungsstrukturen, die dann aber teilweise auch von Gott aufgelöst werden. Das liegt nicht grundsätzlich in eurer Hand.

Sicherlich habt ihr euch dafür zu öffnen. Aber selbst das ist ein Loslösungsprozess. Das trifft vor allem auf Lichtarbeiter zu und letzten Endes natürlich für jedermann. Permanent ist es von Bedeutung, eure Ängste aufzulösen, denn das ist das größte Problem, das ihr mit euch tragt.

Die Furcht hindert euch an eurer Entwicklung und daran, allzu schnell in das Licht und in die Liebe zu wachsen. Wie prächtig könnte diese Welt schon heute sein, würde sich auch nur ein Drittel der Menschheit trauen, ihre Ängste zu überwinden.

Aber diese Emotion hindert euch daran. Wahrlich, ihr könnt nicht ermessen, um wie viel lichtvoller die Welt schon dann wäre.

☆☆☆

Die Hilfe der Engel

Bittet um Schutz und Heilung für den Planeten, für Mutter Erde, den Kosmos und die Menschen.

Eine große Liebe herrscht in eurem Raum, in dem ihr euch gerade aufhaltet und diese Worte lest. Er ist aber ebenso mit Gottes Liebe gefüllt. Zahlreiche Engelwesen sind bereits zu euch herbeigeeilt, lange schon, bevor ihr euch in diesem Raum eingefunden habt. Sie haben ihn geklärt, mit ihrer Liebe angefüllt und euch auf euren Wegen hierher, zu diesem Buch und zu diesen Zeilen, begleitet.

Bereits Tage zuvor wurdet ihr auf diesen Zeitpunkt vorbereitet und in gewisse, euch förderliche, hilfreiche und unterstützende Veränderungen gestellt. Ihr selbst habt solche an euch, aber genauso an eurem Verhalten wahrgenommen. All das sind Vorbereitungen, und diese halten nicht nur heute und morgen an. Oh nein.

Begreift, ihr geliebten Kinder, ihr Töchter und Söhne Gottes, des Großen Vaters, ihr verfügt über eine gewaltiges Potenzial, um SEIN Licht und SEINE Liebe in die Welt hinauszutragen. Daher seid froh ob dieser Liebe, die ihr weitergeben, verbreiten, vorleben und manifestieren dürft.

Oft wisst ihr gar nicht, wie viel ihr für andere Menschen und Lebewesen, die teilweise sogar auf fernen Planeten leben, Positives zuwege bringen dürft.

Gott, der Große Vater, möchte euch noch vielfältiger in eurem Herzen ergreifen, euch noch überreichlicher SEINE allumfassende Liebe zur Verfügung stellen, denn ER liebt euch über alle Maßen. Ihr seid von IHM unendlich geliebt sowie von all euren Engeln und Geistführern. Es steht ein umfangreiches, ausgewähltes Team an geistigen Wesen jedem Einzelnen von euch zur Seite, teilweise aus unzählig vielen Engeln bestehend, die euch führen und leiten. Und so mögen sie eure Worte und Handlungen führen.

Ladet die Engelwesen bitte jederzeit ein, euch zu leiten und durch euch zu wirken oder zu sprechen.

Wie könnte sich das gestalten, wenn ihr diese Bitte an uns Engelwesen entrichtet habt? Uns steht dann die Möglichkeit offen, euch in eurem Herzen zu erreichen, euch zu führen und zu leiten.

So kann es der Fall sein, dass ihr plötzlich mitten auf der Straße einen Menschen ansprecht, der euch regelrecht mit seinen Energien anzieht. Lasst dann einfach aus eurem Herzen hervorsprudeln, was sich Bahn brechen möchte. Das können beispielsweise einige Worte über das Wetter sein, was vollkommen in Ordnung ist.

Wundert euch in diesen Momenten bitte nicht, denn dadurch, dass ihr sprecht, werden Energien übertragen, gewisse Schwingungen.

Dieser Mensch benötigt in diesem Augenblick, da ihr mit ihm in ein Gespräch tretet, diese speziellen Energien. Ihr vermögt nicht zu ermessen, wie viel Aufbauendes und neue Hoffnung buchstäblich über euer gesprochenes Wort, gleichfalls über ein Lächeln, das ihr im Gesicht tragt, oder schon durch euren Blickkontakt herbeigeführt werden darf.

So viel Positives könnt ihr bereits vollbringen und habt ihr bereits bewirkt.

Erneut möchten wir euch animieren, noch Unzähliges mehr in dieser Richtung in die Wege zu leiten und zu unternehmen.

Bittet, ihr geliebten Kinder des Lichts und der Liebe. Ersucht Gott, den Großen Vater, um alles, was euch auf dem Herzen liegt. Legt bei IHM Fürsprache ein für Schutz und Gesundung für euren Heimatplaneten, für Mutter Erde. Bittet außerdem um Heilung für die Menschheit. Entrichtet den Wunsch, dass nun die göttlichen Schwingungen beständig angehoben und bestimmte Ereignisse stattfinden werden, die zum Wohl des Planeten herbeigeführt werden sollten, sich aber derzeit noch nicht zutragen können.

Dank eures freien Willens obliegt euch die Möglichkeit, euch für das Neue, Goldene Zeitalter einzusetzen und es einzuläuten.

Hegt keinerlei Vorstellungen darüber, um welche Geschehnisse es sich dabei handeln möge. Aber wisst – und das ist ein Versprechen der Liebe: Alle werden ausschließlich dazu dienen, euch in eurem Bewusstsein zu stärken, zu kräftigen und anzuheben und wieder das Paradies auf Erden zu manifestieren.

Denn dieser Planet ist auch einer der Wandlung. Und vor nicht allzu langer Zeit wurde von Gott, dem Großen Vater, entschieden, dass ihr Menschen diese Wende mit beschleunigen dürft.

Bittet auch hierfür fortwährend, ihr geliebten Gotteskinder. So unvorstellbar viel könnt ihr bewerkstelligen. Was das betrifft, verfügt ihr sondergleichen über ein enormes Kraft- und Machtpotenzial. Vor allem lasst niemals in eurem Bemühen nach, es stets aufs Neue und beharrlich in Angriff zu nehmen.

Jeder Einzelne von euch wird in diesem Augenblick in eine spezielle Licht- und Liebeskugel gestellt. Ein Engel wird an eure Seite treten, sofern er nicht schon bei euch ist, von hinten an euch herantretend seine Hände auf eure Schultern legen, sich mit euch in Verbindung setzen und euren Weg begleiten. Er wird euch führen, euch dabei unterstützen, besondere Energien abzuspeichern, gewisse Transformationsprozesse durchzuführen und neues Wissen in euch zu integrieren. Denn auch dieses darf und hat jetzt für euch zu geschehen. Daher öffnet weit euer Herz für alles, was nun kommen mag.

Es mag durchaus sein, dass sich der eine oder andere von euch in der nächsten Zeit verstärkt kraftlos fühlt, zuweilen sogar wütend oder traurig ist. Mancher empfindet möglicherweise Schmerzen oder wird diese noch verspüren, teilweise auch erst in der Nacht.

Aber haltet durch! Es handelt sich hierbei um Loslösungs- und Veränderungsprozesse. Und wenn ihr der Meinung seid, es nicht länger ertragen zu können, dann ersucht uns um Erleichterung. Bittet darum, in eine energetische Linderungskugel hineingestellt zu werden, die euch dabei hilft, alle diese Transformationsprozesse in abgeschwächter Form zu durchleben.

☆☆☆

Strukturen verändern

Ihr seid alle göttliche Lichtarbeiter und mit der Aufgabe hierhergekommen, euren Heimatplaneten und seine alten, überholten Strukturen zu verändern. Ihr seid aufgerufen, dabei mitzuhelfen, diese aufzulockern, manches sogar aufzulösen, und sobald dieses vollbracht ist, neue zu integrieren.

Jedem Einzelnen von euch kommt hierbei eine wesentliche Aufgabe zu, denn ihr alle seid dazu aufgerufen, mehr und mehr die Liebe zu leben. Was bedeutet das für euch?

Wir möchten euch folgendes Beispiel geben:

Ihr schlendert durch die Straßen und begegnet einem Menschen, der sich in niedrigen Schwingungen befindet, sei es, weil es seinem Entwicklungsstand entspricht oder weil er gerade in Energien verhaftet ist, die ihm nicht zuträglich sind. Er selbst hat darüber keine Kenntnis. Ebenso ist ihm unklar, weshalb er sich derzeit so unwohl fühlt und wie er dem entgegensteuern kann.

In dieser Situation könnt ihr ihm wahrhaft wundervoll durch eure Liebe helfen, indem ihr einfach seid, wer ihr seid.

Was hindert euch daran, ihm ein Lächeln zu schenken, ihm tief in die Augen zu blicken und eure Seele sprechen zu lassen, eine Herzensverbindung aufzubauen? Durch diese scheinbar kleinen Gesten könnt ihr ebenso viel Positives bewirken.

So seid ihr angehalten, täglich durch euer Leben zu wandeln und jedem Menschen derart entgegenzutreten, als wäre es euer liebster Mensch, den ihr euch an eurer Seite wünscht. Begegnet ihm mit weit geöffneten Armen und offenen Ohren, mit bereitwilligem Herzen und sendet ihm eure Liebesenergien.

Bittet unablässig um Heilung, Licht und Liebe, nicht nur für die Menschen, sondern darüber hinaus für euren gesamten Planeten.

Unendlich Zahlreiches, Förderliches und Gewinnbringendes könnt ihr für ihn vollbringen und damit für euch selbst. Denn was wird damit ins Rollen gebracht?

Sobald ihr etwas im Sinne des Lichts und der Liebe erbittet, seid ihr angebunden an Gott, den Großen Vater. Im gleichen Augenblick können wir euch noch intensiver erreichen und mit euch arbeiten, insofern ihr euer geistiges oder gesprochenes Einverständnis ausgedrückt habt und lebt, euch Heilung zukommen lassen oder euch fürsorglich beiseite zu stehen. Sinnbildlich gesprochen vermögen wir euch in die Arme zu schließen und euch das zu überreichen, woran es euch aktuell mangelt.

Grenzenlos Erfreuliches und Vorteilhaftes könnt ihr durch ein entsprechendes Gebet bewirken, nicht nur für euch, euren Nächsten, diesen Planeten, sondern ebenfalls für das gesamte Universum.

Jede eurer Handlungen hat eine Auswirkung auf den gesamten Kosmos. Erfasst die Bedeutung dieser Worte! Jeder eurer Gedanken, jegliche Worte und Taten sind Energie, die ihr entsendet. Diese wird weitergeleitet und führt im gesamten Universum unweigerlich zu Konsequenzen und Veränderungen.

Wenn ihr niedrige Schwingungen auf diesem Planeten durch höhere, positive, aufbauende Energien und Schwingungen ersetzt, einfach indem ihr darum bittet, dann bewirkt ihr im selben Augenblick, dass dies gleichzeitig im gesamten Kosmos vorgenommen wird. Auf diese Art und Weise könnt ihr die niedrigen Energieformen sukzessive in einen förderlichen, göttlichen Energiefluss verändern, in Energien des Lichts und der Liebe.

Damit vollbringt ihr einen großartigen Liebesdienst, und dafür ehren wir euch, ihr geliebten Kinder des Lichts und der Liebe. In jedem Moment, in dem ihr das vornehmt, lebt ihr zunehmend die Bereitschaft, ein Lichtarbeiter zu sein, Licht und Liebe zu verbreiten und Gottes Rufen dann auch Folge zu leisten, denn alles, was ihr im Sinne des Göttlichen verrichtet, vollführt ihr für IHN und für euch.

Wir möchten euch ermutigen, unentwegt diese Handlungen vorzunehmen. Lebt eure Liebe. Lebt euch selbst und denkt bei all eurem Wirken ausnahmslos daran, was ihr Schönes, Wundervolles und Gutes damit bewirken könnt.

Zögert niemals, uns Engel um Hilfe anzurufen, dann können eure Gedanken und Energien noch mehr potenziert werden. Das geschieht einfach, indem wir euch darin unterstützen.

Verinnerlicht, erst wenn ihr uns, der Geistigen Welt, einen Auftrag erteilt, dürfen wir uns darum kümmern. Wenn das der Fall ist, weil ihr eingewilligt habt, sammeln sich in diesem Moment einige Engel um euch, manche halten eure Hand oder legen die ihre auf eure Schulter oder euren Kopf, um an euch zu arbeiten. Diese Engelwesen werden, wenn ihr sie um Hilfe ersucht, regelrecht Freudensprünge vollführen, um euch ganz nahe zu sein und freundliche, euch aufbauende und förderliche Energien zu verströmen, weil sie so sehr frohlocken, dass ihr sie um Hilfe bittet.

Unterschätzt niemals die gewaltige Macht und Kraft, über die ihr durch eure Aufträge verfügt. Das soll niemals bedeuten, dass ihr diese missbrauchen sollt. Aber, ihr geliebten Kinder, so ihr willens seid, im Sinne des Lichts und der Liebe zu wirken, könnt ihr wahrlich Zahlreiches und Wundervolles in Bewegung setzen und erreichen und der Natur helfen, wieder in ihr Gleichgewicht zurückzufinden. Das ist ein wahrlich grandioses Geschenk für uns, den Planeten Erde, Gott, den Großen Vater, sowie für alle, die sich ausschließlich für die Seite des Lichts und der Liebe entschieden haben.

Führt euch darüber hinaus vor Augen, zahllose nichtirdische Wesen sind willens, euch ebenfalls zu unterstützen. Sie nehmen eure Unternehmungen zur Kenntnis, erfassen die Veränderungen, die ihr damit bewirkt und freuen sich darüber.

Wenn ihr mithelft, stellen auch sie fest:

„Was wir hier tun, ist nicht vergeblich. Auf diesem Planeten haben wir Geschwister, die mit uns an einem Strang ziehen."

Das kräftigt und beflügelt sowohl euch wie auch sie. Dann kann erneut etwas mehr und mit größerem Elan in die Wege geleitet werden. Großartiges vermögt ihr damit zu erreichen, und ihr könnt eine solch gewaltige Kraft entstehen lassen, die noch nachdrücklicher im Sinne des Lichts und der Liebe wirkt. Daher lasst niemals in euren Bestrebungen nach, ihr geliebten Kinder des Lichts und der Liebe!

Jedes Gebet, jeder Gedanke, jede Bitte um Hilfe ist ein weiterer Tropfen, der sich dann beständiger zu einem See, zu einem Meer entwickelt. Und daraus darf in ungeahntem Ausmaß viel Positives erwachsen. Darum lasst niemals in euren Bestrebungen nach. Bittet tagtäglich um alles, was euch auf dem Herzen liegt.

Sprecht mit Mutter Natur! Redet ihr gut zu! Teilt ihr liebevolle Worte mit! Erzählt ihr doch einmal, wieso ihr sie liebt, was ihr an ihr schätzt. Seid dankbar und bedankt euch bei ihr, auf ihr wandeln zu dürfen. Teilt ihr eure Wertschätzung für alles mit, was sie euch zur Verfügung stellt, beispielsweise ein Dach, unter dem ihr leben, einen Boden, auf dem ihr sitzen und stehen könnt, für die Tiere, die euch Nahrung und Getränke wie etwa Milch liefern, für die Rohstoffe, aus denen ihr euch Produkte herstellt, etwa aus der Baumwolle Kleidung, aus Holz ein Blatt Papier zum Schreiben oder auch einen Bleistift. Dankt ihr für all das. Damit könnt ihr ebenfalls viel Wundervolles und Großartiges bewirken.

Ausklang: Das lohnenswerte Ziel

Ihr geliebten Kinder des Lichts und der Liebe, ihr geliebten Töchter und Söhne Gottes, des Großen Vaters, vernehmt diese Botschaft, die euch nun erreichen darf:

Zahlreiches wird nun in eurem Herzen geschehen dürfen, so ihr euch in diesem Moment dazu entschließt, es zu öffnen.

Wir möchten euch vorab darum bitten, euch in euch zu versenken und die Augen zu schließen. Verbindet euch mit eurer inneren Mitte, mit uns Engeln, eurem Schutzengel und Geistführer und ebenso mit Gott, dem Großen Vater.

Stellt euch eine gerade Linie vor, eine Verbindung wie einen Wollfaden, die ihr von eurem Herzen zu uns oder auch zu IHM webt.

Lasst diese Band so lange stehen, wie es notwendig ist, und dann verflechtet es, sodass es keine losen Enden mehr aufweist.

Überall dort, wo ihr es zusammengebunden habt, wird im gleichen Augenblick ein Engel zu euch geführt, der diesen Knoten auflöst und mit der Schnur verschmilzt, sodass ihr einen einzigen Faden habt, ein Großes Ganzes ohne Verdickung, ohne Anfang und Ende.

Wir sind eins, verbunden mit Allem-was-ist, mit dem Kosmos, der Göttlichkeit und mit Gott, dem Großen Vater, aber auch mit euch und eurer Seele. Ihr seid eins.

Wisst, ihr geliebten Kinder, diese Verbindung kann niemals mehr getrennt werden. Jeden Tag, an dem ihr an sie denkt, werdet ihr mit göttlicher Energie aufgeladen. Diese bedingt, dass unvorstellbar viel im Sinne des Lichts und der Liebe auf diesem Planeten verändert werden darf.

Wann immer ihr an diese göttliche Energie, an den soeben geknüpften Wollfaden denkt, wird sie fließen und in euch etwas

Verheißungsvolles, Lohnendes anregen, in Bewegung setzen und verändern.

Alles, was hiernach im vermeintlich Kleinen stattfinden wird, wird ebenso im Großen Ganzen etwas bewirken.

Jeder Tropfen göttlicher Liebe, den ihr vergießt oder in euch ansammelt, lässt am Ende einen immens großen Teich entstehen, einen des Lichts und der puren, wahren Liebe, der Liebe Gottes, der Göttlichkeit selbst.

Und wo SEINE Göttlichkeit und SEINE Liebe sind, findet ihr Frieden und Freiheit. All dieses fortan und umfassender in euch zu integrieren, ist der Lauf des neuen Lebens und ebenso der Neuen Zeit. Es werden sich wundervolle Jahre der Goldenen Blüte entwickeln.

Was bedeutet das?

Diese Goldene Blüte stellt Gott, den Großen Vater, in seiner wahrsten Herrlichkeit dar, verbunden mit jedem von euch, den ER in der tiefsten Tiefe eures Herzens zu erreichen versucht.

Was meinen wir damit?

Wir möchten damit ausdrücken, dass ER durch euch handelt. Versteht den großen Sinn dahinter, ihr geliebten Gotteskinder.

Ihr seid SEIN Werkzeug! Ihr seid aber auch gleichzeitig ein Teil von IHM! Ihr seid göttlich!

Diese Göttlichkeit möchte von nun an permanent gelebt werden, um sich dann letzten Endes in der Zukunft hier auf Erden grenzenlos zu manifestieren.

Wir dürfen euch mitteilen, dass ihr auf eine wundervolle Zeit zuschreitet. Ausschließlich Gottes Licht und Gottes Liebe werden auf diesem Planeten existieren. Es wird eine Zeit des Friedens, der Liebe und der Ruhe, der Nächstenliebe und der Freundschaft sein. Ihr werdet geben anstatt nur zu nehmen.

So unglaublich Wertvolles schenkt ihr anderen in großem Ausmaß: Liebe, Wärme, Freundlichkeit, Zärtlichkeit, ein liebenswertes warmherziges Wort oder eine nette Geste. Es wird ein Sehnen in euch entstehen, nicht nur, um all das zu erfahren, sondern andere aus eurer Liebe heraus daran teilhaben zu lassen.

Es findet ein Umwandlungsprozess auf und in der Erde statt. Dieser stellt eine Fortentwicklung der Erde und der Menschheit dar, eine Geburt alles Neuen. Und sämtliches Alte, was diesem Planeten nicht mehr zuträglich ist, wird herausgeschüttelt.

Euch wird damit aufgezeigt, wie ihr Mutter Erde behandelt. Es soll euch zum Nachdenken anregen, eure Gedanken und euer Verhalten zu verändern und euren Heimatplaneten achtsamer zu behandeln.

Sprecht mit Mutter Natur! Schickt ihr liebevolle, aufbauende Gedanken! Streichelt sie, wann immer es euch möglich ist! Lebt im Einklang mit ihr! Auch das möchte durch euch nachdrücklicher gelebt werden.

Nutzt Mutter Natur nicht aus! Lebt gemeinsam mit ihr! Teilt diese Erde und euer Leben in Symbiose mit ihr, und alle noch stattfindenden Ereignisse werden in ihrer Heftigkeit abgeschwächt.

So vieles Förderliches und Aufbauendes könnt ihr eurem Heimatplaneten schenken und für seine Wiedergeburt in die Wege leiten, um seine unerträglichen Schmerzen zu lindern.

Das wird eure weitere Aufgabe sein. Kümmert euch um Mutter Erde! Dann wird sie euch Zahlreiches schenken, an das ihr momentan noch gar nicht denkt.

Lasst euch überraschen, was noch auf euch zukommen mag. Und alles, was auch immer euch, euren Nachbarn, euren Familienmitgliedern oder Freunden widerfahren wird, sind Gelegenheiten, in denen ihr aufgefordert seid, euch zu überprüfen:

„Was kann und möchte ich hier vornehmen? Was möchte ich den betroffenen Menschen schenken?“

Ist es nicht wundervoll, eine helfende Hand zu reichen und anzukündigen:

„Ich stehe an deiner Seite. Ich helfe dir, soweit es mir möglich ist. Gemeinsam mit Gott, dem Großen Vater, und unserem Vertrauen werden wir das schaffen.“

Und alles, was euch noch an Nachrichten zugetragen wird, beispielsweise über Naturkatastrophen und auch Krisen in Politik und Gesellschaftswesen, soll euch lediglich aufrütteln.

Ihr sollt keinerlei Angst haben, vielmehr zunehmend darauf trainiert werden zu erkennen, worin die Ursachen all dessen zu finden sind:

Die Wurzeln dieser Schwierigkeiten sind nicht das Fehlverhalten anderer, sondern ausschließlich deren Handlungen gegen das Lichts und die Liebe.

Ihr werdet nicht ausnahmslos positive, aufbauende Nachrichten über das weitere Weltgeschehen erhalten, die euren Vorstellungen und Wünschen entsprechen, auch nicht in der Politik. Vieles wird euch noch an überraschenden und unerwarteten Informationen zu Ohren kommen.

Dann seid ihr gefragt, ihr geliebten Kinder des Lichts und der Liebe:

„Bin ich bereit, dem entgegenzuwirken? Bin ich willens, die anderen Menschen an meiner Seite aufzurütteln und ihnen zu schildern, warum das gerade geschehen ist, was der höhere Sinn und Zweck dahinter ist und wo wir bereit sein sollten, zu verändern?“

Ihr geliebten Kinder des Lichts und der Liebe, ihr seid euch nicht bewusst, wie viel Macht ihr in euch tragt, um alle diese beschwerlichen und problematischen Situationen zu verändern und eure Erde in eine wundervolle neue Welt zu begleiten.

Begreift, jedes Jahr, das auf euch zukommen wird, wird ein neues voller Wunder und Katastrophen sein, aber ebenso voller unbeschreiblicher Begebenheiten, denn nur dort, wo sich Unglücksfälle oder kleine Krisen ereignen, dürfen imposante Wunder geschehen.

Es wird eine Zeit kommen, da sich diese Katastrophen nicht mehr ereignen werden, und ihr werdet in großem Seelenfrieden durch diese Welt schreiten.

Gedenkt all der Menschen, die in diesem Jahr und in den letzten Jahren ihr Leben geopfert haben, zum Beispiel bei Tsunamis, Erdbeben und sonstigen Katastrophen, um euch zu verdeutlichen:

„Wir möchten umfassender im Einklang mit dieser Erde leben."

Das war ihr Geschenk an euch, um euch auf den neuen Weg des Lichts und der Liebe, den des Friedens und der Brüderlichkeit vorzubereiten, denn sie haben es für euch aus ihrer unermesslich großen Liebe heraus getan.

Und so wisst, ihr geliebten Kinder, alle unsere Hoffnungen ruhen auf euch und darauf, wie ihr euch verhaltet. Jede Kleinigkeit, die ihr in Angriff nehmt, selbst wenn ihr nur jemandem eure Hand reicht und ihn anlächelt, wird etwas Positives bewegen. Daran denkt immer.

Wir grüßen euch im Namen des All-Einen. Wir segnen euch mit SEINER Liebe, segnen eure Füße, eure Hände, euren Kopf und euer gesamtes Sein. Wir streicheln in diesem Augenblick eure Seele, wiegen euch wie ein Kind und lassen alle unsere tiefe, innige Liebe in euer Herz einfließen.

Wir, die Geistige Welt, sind eure Wegbegleiter. Wir dienen euch als Stütze und als Hilfe.

Wann immer ihr meint, Hilfe und Unterstützung zu benötigen oder allein und an eine Grenze gestoßen zu sein, gilt es, uns zu rufen und darum zu bitten.

Dieses werden wir mit einer immens großen Freude in unseren Herzen für euch vornehmen.

Wir werden euch die nächsten Zeiten weiterhin begleiten. Und wisst, ihr seid allseits beschützt, behütet und über alle Maßen geliebt. Gott, der Große Vater, steht ohne Unterlass an eurer Seite. ER unterstützt euch, wo auch immer ihr es benötigt.

Es ist ein wundervolles, verheißungsvolles und grandioses Ziel, auf das ihr hinarbeitet, nämlich den Frieden auf Erden zu manifestieren und zu leben.

Gott zum Gruße, ihr geliebten Kinder.

Mein Name ist Aleph und ich spreche aus der Großen Weißen Bruderschaft zu euch.

Amen.

Über die Autorinnen

Marliese und Vera Hanßen leben die Neue Zeit vor. Sie folgen einem höheren Ruf, der an sie herangetragen wurde, und haben ihr Sein und Wirken in Gottes Dienst gestellt.
Marliese, Heilpraktikerin, arbeitet als Geistige Heilerin in ihrer Praxis in Dreieich-Buchschlag und ist Kanal für göttliche Heilenergien. Über Vorträge und Seminare vermittelt sie notwendige Informationen, um den Geist zu klären und Seele und Körper in die Heilung zu führen.
Vera arbeitet als Medium, als Vermittlerin lichter, göttlicher Botschaften aus der Geistigen Welt. Dadurch unterstützt sie die Hilfesuchenden dabei, Antworten zu den unterschiedlichsten Fragen zu erhalten und ihre vor sich liegenden Wege und Entscheidungen klarer erkennen und leichter umsetzen zu können.

In Zusammenarbeit mit der Geistigen Welt, insbesondere mit dem Engel Aleph aus der Großen Weißen Bruder- und Schwesternschaft, schreiben sie Bücher, vermitteln Wissen der Neuen Zeit sowie Botschaften und geben den Menschen Werkzeuge an die Hand, damit sie Eigenverantwortung übernehmen können, um selbst zu einem göttlichen Lichtarbeiter zu werden. Denn Heilung beginnt zuallererst über Informationen, die umgesetzt werden.

www.heiler-des-lichtes.de

Buchempfehlung

Daniel Atreyu
Die 8 Gesichter Gottes
144 Seiten, A5, broschiert
ISBN 978-3-95531-158-2

Tauche ein in die Bereiche des ewigen Wissens!
Erhalte Zugang zum heiligen Herzen!
Energetische Reinigung des Körper-Energiesystems!

Die 8 Gesichter Gottes ist ein uraltes heiliges Symbol, das aus acht einzelnen Symbolen zusammengesetzt ist und uns hilft, wieder in die göttliche Ordnung zurückzufinden. Daniel Atreyu macht uns auf faszinierende Weise mit der Zahlenmystik vertraut und lehrt uns, dieses Heilsymbol im Alltag anzuwenden und diese Energie für uns, unsere Beziehungen, aber auch für die Heilung von Mutter Erde zu nutzen. Wir lernen, schwere Energien zu reinigen, unterbewusste Muster und Verstrickungen aufzulösen, Heilenergie über unsere Hände zu leiten und auf den Erleuchtungswegen des Heiligen Grals zu wandern.
JETZT ist die Zeit, sich wieder zu erinnern!